rowohlt

Anselm Grün
Jan-Uwe Rogge

KINDER FRAGEN
NACH GOTT

*Wie spirituelle Erziehung
Familien stärkt*

Rowohlt

1. Auflage November 2011
Copyright © 2011 by Rowohlt Verlag GmbH,
Reinbek bei Hamburg
Satz Documenta PostScript, InDesign,
bei Pinkuin Satz und Datentechnik, Berlin
Druck und Bindung CPI – Clausen & Bosse, Leck
Printed in Germany
ISBN 978 3 498 02516 8

INHALT

SPIRITUALITÄT UND FAMILIE – EIN GESPRÄCH

Anselm Grün

Als Sie mich fragten, ob wir nicht ein gemeinsames Buch über Erziehung und Spiritualität schreiben wollten, sagte ich spontan zu. Ich hatte von Ihnen bei meinen Kursen gehört, wie Sie die Zuhörer mit Ihrem Humor begeisterten. Als Sie mich dann das erste Mal besuchten, spürten wir rasch, dass wir auf der gleichen Wellenlänge lagen. Wir unterhielten uns darüber, was uns zum Thema Erziehung einfiel und was uns wichtig sein würde. Wir spürten gleich, dass wir Eltern auf keinen Fall ein schlechtes Gewissen machen wollten. Wir wollten ihnen vielmehr den Druck nehmen, in der Erziehung immer alles richtig machen zu müssen. Wenn wir uns über Spiritualität unterhielten, dann ging es uns beiden nicht darum, der Erziehung einfach einen frommen Mantel überzuhängen. Vielmehr entlastet die Spiritualität die Erziehung. Sie gibt Eltern das Vertrauen, dass sie aus einer Quelle schöpfen, die weit mehr ist als das Wissen um Dinge. Und Spiritualität will Eltern mit ihrer eigenen Seele in Berührung bringen. Wir wollen ihnen Mut machen, ihrer eigenen spirituellen Erfahrung zu trauen und sie auch ihren Kindern weiterzugeben. Denn damit antworten sie auf die tiefste Sehnsucht der Kinder, die von sich aus spirituell sind, weil sie ein

selbstverständliches Gefühl für ihre Einzigartigkeit haben.
Herr Rogge,
was ist für Sie Spiritualität?

Jan-Uwe Rogge

Um Ihre eindrucksvollen Gedanken aufzunehmen: Spiritualität ist für mich geerdetes Leben, das sich in Göttlichkeit aufgehoben und geborgen fühlt, das mit etwas höherem Geistigem, rational nicht Fassbarem in Berührung steht. Spiritualität stellt nichts Abgehobenes dar, sie geht nicht in kirchlichen Institutionen auf, hat rein gar nichts zu tun mit modernistischer, weltabgewandter Esoterik! Geistig-seelische Werte wie Liebe, Mitgefühl, Geduld, Toleranz oder Vergebung, so schreibt der Dalai-Lama, sind für das Miteinander unverzichtbar, egal, ob jemand eine Religion ausübt oder nicht.

Spiritualität ist wirklich, sie begleitet Menschen, wirkt wie ein Kompass, der hilft, sich in der Unübersichtlichkeit des Lebens zurechtzufinden. Spiritualität schreibt nichts vor, muss doch jeder seinen Weg finden – der eine in die eine, der andere in die andere Richtung, der eine schneller, der andere langsamer, jeder auf seine Weise. Deshalb entlastet Spiritualität, wie Sie sagen, weil sie einen Pfad jenseits von technokratischer und materieller Betrachtung von Erziehung weist.

Mary Burmeister, eine spirituelle Lehrerin, hat dies auf eine ebenso simple wie prägnante Formel gebracht: Sei einfach! Und je nachdem, wie diese beiden Worte betont werden, ergeben sich daraus zwei unterschiedliche spirituelle Haltungen: Legt man die Betonung auf «Sei» – *Sei* einfach –, so ist damit das Sein im Hier und Jetzt gemeint, sich so anzunehmen, wie man ist, und nicht, wie man sich gerne sehen würde. Und das gilt gleichermaßen für den Blick auf Kinder!

«Sei» meint zugleich, mit beiden Beinen auf der Erde zu stehen, sich und seine Mitwelt wahrzunehmen, sich verbunden zu fühlen mit anderen Menschen und der Natur, sich zu freuen und Glück zu empfinden, alle Gefühle wahrzunehmen, die das Leben bereithält, sich berühren zu lassen von den kleinen und großen Dingen des Alltags, dankbar zu sein für die Kinder, die man wachsen sieht und ins Leben begleitet.

Betont man das Wort «einfach» – Sei *einfach*, so kommt eine weitere Bedeutung der Spiritualität ins Blickfeld: Sie dient auf eine verblüffende Weise der Reduktion von Komplexität in einer zunehmend unüberschaubaren Welt. «Einfach» zu sein hat nichts gemein mit Vereinfachung, mit Laisser-faire, «einfach» zu sein bedeutet vielmehr das Augenmerk auf das Wesentliche zu legen. Für Eltern heißt das, gelassen zu werden, den Gedanken von Perfektionismus, die belastende Vorstellung, man «habe alles im Griff», loszulassen, sanfter und großzügiger mit sich als Mutter und Vater – und damit auch mit den Kindern – umzugehen.

«Einfach» zu sein heißt, bei sich zu bleiben, seinen Kräften und Ressourcen zu trauen. Und dies gelingt umso mehr, je intensiver ich die Kräfte und Ressourcen spüre, die mir der Kosmos und die Erde geben.

Anselm Grün

Als Mönch habe ich nicht allzu viel Erfahrung mit Kindern. Ich höre nur den Eltern zu, wie sie mir von ihren Sorgen erzählen. Und früher habe ich als Beichtvater gerne Kinderbeichten gehört, weil die so erfrischend waren. Da habe ich erfahren, wie Kinder ihre Eltern sehen. Kinder haben ein gutes Gespür für das, was sie ihren Eltern verdanken, aber sie spüren auch die Grenzen ihrer Eltern. Da tut es ihnen gut, dass sie ihre Eltern nicht mehr als Götter verehren, sondern sich für Gott öffnen, um die Eltern realistischer sehen zu dürfen. Natürlich erzählen mir auch viele Erwachsene, welche Erfahrungen sie als Kinder mit ihren Eltern gemacht haben, was sie verletzt hat, was sie ihnen verdanken und was die guten Wurzeln sind, aus denen sie heute leben. Manchmal erlebe ich auch Eltern, die sich anklagen, weil sie meinen, dass sie vieles im Familienleben verkehrt gemacht haben. Sie laufen mit Schuldgefühlen herum und machen sich selber unnötig klein. Sie versuche ich immer wieder aufzurichten und ihnen zu vermitteln: «Sie haben den Kindern gegeben, was Sie geben konnten. Vielleicht war es nicht perfekt. Aber Sie helfen den Kindern nicht, wenn Sie sich kleinmachen. Sie sollen sich weder beschuldigen noch entschuldigen. Vertrauen Sie und beten Sie, dass der gute Samen, den Sie auch gesät haben, in den Kindern aufgeht.» Und Eltern erzählen mir von ihren Sorgen um die Kinder. Sie haben manchmal den Kontakt zu ihnen verloren und machen sich selbst Vorwürfe, dass die Kinder nichts mehr von Werten und einfachen Wahrheiten wissen wollen. So höre ich einfach zu, was Eltern mir über ihre Sorgen und Ängste bezüglich ihrer Kinder erzählen.

Was sind Ihre Erfahrungen mit Kindern und Eltern, und was ist Ihnen die wichtigste Botschaft, die Sie Eltern wie Kindern vermitteln wollen?

Jan-Uwe Rogge

In einer Besprechung meiner Arbeiten habe ich gelesen, dass sich meine Vorstellungen über Erziehung auf einige zentrale Aspekte konzentrieren, sich mein Erziehungskosmos aus vier Fixsternen zusammensetzt: Grenzen erfahren und setzen, Geduld, Gelassenheit und große Gefühle erleben. Ich kann dieser Einschätzung zustimmen, sind das doch auch jene Begriffe, die sich wie ein «roter Faden» durch dieses Buch ziehen und verschiedene Aspekte des Erziehungsalltags aus unterschiedlichen Blickwinkeln beleuchten. Deshalb versuche ich das an dieser Stelle skizzenhaft und holzschnittartig.

Wer Kinder ins Leben begleitet, der erlebt große Gefühle – Gefühle von Glück und Euphorie, aber auch von Frustration und Verzweiflung, von Bestätigung und Gewissheit, aber auch von Traurigkeit und Wut. Eltern dabei zu unterstützen, zu ihrer ganzen Palette von Emotionen zu stehen, sich darin zu akzeptieren, ist eine wichtige Botschaft. Sich in seinen Gefühlen anzunehmen wirkt sich auf die Begleitung der Kinder aus. Diese erleben Vater und Mutter dann als lebendige Wesen, die mal zufrieden daherkommen, weil etwas gelungen ist, und die ein anderes Mal einen bedrückten Eindruck vermitteln. Wenn Eltern sich mit all den ihnen innewohnenden Emotionen annehmen, dann lehren sie ihre Kinder, sich auch mit all ihren Emotionen anzunehmen.

Kinder ins Leben zu begleiten setzt zugleich eine unendliche Geduld voraus. Und Geduld meint, im Hier und Jetzt zu verweilen. Kinder wollen nicht durch die verschiedenen Entwicklungsetappen – Säuglings-, Kindergarten- oder das Schulalter – gejagt, in ihrer Entwicklung beschleunigt werden. Kinder haben nicht nur ein eigenes Tempo, das sie mit in die Welt bringen, die kognitive, emotionale oder soziale Entwicklung stellt sich immer auch als ein Gemenge aus Fortschritt, Stillstand oder Rückschritt dar. Dies auszuhalten, das ist für Eltern wichtig. Kinder wollen in ihrer Entwicklung nicht beschleunigt, sie wollen begleitet werden. Kinder reden nicht immer, sie zeigen den Erwachsenen etwas – durch ihr Handeln, das es zu deuten gilt. Geduld kann man von Kindern lernen. Ihr Prinzip ist die Wiederholung. Sie tun etwas immer und immer wieder, so lange, bis sie ein Handlungsmuster verinnerlicht haben.

Geduld hat zu tun mit Gelassenheit. Dies meint nicht fahrlässiges gleichgültiges Laisser-faire, leben und leben lassen. Gelassenheit – darüber werden die Leser später mehr erfahren, wenn wir über die Kompetenzen einer Erzieherpersönlichkeit sprechen – hat zu tun mit Lassen und Zulassen. Diese Haltung wirkt sich auf die Erzieherpersönlichkeit aus: Sie lässt ihren Perfektionismus los, entwickelt Mut zur Unvollkommenheit. Und sie lässt zu, dass das Kind in die Welt hinausgeht, um eigene Erfahrungen zu machen, Eigenständigkeit zu entwickeln. Kinder müssen weg vom Erreichten, sie möchten das Land jenseits bekannter Grenzen erkunden.

Kinder brauchen Grenzen, so habe ich es einst formuliert – «Kinder wollen Grenzen», so kann ich diesen Satz erweitern. Grenzen umschließen einen Raum, geben eine

Zeit vor, wo Kinder sich eigenständig entwickeln können. Grenzen zeigen Kindern an, wie weit sie gehen können und welche Erfahrungen mit Grenzüberschreitungen verbunden sind. Denn Kinder lernen nicht, wenn sie vor jeder Grenze zurückweichen. Sie wollen sehen, was hinter der Grenze liegt, sie müssen sich erproben, ausprobieren, müssen hinfallen, um wieder aufzustehen, um dann wieder hinzufallen ... Eine unendliche Geschichte.

«Kinder brauchen Grenzen» hat aber noch einen anderen Klang: «Kinder brauchen Eltern, die sich Grenzen setzen.» Kinder wollen wissen, woran sie bei ihren Eltern sind, Kinder möchten Klarheit und Verlässlichkeit. Und dies bedeutet, dass sich Vater und Mutter ihrer Erziehungsverantwortung bewusst sind. Zugleich brauchen Eltern selbst Grenzen. Dies meint, sich darüber bewusst zu werden, dass man nicht alles im Griff hat, alles so laufen muss, wie man es will, plant oder wünscht. Sich des Begrenzt-Seins seines erzieherischen Handelns bewusst zu sein, verunsichert, schmerzt, kann mutlos machen – kann aber auch Kraft geben, nämlich den Gedanken von technischer Machbarkeit in der Erziehung loszulassen: Gras wächst nicht schneller, wenn man daran zieht, besagt ein afrikanisches Sprichwort.

Grenzen erfahren und setzen, Geduld, Gelassenheit und große Gefühle erleben – diese Fixpunkte haben eine spirituelle Qualität: Sie beschreiben eine Verbundenheit mit sich selber und den eigenen Möglichkeiten, sie beschreiben eine Verbundenheit mit den Kindern, ohne sie zu verklären, und sie beschreiben eine Verbundenheit mit der sozialen Mitwelt. Als ich vor gut zwanzig Jahren «Kinder brauchen Grenzen» formulierte, war mir die spirituelle Dimension der Grenze, der Gelassenheit und Geduld nicht bewusst. Leben ist Bewegung, es ist vieles im Fluss. Doch den Fluss kann man nur genießen, wenn man um seine Ufer weiß. Bilder haben in unseren Gesprächen eine zentrale Rolle gespielt, ebenso wie Geschichten, weil in ihnen spirituelle Weisheiten aufgehoben sind.

Anselm Grün

Wir haben uns immer wieder ausgetauscht über Gedanken, die unbedingt in das Buch hineinmüssen, über das, was wir Eltern gern vermitteln möchten, und über das Vertrauen und die Hoffnung, die wir in die Kinder setzen. Es waren fruchtbare Gespräche, und wir waren uns oft schnell einig. Dann hat jeder die Gedanken, die ihm wichtig waren, aufgeschrieben. Das haben wir dem anderen gemailt, damit er Anregungen für seine eigenen Gedanken bekam. Dann haben wir unsere Texte miteinander verbunden. So sind unser beider Gedanken in den gemeinsamen Text eingeflossen, ohne dass wir genau unterscheiden, wer was gedacht, gesagt und geschrieben hat. Es ist unser gemeinsamer Text geworden. Es war schön zu erfahren, wie es gelingt, dass zwei Autoren von verschiedenen Horizonten aus ein gemeinsames Buch schreiben. Unsere Zusammenarbeit war geprägt von der Offenheit für die Gedanken des anderen, vom Respekt vor seinen Meinungen und von der Bereitschaft, die eigenen Gedanken auch mal loszulassen, damit das, was der andere klarer formuliert hat, besser zur Geltung kommen kann. Deshalb kommt es vor, dass sich bestimmte Symbole und Begriffe durch unsere Überlegungen ziehen und an unterschiedlicher Stelle immer wieder auftauchen. Dies ist keine Redundanz, sondern stellt unseren Ansatz dar, Spiritualität aus unterschiedlichen Perspektiven zu beleuchten.

Wir wünschen den Lesern und Leserinnen unseres gemeinsamen Buches, dass sie es mit Freude lesen, dass sie Lust bekommen an ihrer Erziehungsaufgabe und dass sie der eigenen Spiritualität trauen, auch wenn die nicht besonders kirchlich ausgeprägt sein sollte. Jeder weiß in seiner Seele, was ihm und seinen Kindern guttut. Wir wollen die Leser und Leserinnen nur in Berührung bringen mit der Weisheit ihrer Seele, damit auch ihre Kinder an dieser Weisheit teilhaben. Und wir wollen den Lesern und Leserinnen vermitteln, dass ihre Kinder schon spirituell sind. Sie müssen nur das in ihnen wecken, was schon angelegt ist. Dann wird die Erziehung nicht nur für die Kinder zum Segen, sondern auch für die Eltern, die in ihren Kindern einen Spiegel erkennen, in dem sie sich selbst und ihre eigene Spiritualität neu entdecken können.

Anselm Grün und Jan-Uwe Rogge

SPIRITUALITÄT – EINE QUELLE DER KRAFT

Alltagsperspektiven

Auch wenn es häufig heißt, Spiritualität sei mittlerweile «trendy», so verkennt diese Feststellung die Bedeutung, die spirituelle Gedanken für viele Menschen im Alltag haben, Gedanken, die durch vielfältige Ereignisse, mal scheinbar nebensächliche, mal dramatische, ausgelöst werden können.

Sie habe einfach manchmal nicht mehr weitergewusst, berichtet Angela Schneider, die Mutter zweier Kinder. «Ich wollte schon vieles im Griff haben, aber mir entglitt auch viel. Der Alltag war ein Fass ohne Boden.» Sie wollte alles richtig machen, sich später nichts nachsagen lassen. Sie sei immer unzufriedener geworden. «Und das hat sich auf die Kinder ausgewirkt. Je nervöser ich war, je frustrierter, desto nervöser und unzufriedener waren auch die Kinder. Das gab nur noch Stress, einfach ständig nur Stress!» Bis sie gemerkt habe, die Unruhe der Kinder als die eigene Unruhe zu deuten, den Drang nach «immer besser, toller, höher» loszulassen, sich endlich auf sich selbst zu konzentrieren. Sie habe einmal den Satz gelesen: «Nur wenn es dir gutgeht, dann geht es auch den Kindern gut!» Sie sei darüber zunächst entsetzt gewesen, weil sie das als völlig überzogen und egozentrisch gedeutet habe. Dann sei sie jedoch ins Grübeln gekommen. «Und mit einem Male wurde mir klar: Ich opfere mich auf! Denke nicht mehr an mich, nur an die anderen, verleugne meine Bedürfnisse!» Sie habe dann zwei Dinge verändert, «und hopp, da ging's aufwärts!». Sie sei in einen Yoga-Kurs gegangen, «ein Termin in der Woche nur für mich. Das tat gut!» Und dann habe sie es aufgegeben, «ständig um meine Kinder herumzuturnen, ihnen ununterbrochen gefällig zu sein, ihnen jeden Wunsch von den Lippen abzulesen!». Sie habe die Kinder bis dahin nur verwöhnt und sich selber völlig vergessen. «Ich habe meinen Kindern bestimmte Arbeiten im Haushalt übertragen, sie nicht mehr von A nach B gefahren.» Die hätten am Anfang gemurrt, aber dann hätten sie selber Spaß daran gehabt. «Ich habe meinen Kindern vertraut, ihnen etwas zugetraut, und sie sind an den Aufgaben gewachsen.» Als sie neulich ein Buch über Spiritualität gelesen habe, da habe sie erfahren, wie wichtig es für die Persönlichkeit sei, den Gedanken von Perfektion loszulassen, sich mehr auf sich selbst zu besinnen, Kinder nicht tagaus, tagein zu verwöhnen und sie damit abhängig und lebensuntüchtig zu machen. «Man sollte Kindern vielmehr Aufgaben im Rahmen ihrer Möglichkeiten geben und ihnen damit Leben zutrauen.»

Michael Meier, Vater von drei Kindern, hat eine andere spirituelle Erfahrung gemacht. Er sei beruflich sehr stark eingespannt, habe eigentlich kaum Zeit für seine Kinder gehabt. «Und dann war da das schlechte Gewissen: Du hast zu wenig Zeit für deine drei Youngster.» Also habe er sich einmal in der Woche Zeit genommen, «bin extra früher nach Hause gefahren, um mich ganz meinen Kindern zu widmen. Und was war?» Er machte eine Pause: «Es war das reine Chaos! Die haben die Situation komplett aufgemischt, so lange, bis ich ausgeflippt bin und geschrien habe: ‹So, jetzt ist Schluss! Nächste Woche arbeite ich wieder!›» Worauf Roman, der älteste Sohn, geantwortet habe: «Gott sei Dank! Du nervst auch nur, Papa!» Er wäre völlig baff gewesen, sprachlos, ohnmächtig. Später habe er dann mit seinen Söhnen über die Situation geredet. Und Daniel, der mittlere, der habe ihm die Augen geöffnet. «Papa, wenn du bei uns bist, dann bist du immer noch bei der Arbeit. Du schaust so streng, siehst uns gar nicht, lachst nicht. Du bist immer noch der Chef!» Und als er Daniel gefragt habe, was zu ändern sei, habe der spontan geantwortet: «Papa, lach doch mal. Sei einfach mal blöd!» Gemeinsam habe man etwas entwickelt. Wenn man jetzt zusammenkomme, erzähle jeder erst mal einen Witz. Und das lockere die Atmosphäre: «Gemeinsam lachen, das entspannt, macht locker!» Und das habe Auswirkungen auf den gesamten Familienalltag. Wenn er jetzt mal so völlig in Gedanken dasitze, noch mit der Arbeit beschäftigt, dann würde eines der Kinder sagen: «Papa, lachen! Du bist zu Hause!»

Er habe mit «Spiritualität oder diesem Gedöns», lacht Ralph Schrader, nichts am Hut gehabt, weil das mit der Realität nichts zu tun habe, aber dann sei er mal über so einen Satz gestolpert, dass der geheimnisvolle Weg nach innen gehen würde, in uns viele Kräfte und Energien schlummern würden. «Irgendwie ist mir dieser Satz hängen geblieben, obgleich ich ihn dann auch wieder vergessen habe!» Und dann habe er eines Tages seine beiden Töchter, drei und sechs Jahre, beobachtet, wie diese mit ihren Puppen spielten, Rollenspiele machen würden, wie sie abtauchen würden in ihren Phantasien, wie sie so neugierig und unbefangen mit inneren Bildern umgehen würden. «Da habe ich gedacht, dass ich auch von meinen Kindern etwas lernen kann: handeln, ohne Scheu auch Ungewohntes tun.» Kinder seien eben auch Lehrmeister, von denen man viel lernen könne. Man müsse nicht nur geben, sondern bekomme von seinen Kindern auch eine ganze Menge. «Und wenn man Erziehung so sieht, dann ist sie keine Einbahnstraße. Dann ist da ein Füllhorn von Spontaneität und Kreativität.» In diesem Sinn enthalte Erziehung bestimmt eine spirituelle Qualität, etwas, was nicht von außen komme, sondern in uns wohnen würde. Und wenn man das begriffen habe, dann fühle man sich auch nicht alleingelassen, «sondern irgendwie aufgehoben». Aber wenn er das anderen Eltern erzählen würde, dann ernte er häufig nur irritierte, verständnislose Blicke, «als ob ich nicht richtig ticken würde!».

Sie dachte, so erzählt Rita Schröder, Mutter von zwei Buben, sie habe alles «unter Kontrolle». Ihr Markus, «unser Ältester, war genau so, wie ich mir ein Kind vorgestellt habe. Ein Kind, so ganz nach dem Lehrbuch, pflegeleicht, ein Sonnenschein, fröhlich, aufgeweckt.» Sie sei so richtig stolz auf ihn gewesen. «Das ist meiner!» Diese Botschaft, die habe sie vor sich hergetragen. «Tja», ihre Stimme senkt sich, «dann kam drei Jahre später Paul. Der war das ganze Gegenteil, der war komplett anders.» Sie habe den genauso erziehen wollen wie seinen Bruder. «Aber das ging nicht!» Der habe völlig anders reagiert, hätte sich schnell zurückgezogen, wäre völlig introvertiert gewesen. «Ich hatte Probleme, an ihn heranzukommen. Der wollte nicht.» Und da sei sie ungeduldig geworden, sei richtig beleidigt gewesen, dass der Paul ihr so etwas zumuten würde. In einem Gespräch mit einem Therapeuten sei ihr schnell klargeworden, den Paul «so anzunehmen, wie er ist, und ihn nicht ständig mit seinem Bruder zu vergleichen, sondern in ihm eine Persönlichkeit zu sehen, die mir etwas zeigen will». Sie habe sich dann vorgestellt, «dass Paul mir einen Spiegel vorhält, mir eigene Charakteranteile zeigt, mit denen ich nicht umgehen kann, die ich nicht an mir mag». Und das stimme ja auch. Sie wolle es allen recht machen. Sie lache auch dann noch, wenn es ihr nicht gutgehen, sie eigentlich viel lieber weinen würde. Sie wäre ständig im Einsatz, obgleich ihr eine Pause guttun würde. «Und als ich das erkannt habe, konnte ich Paul anders sehen und damit auch anders begleiten. Er hat mir deutlich gemacht, auf die eigenen Bedürfnisse zu achten, mich so anzunehmen, wie ich bin. Und von diesem Zeitpunkt an veränderte sich unsere Beziehung, sie wurde nicht einfacher, aber klarer und authentischer. Und wenn ich das richtig begriffen habe, haben Klarheit und Authentizität ja auch spirituelle Qualitäten!» Kinder, also auch ihr Paul, wären geduldige Weisheitslehrer, «auch wenn man das auf den ersten Blick nicht merkt, weil sie ja nicht reden, sondern handeln!».

Peter Schulze, Vater dreier Kinder, hat eine weitere spirituelle Erfahrung gemacht. Da sei dieses Gefühl von absoluter Unzulänglichkeit. «Ich bin ein Hausmann. Das war ein bewusster Schritt. Meine Frau arbeitete. Ich habe mich beurlauben lassen, habe allerdings noch etwas von zu Hause machen können.» Er habe sich ganz wohl gefühlt, obgleich «andere mich hin und wieder komisch angeschaut haben. Gut, damit konnte ich umgehen.» Aber er habe sich auch als «Versager» gefühlt, wenn er gesehen habe, was andere Mütter, «aber auch meine Geschlechtsgenossen», mit ihren Kindern alles anstellen würden. Jetzt wisse er, wie es seiner Frau zuvor gegangen sei, «dieses Gefühl, nicht genug zu tun oder nicht alles getan zu haben. Dieses ständige schlechte Gewissen.» Oder wenn er seine beiden Kinder aus dem Kindergarten abgeholt und es Zoff gegeben habe, dann die vernichtenden Blicke der anderen, die einem das Gefühl gaben, man sei der absolute Versager. Er habe dann einmal ein Elternseminar besucht und erfahren, anderen gehe es genauso oder noch schlimmer. Er schmunzelt: «Ja, hin und wieder hatte ich das Gefühl, gut, dass du nicht Vater in dieser Familie bist. Da geht es ja drunter und drüber.» So konnte er sich in seiner Unvollkommenheit annehmen: «Ich konnte freundlich zu meinen Fehlern sein, sie als Chance zu sehen, zu wachsen!» Er lächelt: «Was bleibt einem denn noch, wenn man perfekt ist! Dann ist doch Schluss, oder? Perfekter als perfekt geht doch nicht!» Eine spirituelle Einsicht!

«Letztlich», so bringt es Waltraud Behrens, Mutter von zwei Töchtern im Vorschulalter, auf den Punkt, «bin ich schon ziemlich orientierungslos». Natürlich wisse sie, was sie wolle, aber zugleich frage sie sich ständig, ob das auch richtig sei. «Nehmen wir nur die Erziehung der Kinder. Da gibt es diese vielen Ratgeberbücher. Und jedes sagt etwas anderes: Tu dies, lass das. Und in einem anderen Buch steht's genau umgekehrt. Und dann noch diese Besserwisser in der Umgebung.» Sie schüttelt heftig den Kopf. Sie wisse manchmal wirklich nicht mehr, woran sie sei. «Und dann schlägst du die Zeitung auf, machst das Radio an, siehst Nachrichten im Fernsehen, überall Schreckensmeldungen, überall Katastrophen. Die Unsicherheit, die sich da breitmacht. Und dabei sollst du den Kindern doch Halt geben, sollst zuversichtlich in die Zukunft schauen.» Das sei schon verdammt schwer. Auf die Frage, was ihr denn in der momentanen Situation oder auch in der vergangenen Zeit geholfen habe, antwortet sie, man solle mehr auf den Bauch hören, nicht alles so verkopfen. Mit dem Bauch, da habe sie so ihre Schwierigkeiten, erklärt sie. Bei ihr sei es eher eine «innere Stimme». Wenn es ihr zu viel würde, dann «ziehe ich mich in meine Ecke im Wohnzimmer zurück, signalisiere, ich will nicht gestört werden». Und dann horche sie in sich hinein, «um zu mir zu kommen». Sie brauche nur ein paar Minuten, «um wieder mit mir eins zu werden. Und dann wird aus den vielen Einzelteilen, in die ich zerfallen bin, wieder eine Person.» Sie sei danach mit ihrem Inneren verbunden, und das gebe ihr ein Gefühl von Zufriedenheit und Stärke, sie nehme dann sich und die anderen anders wahr. Und aus dem Tunnelblick, der alles nur dunkel und düster sehe, entstehe dann ein helles Licht am Ende des Tunnels.

«Noch etwas anderes hat mir geholfen, fährt sie fort. Sie habe Gedanken, was die Zukunft wohl alles bringen werde, aus ihren Überlegungen verbannt. Damit mache man sich nur fertig, werde zum Schwarzmaler. Sie wolle nun nicht behaupten, nur noch von Tag zu Tag zu denken, aber sie genieße den Augenblick, die Momente mit den Kindern, mit ihrem Mann. «Und aus diesen Augenblicken ziehe ich ganz viel Kraft. Es sind dann die Kleinigkeiten, die zufrieden machen: der Blick in den Garten, das Lächeln der Kinder, der Kuss und die Umarmung des Mannes, wenn der nach Hause kommt.» Sie atmet tief aus: «Dass alles unübersichtlicher wird, kann ich im Großen nicht verändern, aber ich kann für mich im Kleinen eine Klarheit und Struktur herstellen, die mir Kraft gibt, weil ich mich mit mir verbunden fühle und so auch mit jenen Menschen, die mir lieb sind.»

Karoline Weber ist Großmutter, hat vier Enkelkinder im Alter zwischen drei und acht Jahren. Sie beobachtet etwas, das ihr «ein wenig Angst» mache. Bei ihren Söhnen und ihren Schwiegertöchtern stelle sie eine Tendenz fest, alles anders zu machen als das, «was sie bei uns früher erlebt und erfahren haben. So ganz nach dem Motto: Bloß nicht wie Vater und Mutter werden!» Das sei ja auch in Ordnung, aber ob diese völlige Absetzbewegung der richtige Weg sei, das glaube sie nicht. Es müsse da doch eine Beziehung zwischen den Generationen geben. «Die brauchen doch nicht nachzumachen, wie wir sie erzogen haben.» Das wäre ja auch «kompletter Blödsinn. Die Welt ist anders, die Umwelt ist anders. Einfacher ist Erziehung schließlich nicht geworden. Aber eines kann ich schon sagen: ‹Ich bin froh, heute nur noch Großmutter zu sein!›» Und weiter stelle sie da ein Bemühen bei ihren Söhnen und Schwiegertöchtern fest, es besonders «gut zu machen, den Kindern jeden Wunsch von den Lippen abzulesen, bloß keinen Fehler zu begehen. Die Kinder sollen das Schlaraffenland auf Erden haben. Und dann kommt man nicht mehr zur Ruhe. Die Kinder natürlich auch nicht! Alles ist in Aufruhr und Hektik!» Dabei liege doch in der Ruhe eine ungeheure Kraft. Ihre Enkelkinder würden es genießen, wenn sie zu Oma und Opa könnten. «Wir machen nicht viel, sind das komplette Kontrastprogramm. Der Opa geht mit den Kindern in den Wald oder bastelt, ich erzähle Geschichten. Und die hängen mir an den Lippen. Ich koche gerne, gut, sehr gut! Aber ob's gesund ist, das weiß ich nicht.» Bei ihr gebe es «kein Gezeter» beim Essen, die «Kinder genießen das». Neulich habe ihr Sohn gesagt, er sei neidisch darauf, wie wir jetzt mit den Enkelkindern umgehen würden: «So etwas habe ich mir früher auch gewünscht. Aber da hatte Papa keine Zeit für uns. Und du warst ziemlich hektisch!» Karoline Weber stockt, horcht in sich hinein: «Tja, da hat er wohl recht. Vielleicht bin ich jetzt altersweise geworden!»

Diese Gesprächsausschnitte beleuchten Spiritualität auf ganz verschiedene Weise, zeigen, dass spirituelle Gedanken ganz unterschiedlich ausgelöst werden können: Da sind einerseits gesellschaftliche Entwicklungen, die eine Unübersichtlichkeit, eine wachsende Unsicherheit, soziale Verwerfungen, Zukunftsängste und Orientierungsprobleme mit sich bringen, da sind andererseits individuelle Entwicklungsprozesse, die eine Suche nach Sinn, nach Halt, nach Geborgenheit, nach Verbundenheit hervorrufen. Und je weniger Menschen aus materieller Befriedigung, aus der glitzernden Welt des Konsums einen persönlichen Gewinn ziehen, umso wichtiger wird der Blick nach innen, um dort Energien für sich und andere zu entdecken. Aber das machen die Gesprächsausschnitte zugleich deutlich: Die Krise bietet auch eine Chance, sich auf den Weg zu machen, seinen persönlichen Pfad der Erkenntnis zu gehen. Die Pädagogen Katharina Martin und Helmut Wetzel haben diesen Gedanken so umschrieben: «Gehen ist nicht eine Sache des Ankommens, sondern eine Sache des Sichbewegens. Wenn man den Weg für das Ziel opfert, opfert man das Leben. So sind auch Bildung und Erziehung, Lernen und Wissen ein Weg und nicht das Ziel.»

In diesem Sinne sind in den Gesprächsausschnitten acht spirituelle Botschaften enthalten, die für die Erziehung von Kindern und die Gestaltung des Familienalltags wichtig werden können:
• die Verbundenheit der Generationen
• die Menschenfreundlichkeit des Humors

- Kindern das Schwimmen lehren
- Dankbarkeit, Glück und Demut
- die Liebe zum Unvollkommenen
- die Freundlichkeit des Fehlers
- Bedingungslosigkeit
- Staunen und wachsen

Acht spirituelle Botschaften

Die Verbundenheit der Generationen

Spiritualität bietet eine Möglichkeit, zwischen den Generationen Brücken zu bauen, damit z.B. die Älteren, die Großeltern, nicht denken, die Jüngeren hätten nur Computer und Facebook im Kopf, würden sich nicht mehr um das reale Leben kümmern. Und umgekehrt: dass die Heranwachsenden meinen, Oma und Opa hätten von den Medien keine Ahnung. Jede Generation hat ihre Qualifikationen und Kompetenzen, und so kommt es darauf an, dass sie voneinander lernen. Es ist eben alles im Fluss. Kinder stehen in der Reihe von vorausgegangenen Generationen und sind so zugleich auch «Vorfahren zukünftiger Generationen», so die Auffassung der Pädagogen Katharina Martin und Helmut Wetzel.

Großeltern erleben die Beziehung zu ihren Enkelkindern häufig als eine Art zweite Elternschaft. Der unmittelbaren Verantwortung entzogen, erziehen sie verwöhnender und geduldiger. Viele Großeltern tun alles, um die Bedürfnisse ihrer Enkel zu befriedigen, denn die Wünsche der Enkel klingen manchmal in den Ohren der Großeltern wie angenehme Befehle. Der französische Philosoph Jean-Paul Sartre hat das in seinen Lebenserinnerungen folgendermaßen ausgedrückt:

«Ich konnte meine Großmutter in Entzücken versetzen, nur weil ich Hunger hatte.»

Großeltern stellen dann eine Bereicherung für ihre Enkelkinder dar, wenn alle Familienmitglieder einige Selbstverständlichkeiten im Zusammenleben bedenken:

- Großeltern erleben sich häufig in einer widersprüchlichen Position. Auf der einen Seite sind sie als Babysitter, als schnell verfügbare Aufpasser gern gesehen, auf der anderen Seite möchten viele Eltern Oma und Opa kontrollieren, damit sie genauso erziehen wie sie selbst. Das ist eine Überforderung, denn Großeltern erziehen anders und pflegen eine eigenständige Beziehung zu ihren Enkeln. Es ist wenig sinnvoll, Großeltern verändern zu wollen. Sie haben eigene Erfahrungen gemacht, die für sie absolute Gültigkeit besitzen. Viele Großeltern sind für Veränderungen offen – nur wollen sie das Tempo dieses Prozesses selbst bestimmen.

- Wer seine Kinder den Großeltern anvertraut, gibt zugleich Verantwortung ab. Großeltern reagieren unbeschwerter, weiser, verwöhnen eher und schränken weniger ein, weil sie über Lebenserfahrungen verfügen, auf die sie beruhigt zurückgreifen können.

Die Abhängigkeit, die die Kinder bei ihren Eltern spüren, wird relativiert, wenn die Heranwachsenden spüren, dass die eigenen Eltern unvollkommen waren oder sind. Im Halt und in der Orientierung, die Großeltern bieten, liegt daher die Chance, die Allmacht der Eltern zu begrenzen. Oma und Opa leisten einen Beitrag, die Eltern zu erden, sie für die Kinder menschlicher zu machen. Kinder sind von ihren Eltern in vielerlei Hinsicht abhängig. Eltern haben eine Erziehungsverantwortung, sind in der Pflicht, für das Wohl ihrer Kinder zu sorgen. So gelangen sie in eine Machtposition, die durch die Großeltern relativiert, aber nicht in Frage gestellt wird. Wenn die Großeltern von *ihren* Kindern – eben von Vater und Mutter – erzählen, dann erfahren die Enkelkinder manch verschwiegene Details aus dem Leben der eigenen Eltern. Sie hören, dass auch sie «mal klein» waren. Und so manches Kind sieht seinen Vater und seine Mutter vom Sockel stürzen, wird gerade ermuntert, die Auseinandersetzung mit den Eltern zu suchen.

Großeltern vermitteln ihren Enkelkindern, woher sie stammen, was sie – und damit auch die Eltern – geprägt hat. Solche Gespräche sind notwendig, wenn sie von Oma und Opa nicht dazu benutzt werden, die eigene Kindheit oder Jugend zu verklären oder die Vergangenheit gegen die Gegenwart auszuspielen. Großeltern repräsentieren die Wurzeln, ohne die menschliche Entwicklung nicht möglich ist. In diesem Sinne sind Großeltern wichtige Erziehungsinstanzen, die die Eltern-Kind-Beziehung nicht ersetzen, sie vielmehr ergänzen. Die Enkelkinder profitieren davon. Sie erleben Eltern und Großeltern in verschiedenen Rollen und in unterschiedlichen Lebensetappen: Eltern versorgen materiell, vermitteln Sicherheit und Geborgenheit, sind zuständig für die Alltagsbelange; Großeltern verkörpern dagegen Tradition und Geschichte, geben ein Modell für gelebtes Leben ab, das sich als Nacheinander von Kontinuität und Brüchen, als stetiges Auf und Ab darstellt. Großeltern zeigen durch ihr Dasein, dass die Mühen der Ebene genauso zum Leben gehören wie das Verweilen auf dem Gipfel.

Großeltern zu sein ist eine beglückende und erfüllende Etappe, sie verleiht dem Leben neuen Sinn. Im Kontakt von Großeltern und Enkelkindern werden generationsspezifische Erfahrungen diskutiert. Es kann eine Erziehungspartnerschaft entstehen, in der man voneinander lernt: Während die einen von einer Vergangenheit berichten, deren Spuren in die Gegenwart reichen, entwickeln die anderen Zukunftsperspektiven und prüfen, welche biographischen Erfahrungen in den Reiseproviant gehören, um das Neue zu bestehen.

Großeltern wollen sich nicht von Kindern und Enkelkindern vereinnahmen lassen. Sie möchten eine «Intimität auf Abstand». Denn als Eltern mussten sie erziehen, als Großeltern haben sie die Freiheit, sich auf ihre Enkelkinder einzulassen. Sie können erziehen, aber sie brauchen es nicht. Sie selbst bestimmen das Ausmaß ihres Engagements. Gerade diese Kombination aus Freiheit und Freiwilligkeit bringt jene Gelassenheit hervor, die Enkelkinder so schätzen und die manche Eltern, die im Alltagsstress gefangen sind, so neidisch und wütend macht.

So wenig, wie es *das* Kind gibt, so wenig gibt es *den* Opa oder *die* Oma. Wobei zu klären wäre, aus welchem Grund Großeltern so verschieden leben, handeln oder Beziehungen zu ihren Enkeln aufbauen. «Wissen Sie», erklärt Manfred Schneider, Großvater dreier Enkelkinder, «es ist ja gar nicht so einfach, sich als Opa zu outen. Opas verbindet man mit Altsein. Sehen Sie mich an. Ich bin 59 und habe viele Jahre auf dem Buckel. Da gab's ja nicht nur Siege. Denn wenn man darüber nachdenkt, was man versäumt hat, dann kann man schon manchmal auf die Nachkommen sauer werden, denen alles in den Schoß fällt und die das Leben noch vor sich haben.»

Dieser Großvater umschreibt eine wichtige Entwicklungsaufgabe, die, wird sie angegangen und bewältigt, ein gelassenes Verhältnis zu nachfolgenden Generationen nach sich ziehen kann: Großeltern müssen anfangen, sich mit dem eigenen Leben auseinanderzusetzen, darüber nachdenken, was ihnen gelungen und geglückt, aber auch, was verpasst und ihnen vielleicht nicht mehr möglich ist. Jene Großeltern, die die eigene Biographie akzeptieren, die beginnen, sich in Erfolgen und Niederlagen, in Glück und Trauer anzunehmen, entwickeln ein Gefühl von Glück und Gelassenheit. Eine ausgeglichene Lebensbilanz kann ein verlässliches Fundament darstellen, um eine Beziehung zu den Enkeln aufzubauen, die auch Krisen und Konflikte, Zumutungen und unterschiedliche Meinungen aushält.

Großeltern bringen dann Probleme in die Beziehung zu ihren Enkelkindern, wenn ihre Lebensbilanz negativ ausfällt, wenn das Soll an Niederlagen das Haben an Glücksmomenten übertrifft. Dann bilden sich schnell Sturheit, ja ein gewisser Starrsinn aus. Solche Großeltern sind dann keine Partner oder Lehrer, von denen man etwas für das eigene Leben übernehmen möchte. Wer seine Lebensbilanz nicht akzeptiert, für den kann keine Gegenwart existieren, die man gemeinsam mit den Enkeln genießt. Oder die Enkel werden zu Projektionsflächen nichtgelebter Wünsche, die die Jüngeren zu erfüllen haben. Solche Übertragung von Aufgaben an die übernächste Generation belastet das Großeltern-Enkel-Verhältnis, macht es unfreundlich und konfliktträchtig. Überziehen Großeltern mithin ihre Rolle als Nebeneltern, wenden sich die Enkel nicht selten ab.

Unser Wunsch an die Großeltern: Nur wenn sie sich als ganze Personen mit all den gelebten wie nichtgelebten Anteilen annehmen, können sie auch ihre Enkel als Persönlichkeiten annehmen. Großeltern leben dann ihren Enkeln vor, wie man

Schwierigkeiten überwindet und Krisen als Chance begreift, sich weiterzuentwickeln.

Großeltern verkörpern damit ein wichtiges Lebensprinzip: die Wirklichkeit als eine ständige Abfolge von Brüchen und Herausforderungen zu begreifen, ohne dass dabei das Gefühl von Kontinuität auf der Strecke bleiben muss. Aus der Bewältigung von Krisen, in denen man das Auf und Ab des Lebens durchgestanden und durchlitten hat, erwerben Großeltern bei ihren Enkeln Anerkennung und erringen ein Stück Unsterblichkeit. Wenn Großeltern ihren Enkeln vermitteln, vor Krisen nicht davonzulaufen, sie vielmehr als Herausforderung zu sehen, dann ist Vergangenheit im Heute und in der Zukunft aufgehoben.

Die Menschenfreundlichkeit des Humors

«Humorlose Eltern», so hat der Psychologe Josef Rattner festgestellt, «können keine guten Erzieher sein. Denn das Fehlen von Humor lässt schließen auf Mangel an Selbsterkenntnis, Heiterkeit der Seele, mutiger Lebens- und Weltanschauung und Solidarität mit den Mitmenschen!»

Humor und Lachen stiften Gemeinsamkeit. Und das solidarische Lachen lindert Versagensängste, überwindet manch Leid und Schmerz.

«Der Humor», so hat Sigmund Freud einmal geschrieben, «hat nicht nur etwas Befreiendes wie der Witz und die Komik, sondern auch etwas Großartiges und Erhebendes.» Zum Humor gehören neben dem Lachen und der Heiterkeit immer auch der Trost und das Mitgefühl. Lachen hat nichts zu tun mit Lächerlich-Machen, genauso wenig wie der Humor mit Sarkasmus oder Zynismus.

«Humor und Lachen», darauf hat Jürg Frick hingewiesen, «führen zu einer physiologischen wie psychischen Reduktion von Angst, aber auch von Ärger, Sorge, Ungewissheit und Belehrung.» Humor ist gesund, er lockert Körper, Geist und Seele. Lachen erschüttert, macht Räume frei für Neues, lässt Kreativität zu, weckt ungeahnte Kräfte. Wenn der Humor begleitet wird von Menschenfreundlichkeit und Mitgefühl, dann kann er Wirkungen entfalten, die für die Erziehung von und die Beziehung zu Kindern wichtig sind:

- Das Lachen schafft Gemeinschaftsgefühle, frei nach dem Motto: Dem anderen ergeht es ja genauso, und so stehe ich nicht alleine mit den Schwierigkeiten da!
- Humor kompensiert das Selbstmitleid, bringt es zum Verschwinden, allerdings nur bei jenen, die das auch wollen.
- Im Lachen akzeptiert man seine Fehler, seine kleinen und großen Schwächen, im Lachen bekennt man sich zu seiner Unvollkommenheit, im Lachen wird man geerdet.

Lachen und Schmunzeln über sich, mit dem Kind – lachen selbst dann, wenn es mal schwerfällt –, ist die beste Medizin, eine spirituelle Medizin mit Nebenwirkungen, keinen schädlichen freilich, sondern jenen, die den Erziehungsalltag auf wunderbare Weise entspannen helfen.

Kindern das Schwimmen lehren

Im Talmud, einer Sammlung jüdischer Geschichten, stehen fünf Regeln für Eltern. Auf die vier ersten möchten wir nicht eingehen, weil sie an dieser Stelle unwichtig sind. Die fünfte Regel aber lautet, die Kinder das Schwimmen zu lehren. Das hört sich merkwürdig an: Schwimmen – gibt es nicht wichtigere Themen in der Erziehung?

Doch schaut man sich diese Regel genauer an, enthält sie auf wundersame Weise die Balance und die Spannung von Haltgeben und Loslassen. Der Säugling liegt in den ausgestreckten Armen von Vater und Mutter, deren Arme fast auf der Wasseroberfläche ruhen. Das Kind hat das Gefühl absoluter Geborgenheit: «Mir kann nichts passieren!» Wenn es älter wird, können die Eltern die Arme etwas tiefer sinken lassen, weil das Kind sich mit ungestümen, eckigen Bewegungen über Wasser zu halten vermag. Aber wenn seine Kräfte nachlassen, sollten die Arme der Eltern stützend nach oben geführt werden. Das Kind kann sich fallen lassen und aufgehoben fühlen.

Irgendwann kann es schwimmen. Es entfernt sich vorsichtig aus den Armen der Eltern. Aber es empfiehlt sich, dass die Eltern die Fingerspitzen aus dem Wasser halten, damit das Kind – ist es erschöpft – in den sicheren Hafen zurückkehren kann.

Dann wird es älter und kann sich auf seine eigenen Kräfte verlassen. Es entfernt sich, ist vielleicht sogar der Begleitung durch die Eltern überdrüssig geworden. Jetzt können Vater und Mutter die Arme aus dem Wasser nehmen: Sie sind leer – und gefüllt zugleich. Leer sind sie nur dann, wenn man nichts mehr spürt, zugleich am Bild des kleinen Säuglings und Kindes festhält, das einen braucht, weil sich in der Erziehung der letzten Jahre und Jahrzehnte alles um den Heranwachsenden gedreht hat. Gefüllt sind die Arme dann, wenn man den Auszug des Kindes als Chance sieht, dass aus der Elternschaft wieder eine Partnerschaft, aus Vater und Mutter wieder Mann und Frau werden, wenn man den Kindern das Gefühl vermittelt: Es war schön und ist schön mit euch, aber es ist auch schön, dass wir wieder für- und miteinander da sind.

Sich gemeinsam auf die Reise zu machen – das ist ein Grundprinzip der Begleitung und Beziehung, sich Halt zu geben und im passenden Moment auch loszulassen. Kinder sind Gäste, die nach dem Weg fragen – eine Weile stehen sie neben einem, dann wandern sie fort und ziehen aus. Sie kommen gern mal wieder vorbei, erzählen von den Abenteuern, die ihnen passiert sind – und wenn sie spüren, dass es ihren Eltern gutgeht miteinander, dann gehen sie wieder, um irgendwann – mal früher, mal später – vorbeizuschauen, um von neuen Abenteuern zu erzählen.

Diese Balance von Loslassen und Haltgeben, von Wurzeln und Flügeln hat der Philosoph und Dichter Khalil Gibran so ausgedrückt:

«Ihr (die Eltern) seid die Bogen, von denen eure Kinder als lebende Pfeile abgeschossen werden. Der Bogenschütze sieht das Ziel auf dem Pfad der Unendlichkeit, und er biegt euch mit seiner Kraft, damit seine Pfeile schnell und weit fliegen. Möge das Gebogenwerden in des Schützen Hand Freude in euch auslösen. So wie er den fliegenden Pfeil liebt, so liebt er auch den Bogen, der fest steht.»

Dankbarkeit, Glück und Demut

«Wir kommen der Größe am nächsten», so schrieb einst Tagore, «wenn wir groß in Demut sind.» Manchmal gehört viel Glück dazu, wenn es gelingen soll, Kinder durch die Fährnisse der Entwicklung zu begleiten, mit ihnen einzelne Etappen – auch schwierige, sei es das Trotzalter, die Pubertät, seien es Krisen oder Krankheiten – zu bewältigen. «Glück», so hat es der Pädagoge Haim Ginott bemerkt, «ist kein Ziel, es ist eine Art des Reisens. Glück ist kein Selbstzweck. Es ist ein Nebenprodukt des Arbeitens, Spielens, Liebens und Lebens. Das

Leben fordert notwendigerweise eine Verzögerung zwischen Wunsch und Erfüllung, zwischen einem Plan und dessen Realisierung. Mit anderen Worten: Das Leben bringt Frustration mit sich und verlangt das Aushalten von Frustration.»

Deshalb ist Dankbarkeit ein wichtiger Reisebegleiter: dankbar auf seine Kinder zu schauen, dankbar dafür zu sein, dass sie da sind, dafür Sorge zu tragen, dass sie sich bedingungslos geliebt fühlen. Dies gilt besonders für jene Situationen, die nicht so laufen, wie man es sich wünscht. Es ist einfach, Kinder dann anzunehmen, wenn man mit ihnen von Wellenkamm zu Wellenkamm surft, wenn alles so läuft, wie man es geplant hat, wie man es sich wünscht. Aber Kinder wollen sich vor allem dann begleitet fühlen, wenn man sich im Wellental befindet, man ganz unten liegt. Kinder wollen dann keine Vorwürfe hören, aber genauso gilt, dass Eltern sich nicht in Selbstvorwürfen ergehen.

Wer Kinder hat, der sollte demütig sein: Demütige Menschen sind keine unterwürfigen Menschen. Demut ist der Mut zur eigenen Wahrheit, sich als Mensch mit Fehlern und Schwächen, aber auch Kompetenzen und Stärken zu begreifen. Das Gegenteil der Demut ist die Hybris. Der hochmütige Mensch kann alles, will alles im Griff haben, nimmt sich und seine Grenzen überhaupt nicht mehr wahr. Erziehungsintentionen werden häufig verstanden als Vorbereitung auf das Leben, dabei vollzieht sich Erziehung im Hier und Jetzt, leben Erziehungsbeziehungen aus dem Augenblick. Das Ergebnis von Erziehungsbemühungen, so hat der Pädagoge Rolf Arnold – provokativ und zutreffend zugleich – festgestellt, sei wirkungsunsicher. Man kann sich bemühen und bemühen, was aber das Resultat ist, das kann man nicht voraussagen. Und trotzdem gilt es, nicht auf die Begleitung der Kinder zu verzichten, sie allein und sich selbst zu überlassen. Die Begleitung der Kinder ins Leben kommt einer Sisyphusarbeit gleich: Manchmal denkt man, man habe es geschafft, man sehe Licht am Ende des Tunnels. Aber das stellt sich dann immer wieder als der Scheinwerfer des entgegenkommenden Zuges heraus.

Und trotzdem drückt sich in Arnolds Satz kein Pessimismus aus, sondern eine spirituelle Dimension, nämlich den Gedanken loszulassen, alles sei plan- und machbar in der Erziehung, wenn man nur die richtigen Zutaten zur Hand hat. Erziehung ist vielmehr eine Kunst – an manchen Tagen kann man mit dem Ergebnis einverstanden sein, schaut sich das Resultat seiner Bemühungen zufrieden an, an anderen Tagen herrscht Chaos, ja, es stellt sich blankes Entsetzen ein. Natürlich bringen jene Tage, an denen vieles wie von selbst gelingt, ein Hochgefühl mit sich, von dem man hofft, es würde so bleiben, zumindest eine längere Zeit anhalten, während sich an jenen Tagen, die von Anarchie und Durcheinander geprägt sind, die Vorstellung von Unzulänglichkeit und schierer Verzweiflung breitmacht und man schnell das Gefühl von immerwährender Inkompetenz aufbaut. Dabei mögen Kinder Eltern, die mal himmelhochjauchzend, mal todtraurig daherkommen, sie können die emotionalen Achterbahnfahrten von Vater und Mutter gut verstehen, geht es ihnen doch regelmäßig ähnlich.

Für Eltern stellt sich die Lage aber verschieden dar. Sie wollen die Momente des Glücks festhalten – nach dem Motto: «Könnte nicht immer die Sonne scheinen!» Es ist eben so: Wenn das Kind so funktioniert und handelt, wie man es gern hätte, dann gewinnt das Gefühl die Oberhand, wonach man alles im Griff hat. Aber wenn sich dann der Dreijährige an der Kasse des Supermarkts auf den Boden schmeißt und, von heftigen Energien geschüttelt, laut schreit, man als Mutter oder Vater denkt, Boden öffne dich, dann passiert so etwas nur im Märchen, im Supermarkt bleiben die Betonplatten geschlossen. Und dann kommt es darauf an, zu seinem Kind zu stehen – und das im wahrsten Sinne des Wortes. Dabei allen zu zeigen: Das ist mein Sohn, den kenne ich. Und sich nicht fortzubewegen – nach dem Motto: Den kenne ich nicht, den hat der Esel bei mir im Galopp abgelegt. Es ist einfach, Kinder anzunehmen, wenn man im Verhalten des Kindes seine Erziehungsvorstellungen wiedererkennt; Kinder aber dann zu akzeptieren, wenn sie anderes tun, als man es wünscht, fällt schwer, ist aber wichtig und notwendig. Das gelingt umso leichter, je mehr man sich die Wirkungsunsicherheit von Erziehung deutlich macht.

Dies ist nun kein neuer Gedanke. Die eindrücklichste Geschichte darüber, dass die Begleitung von Kindern auch ein Resultat mit sich bringen kann, das man nicht wünscht, findet sich in der Geschichte vom «verlorenen Sohn», in der Geschichte vom «guten Vater».

«Ein Mann hatte zwei Söhne. Der jüngere sagte: ‹Vater, gib mir den Teil der Erbschaft, der mir zusteht!› Da teilte der Vater seinen Besitz unter die beiden auf. Nach ein paar Tagen machte der jüngere Sohn seinen ganzen Anteil zu Geld und zog weit weg in die Fremde. Dort lebte er in Saus und Braus und verjubelte alles. Als er nichts mehr hatte, brach in jenem Land eine große Hungersnot aus; da ging es ihm schlecht. Er hängte sich an einen Bürger des Landes, der schickte ihn aufs Feld zum Schweinehüten. Er war so hungrig, dass er auch mit dem Schweinefutter zufrieden gewesen wäre; aber er bekam nichts davon. Endlich ging er in sich und sagte: ‹Mein Vater hat so viele Arbeiter, die bekommen alle mehr, als sie essen können, und ich komme hier um vor Hunger. Ich will zu meinem Vater gehen und zu ihm sagen: ‹Vater, ich bin vor Gott und vor dir schuldig geworden; ich bin es nicht mehr wert, dein Sohn zu sein. Nimm mich als einen deiner Arbeiter in Diensten.›

So machte er sich auf den Weg zu seinem Vater. Er war noch ein gutes Stück vom Haus entfernt, da sah ihn schon sein Vater kommen, und das Mitgefühl ergriff ihn. Er lief ihm entgegen, fiel ihm um den Hals und überhäufte ihn mit Küssen. ‹Vater›, sagte der Sohn, ‹ich bin vor Gott und vor dir schuldig geworden, ich bin es nicht mehr wert, dein Sohn zu sein!› Aber der Vater rief seinen Dienern zu: ‹Schnell, holt die besten Kleider für ihn, steckt ihm einen Ring an den Finger und bringt ihm Schuhe! Holt das Mastkalb und schlachtet es! Wir wollen ein Fest feiern und uns freuen! Denn mein Sohn hier war tot, jetzt lebt er wieder. Er war verloren, jetzt ist er wiedergefunden.› Und sie begannen zu feiern.

Der ältere Sohn war auch auf dem Feld. Als er zurückkam und sich dem Haus näherte, hörte er das Singen und Tanzen. Er rief einen der Diener herbei und fragte ihn, was denn da los sei. Der sagte: ‹Dein Bruder ist zurückgekommen und dein Vater hat das Mastkalb schlachten lassen, weil er ihn gesund wiederhat.›

Der ältere Sohn wurde zornig und wollte nicht ins Haus gehen. Da kam der Vater heraus und redete ihm gut zu. Aber der Sohn sagte zu ihm: ‹Du weißt doch: All die Jahre habe ich wie ein Sklave für dich geschuftet, nie war ich dir ungehorsam. Was habe ich dafür bekommen? Mir hast du nie auch nur einen Ziegenbock gegeben, damit ich mit meinen Freunden feiern konnte. Aber der da, dein Sohn, hat dein Geld mit

Huren durchgebracht; und jetzt kommt er nach Hause, da schlachtest du gleich das Mastkalb für ihn.›

‹Mein Sohn›, sagt der Vater, ‹du bist immer bei mir, und dir gehört alles, was ich habe. Aber jetzt mussten wir doch feiern und uns freuen! Denn dein Bruder war tot und ist wieder am Leben. Er war verloren und ist wiedergefunden.›»

Der Vater sieht die Krise als Chance für einen Neubeginn – er gibt weder sich noch seinem Sohn eine Schuld. Er wendet sich ihm zu, gibt ihm – und damit auch sich selbst – Halt, achtet und respektiert ihn und damit auch sich. «Es ist mir passiert!» So lautet *eine* Botschaft dieser Geschichte aus dem Lukas-Evangelium, und das ist kein resignatives Eingeständnis oder gleichgültiges Gewährenlassen. Der Vater feiert mit seinem Sohn ein Fest – es ist ein Fest aus Anlass der Rückkehr, aber zugleich ein Fest für den Neubeginn. Dieser Vater ist – im wahrsten Sinne des Wortes – ein demütiger Mensch: Er hat sich als Mensch mit Fehlern und Schwächen erlebt, aber auch als einer, der in der Krise seine Fähigkeiten und Stärken auslotet und erlebt. Und der seine Kinder nicht gleich behandelt, sondern versucht, ihnen je nach Lebenssituation gerecht zu werden und sich dabei bewusst ist, andere damit zu frustrieren. In der Beratungsarbeit mit Kindern und Familien heißt ein Grundsatz: «Störungen haben Vorrang!» Der «gute» Vater hat diesen beherzigt.

Die Liebe zur Unvollkommenheit

«Das Vollkommene kleidet sich in Schönheit aus Liebe zum Unvollkommenen.» So drückt es Tagore aus. Die Suche, ja die Sucht nach Vollkommenheit kann man auch als Zwang zum Perfektionismus bezeichnen. Solcher Zwang unterdrückt Kreativität, lässt keinen Raum für Überraschungen, entfernt

Lebensfreude aus dem Erziehungs- und Familienalltag. Das Dogma «Es muss alles so laufen, wie ich es möchte» gewinnt die Oberhand, durchdringt die Eltern-Kind-Beziehungen. Jeder Ausbruch (der Kinder) aus dem (noch so gut gemeinten) vorgezeichneten Pfad wird als Störung, als Ungehörigkeit empfunden und mündet in einen Machtkampf, an dessen Ende Hilflosigkeit und Ohnmacht stehen. Der Wunsch nach einer perfekten Erziehungshaltung erzeugt dann Vorhaltungen und Vorwürfe, die die Beziehungen von Mutter, Vater und Kindern negativ berühren. Und er produziert einen Druck bei den Eltern, den sie an die Kinder weitergeben.

Doch Kinder lassen sich das nur selten gefallen: Sie rebellieren, begehren auf, unterlaufen elterliche Erziehungsbemühungen immer aufs Neue. Kinder wollen geerdete Eltern, die zu sich und ihrem erzieherischen Handeln stehen, die keine wohlmeinenden pädagogischen Programme sofort parat haben, die auf alles und jedes Problem schnell eine Antwort wissen, bei denen es keine Überraschungen gibt und schon gar nicht geben darf. Kinder spüren, dass es keine perfekten Eltern gibt. Wer den perfekten Weg gehen will, der endet in einer Sackgasse oder in einem Hamsterrad. Man ermüdet, trägt schwer an der Last des Immerwiedergleichen, der immer selben Fragen, die einen verzweifeln lassen: Woran erkenne ich, dass jemand in seinem erzieherischen Handeln perfekt ist? Und woher weiß ich, wie sich perfekte Eltern verhalten? Da sie nicht existieren, gibt man sich Vorstellungen hin, flüchtet sich in Träume, in den schönen Schein, in die Welt des pädagogischen Konjunktivs: «Wenn er so wäre, wie ich es mir erhoffe, dann wäre ich zufrieden!» Oder: «Ich müsste mich noch mehr anstrengen, dann gelingt mir wohl alles!»

Man erzeugt damit Druck, produziert eine Last, unter

der man nicht selten zusammenbricht. Man spürt das zwar irgendwie, nimmt die Belastung aber nicht wahr, verdrängt sie. Statt sie als Warnzeichen zu deuten, als Hinweis darauf, sich verrannt zu haben, macht man weiter, erhöht das Tempo, um perfekt zu werden, flieht in die Welt des «Muss»: «Ich muss noch besser werden!» «Ich muss mich noch mehr kümmern!» ... «Ich muss!» «Ich muss!» «Ich muss!»

Albert Ellis, einer der wichtigen amerikanischen Therapeuten, hat solche Einstellung einmal «Musturbation» genannt, eine Haltung, die dem Ziel «Perfektionismus» jede Menschlichkeit und Lebensfreude unterordnet. «Aber was soll man denn machen? Alles laufen zu lassen, das kann ja nicht die Alternative sein», so werden vielleicht einige sagen. Und eine gleichgültige Haltung «Egal, macht was ihr wollt» schon gar nicht! Der Gegenpol zum Perfektionismus stellt ja nicht bedenkenlose Wurstigkeit dar, vielmehr eine humane Einstellung aufzubauen, die sich in der Formel äußert: «Ich tue das mir Mögliche. Und das ist genug!» Damit richtet man sein erzieherisches Handeln an seinen eigenen Kompetenzen, an seinen Stärken aus.

Vergleiche nie ein Kind mit einem anderen, so hatte es Pestalozzi vor zwei Jahrhunderten formuliert. Und das gilt gleichermaßen für die Eltern: sich nicht ununterbrochen mit anderen zu vergleichen – und zwar unter der sich selbst kasteienden Perspektive, was die anderen alles können, tun und machen. So ein Blickwinkel schwächt, hält klein, führt letztlich dazu, seine Fähigkeiten zu unterschätzen und sich kleinzureden.

Sich in seiner Unvollkommenheit zu akzeptieren baut Selbstbewusstsein und ein Selbstwertgefühl auf: Man weiß, was man kann, spürt seine Stärken und kann damit seine

Schwächen und Unzulänglichkeiten akzeptieren, man geht menschenfreundlich mit sich und damit auch mit den Kindern um.

Die Freundlichkeit des Fehlers

In der Akzeptanz von Fehlern liegt die Chance, an sich zu arbeiten. Fehler sind Geschenke, bieten die Möglichkeit, an seinen Aufgaben zu wachsen. Das beschreibt «Fehlerfreundlichkeit». Hier ist ein Umdenken notwendiger denn je, zieht man den Fehler doch heran, um sich selbst in seinen Fähigkeiten herabzusetzen: «Warum klappt es bei dir nie?» So fragt man sich, um dann die Antwort zu wissen: «Du kannst es eben nicht und wirst es nie können!» Solche Haltung mündet schnell in einer Selbstverstümmelung. Man lässt kein gutes Haar an sich, geht wenig sensibel mit sich selbst um, würdigt sich herab. So entstehen Minderwertigkeitsgefühle, Frustration, Enttäuschung, die die Eltern-Kind-Beziehungen nachhaltig negativ berühren.

«Es geht nur mir so!» Dieser Satz lässt die Eltern in ihren Gefühlen allein, dieser Satz schwächt. Es gibt eine alte buddhistische Geschichte, auf die der Pädagoge Ben Furman hingewiesen hat, die das Gefühl des «Es geht nur mir so!» nicht nur erzählt, sondern auf eine anschauliche Weise einen Trost bereithält.

«Vor langer Zeit lebte eine junge Frau namens Kisa Gotami in Indien. Sie begegnete einem Mann und verliebte sich. Die beiden heirateten und bekamen bald einen Sohn. Die Eltern waren sehr glücklich, das Heranwachsen des Sohnes zu beobachten. Als der Junge zweieinhalb Jahre alt war, erkrankte er jedoch plötzlich und starb. Kisas Welt brach zusammen. Sie wurde von einer so großen Trauer überwältigt, dass sie nicht glauben wollte, der Sohn sei tot. Sie trug die kleine Leiche des Sohnes auf dem Arm und ging von einem zum anderen. Sie fragte verzweifelt bei anderen Menschen nach einer Medizin, die den Jungen heilen würde. Schließlich führte ihr Weg zu einem berühmten Buddha, und sie bat ihn um seine Hilfe. Der Buddha schaute Kisa voller Mitgefühl an und sagte: ‹Ich werde dir helfen, aber zuvor benötige ich eine Handvoll Senfkörner.› Als Kisa sagte, sie sei bereit, alles zu tun, um die benötigte Menge Körner zu besorgen, sagte der Buddha: ‹Aber die Körner müssen aus einer Familie stammen, in der niemand sein Kind, seinen Partner oder seine Eltern verloren hat. Alle Körner müssen aus einem Haus sein, wo der Tod noch nie zu Besuch war.› Kisa ging von Haus zu Haus und fragte nach Senfkörnern. Aber in jedem Haus erhielt sie die gleiche Antwort: ‹Natürlich können wir dir Senfkörner geben, aber es gibt bei uns weniger Lebende als schon Verstorbene.› Jeder hatte entweder die Mutter oder den Vater, seine Frau oder den Mann, den Sohn oder die Tochter verloren. Nachdem Kisa jedes Haus im Dorf besucht hatte, verstand sie, dass niemand in seinem Leben von Verlust und Trauer verschont bleibt und dass sie nicht alleine war. Ihre Trauer verwandelte sich in Mitgefühl für alle anderen trauernden Menschen. Jetzt war sie in der Lage, sich von ihrem Sohn zu verabschieden und ihn zu beerdigen.»

Was wir immer wieder auf Seminaren erfahren, ist die Solidarität der Erwachsenen, eine Solidarität, die sich im gemeinsamen Erkennen, Lachen, aber auch den traurigen Momenten ausdrückt. Solidarität äußert sich in dem Gefühl: «Jeder macht Fehler! Nicht nur mir geht es so!» Solidarität zeigt sich im aktiven Zuhören, darin, dem anderen sein Ohr zu schenken, ihn zu verstehen, Solidarität anerkennt die

Ressourcen im Gegenüber, ist bereit, von ihm zu lernen. Solidarität hält Trost bereit, wenn es einem anderen schlechtgeht. Aber Solidarität bagatellisiert auch nicht Fehler – nach dem Motto: «Kopf hoch! Das wird schon wieder!» Solidarität sieht die Fehler als Möglichkeit zu wachsen, denn wer sich für vollkommen hält, lernt nichts dazu.

Die Fehlerfreundlichkeit verändert die Einstellung zum Leben, sie sieht Probleme – auch in der Erziehung – als Herausforderungen, die weiterbringen, sie stärkt das Selbstwertgefühl, weil man Schwierigkeiten überwunden hat. Und der Fehler lehrt zugleich, auf die eigenen Stärken zu achten, die schließlich dazu beigetragen haben, Konflikte angegangen und gelöst zu haben.

Bedingungslosigkeit

Bedingungslosigkeit kann man von Kindern lernen, sie brauchen wenig, um glücklich zu sein. Dazu gehört Gegenwartsbezogenheit, ein Leben im Hier und Jetzt und nicht in einer fernen, verschwommenen Zukunft. Kinder möchten Geborgenheit, Annahme und Liebe.

Kinder wollen keine Beziehungen, die an Erwartungen geknüpft sind. Bedingungslose Annahme und Liebe lebt aus sich selbst heraus. Man kann Bedingungslosigkeit mit dem Duft einer Blume vergleichen. Die Eigenschaft vieler Blumen – egal ob Rose, Lilie oder Hyazinthe – ist es, Duft auszuströmen. Und sie verbreiten diesen Duft für alle Menschen. Sie verbinden das Duften nicht mit Bedingungen: «Kommt näher, dann dufte ich!» «Seid brav, dann riecht ihr mich!». Sie duften aus sich selbst heraus, weil ihnen eine Kraft innewohnt. Das Bild der Duft ausströmenden Blume lässt sich auch auf den Menschen übertragen. Die spirituelle Dimension ist eine sorgende

Kraft im eigenen Innern, aus dem eine Verbundenheit mit dem eigenen Selbst und der Mitwelt resultiert. Dies macht ein indianischer Spruch auf wunderbare Weise deutlich: «Großer Geist / in den Vögeln, im Himmel, im Meer / du bist in mir und in allen Dingen um mich herum.» Anders ausgedrückt: Das Göttliche wohnt im Menschen, und Erziehung hat die Aufgabe, diese Kraft bedingungslos zu verströmen.

Staunen und Wachsen

«Der Mensch», so hat es Tagore ausgedrückt, «ist ein geborenes Kind, seine höchste Gabe ist die des Wachsens», um dann einen anderen Gedanken hinzuzufügen: «Dass ich bin, erfüllt mich mit immer neuem Staunen. Und dies bedeutet Leben.»

Tagore hat hier Begriffe angedeutet, auf die sich Spiritualität weiter gründet: Wachsen, Erfüllung, Staunen. Und es sind Kinder, die solche Eigenschaften noch haben. Kinder wachsen, sie durchlaufen verschiedene Entwicklungsetappen – Säugling, Kleinkind, Schulalter, Pubertät. Und Wachsen ist keine stete Vorwärtsentwicklung. Es gibt keine Reise, ohne dass man die Mühen der Ebene erlebt. Reisen hat mit Abschiednehmen und Ankommen zu tun, mit einer Vielfalt an Gefühlen, mit Momenten des Glücks und der Euphorie, mit absoluter Traurigkeit und völliger Verzweiflung.

Kinder wünschen sich erfüllte Beziehungen, sie wünschen sich Halt und Orientierung, um sich fallen lassen zu können und sich geborgen zu fühlen. Doch Kinder spüren auch, dass Erfüllung zugleich mit Frustration und Enttäuschung einhergehen kann.

Kinder staunen über die kleinen und großen Dinge, die sie umgeben und die sie erfahren. Und das Staunen der Kinder geht mit ihrer Neugierde einher, Kinder schauen hinter die

Dinge, die Oberfläche ist ihnen zu abstrakt, zu glatt, zu langweilig. Kinder staunen über die Natur, die sie umgibt: Sie reden mit den Blättern, sie fühlen sich in Tiere ein, beseelen Bäume und Pflanzen, Vögel und Käfer mit ihren Phantasien. Wachsen, Erfüllung, Staunen – in diesen Begriffen zeigen sich spirituelle Erfahrungen, die von innen kommen, sie beinhalten imaginäre Kräfte und magische Energien. Solche Erfahrungen können, wie es der Theologe Anton Bucher, einer der profundesten Spiritualitätsexperten, ausgedrückt hat, nicht einfach gelehrt oder vermittelt werden. Aber wenn sie eintreten, tun sie dem Menschen gut. Eine weitere Dimension spiritueller Erfahrung besteht deshalb darin, dass Kinder Verbundenheit wünschen, Verbundenheit mit dem eigenen Selbst, den Mitmenschen und der Umwelt, der Natur und einem höheren Wesen. Gleichwohl wird spirituelle Erziehung, so nochmals Anton Bucher, darauf verzichten, «Kinder auf ein bestimmtes Gottesbild zu fixieren, sondern sie dazu ermuntern, ihn überall wahrzunehmen, sofern sie das nicht schon ohnehin tun». Dieser Gedanke bedeutet zugleich, dass die Spiritualität der Kinder nicht dieselbe wie die der Erwachsenen ist.

Verbundenheit mit sich selbst bildet den einen Grundstein spiritueller Erfahrung. Und dieses Selbst ist zunächst das Körper-Selbst, das Spüren und das Erfahren des Körpers. Das Verstehen setzt das Stehen voraus, das Erfassen das Fassen, und das Begreifen geht mit dem Greifen einher. Anders ausgedrückt: Jeder intellektuellen Erfahrung geht eine körperliche voraus. Für Kinder stellen körperliche, kognitiv-abstrakte und spirituelle Erfahrungen eine Einheit dar.

Kinder sind nur selten abstrakt, sie sind anschaulich und konkret, sie reden nicht daher, sie drücken sich einfach aus. Ihr Körper ist beteiligt, ja manchmal drücken sie sich nur über den Körper aus. Kinder wollen Bewegung, sie möchten bewegt sein – innerlich wie äußerlich, also körperlich. Kinder lieben Wege, weil sie dabei spüren, erfahren, die Grenzen des Körpers ausprobieren, fühlen wollen, wie weit sie gehen oder was sie aushalten können. Dann gibt es aber noch die geheimnisvollen Wege nach innen, in das Reich von Phantasie und Magie, jenem Land, zu dem nur das Kind einen Schlüssel hat und zu dem man als Erwachsener nur selten Zutritt bekommt. Umso wunderbarer kann es sein, wenn Kinder von sich und ihren Bildern erzählen, wenn sie von ihren Vorstellungen über Gott und die Welt berichten. Dann wollen sie keine Belehrungen, kluge Kommentare, dann möchten sie, dass Erwachsene zuhören, staunen über die kleinen Philosophen, die sich ihre ganz eigenen Gedanken machen – darüber, woher man kommt; darüber, wohin man geht. Kinder sind keine leeren Gefäße, die Erwachsene mit ihrem Wissen füllen müssen. Kinder sind ein Füllhorn ganz eigener, einzigartiger Erfahrungen. Spirituelle Erziehung nimmt das ernst und achtet diese besondere kindliche Fähigkeit.

Kinder zu achten heißt, ihnen zuzuhören, sie ausreden zu lassen, ihre Gefühle ernst zu nehmen und sie nicht kleinzureden. Vergleiche nie ein Kind mit einem anderen, um diesen Satz Pestalozzis nochmals zu zitieren, ist jedes Kind doch einzigartig und wertvoll. Spirituelle Erziehung sieht das, versucht das zu vermitteln. Die Vermittlung einer spirituellen Haltung funktioniert aber nicht über das Reden, spirituelle Haltung muss gelebt, nicht «vorgelabert» werden. Eine spirituelle Haltung ist aufgehoben in einem Familienklima, das von Wertschätzung geprägt ist, und in Ritualen, die Gemeinsamkeit und Geborgenheit zulassen. Aber all dies braucht auch Kraft.

Viele Eltern fühlen sich in der Kindererziehung erschöpft. Sie versuchen, den Kindern alles zu geben. Doch dann spüren sie auf einmal, wie ausgebrannt sie sind. Spiritualität kann für Eltern dann bedeuten, dass sie immer wieder innehalten und in sich hineinhorchen, um an die innere Quelle ihrer Kraft zu kommen. Diese Quelle kann für viele Menschen eine göttliche Kraft sein, die stärkt und inspiriert.

Gerade dann, wenn z. B. ein Kind nachts immer wieder aufwacht und Mutter und Vater in ihrem Schlaf oft gestört werden, fühlen sich Eltern gerädert, überfordert. Dann ist es wichtig, sich zu vergewissern, dass es in mir eine Kraft gibt, die stärker ist als ich selbst. Und diese Kraft kann mich tragen, gerade in Zeiten äußerer Kraftlosigkeit. Wenn ich mich nach Nächten, in denen ich kaum geschlafen habe, auf meine Übermüdung fixiere, werde ich noch kraftloser. Und ich bekomme Angst, dass mich das Kind dann völlig überfordert. Diese Angst aber äußert sich dann oft in Aggressionen gegen mich selbst, meine Umgebung und auch gegen das Kind.

Ein anderer spiritueller Weg wäre, meine Kraftlosigkeit bewusst zu spüren und darauf zu vertrauen, dass da in mir eine andere Kraft ist, die nicht schwindet, weil sie aus der göttlichen Quelle auf dem Grund meiner Seele strömt. Um mit dieser Quelle in Berührung zu sein, muss ich mich aber immer wieder zurückziehen, um durch alle Gedanken und Sorgen und Gefühle dorthin vorzudringen. Manche Eltern mögen sagen: «Das klingt schön, aber im Alltag habe ich keine Zeit, mich zurückzuziehen und mich auf mich selbst zu besinnen.» Sicher finden wir nicht immer Zeit, um zu meditieren. Aber wie ich den Morgen beginne, kann ich selbst bestimmen. Ich könnte z. B. ein kleines Ritual machen, das mich in Berührung bringt mit mir selbst. Die Zeit des Rituals, in der ich mit dem Raum in mir in Berührung komme, gehört mir allein. «Diese Zeit», so erzählte eine Mutter, «diese Zeit ist mir heilig.» Sie ziehe sich dann in ihren Sessel zurück. Das sei ihr heiliger Raum. «Da bin ich der Welt entrückt.» Solch ein Raum ist der Welt entzogen. Da haben auch Kinder keinen Zutritt. Oft genügt es schon, sich mitten im Trubel des Alltags vorzustellen, dass es diese Quelle gibt. Dann erlebt man die Beziehung zum Kind anders. Man vertraut darauf, dass einem aus dieser Quelle die nötige Kraft zuströmt, um dem Kind gerecht zu werden.

Eine andere Erfahrung, die Eltern bei der Erziehung oft machen, ist die Hilflosigkeit. Sie fühlen sich hilflos, wenn das Kind immer wieder schreit und wenn kein Mittel hilft, das Kind zu beruhigen. Viele Eltern, vor allem Mütter, fangen dann an, die Schuld bei sich zu suchen. Sie fragen sich, ob von ihnen eine so negative Ausstrahlung ausgeht, dass das Kind nicht zur Ruhe kommt. Sie meinen, das Kind würde genau merken, dass mit Mutter oder Vater etwas nicht stimmt. Solche Selbstvorwürfe verunsichern, hilfreicher wäre es, wenn Eltern nach innen horchen und darauf vertrauen, dass es eine Quelle der Intuition gibt. Wenn ich mich auf diese Quelle einlasse, anstatt mir den Kopf zu zerbrechen, entstehen oft spontane Lösungen. Auf einmal spüre ich, was ich machen könnte. Oder aber ich beobachte das Kind nur, wiege es geduldig hin und her und vertraue darauf, dass irgendetwas das Kind beruhigt. Ich probiere aus, was es anspricht, wovon es fasziniert ist. Und auf einmal beruhigt sich das Kind. Damit Eltern ihre Kinder gut erziehen können, müssen sie gut für sich selbst sorgen. Spiritualität ist der konkrete Weg, für sich zu sorgen, mitten im Trubel innezuhalten. Gerade persönliche Rituale sind da eine Hilfe, etwa das Ritual, morgens im Bad die Zeit für sich zu genießen, zu beten, kurz innezuhalten und sich vorzustellen, dass der Segen Gottes zum Kind hinströmt. Dann begegnet man den Kindern anders. Und man kann sie voller Vertrauen loslassen. Man weiß, dass sie nicht allein auf ihrem Weg sind, sondern dass Gottes Segen sie begleitet. Oder ich kann gerade am Abend, wenn das Kind im Bett liegt, die Hände über der Brust kreuzen, gleichsam eine Tür schließen, damit der innere Raum der Stille in mir geschützt ist. In diesem Raum der Stille komme ich in Berührung mit der inneren Quelle. Auch abends, wenn ich erschöpft bin, vertraue ich darauf. Und zu diesem inneren Raum der Stille haben Selbstvorwürfe und Schuldgefühle keinen Zutritt. Da bin ich im Frieden mit mir selbst. Wenn mein Kind tagsüber schläft, eröffnet dies nicht nur die Chance, die Hausarbeit zu machen, sondern auch die Möglichkeit, sich etwas Zeit für mich selbst zu nehmen und mich in einen Schutzraum zurückzuziehen, in dem ich in aller Ruhe aufatmen kann. Manche Eltern haben den Eindruck, dass sie immer nur geben müssen. Es ist gut, wenn man geben kann, aber die Gefahr ist groß, dass man sich verausgabt. Das Verhältnis von Geben und Nehmen sollte in einer guten Balance sein. Manche Eltern nehmen sich die Zeit, ein Buch zu lesen. Oder sie nehmen sich die Zeit, beim Einkaufen kurz in die Kirche zu gehen und dort innezuhalten. Andere gönnen sich jedes Jahr ein freies Wochenende, an dem sie einen Kurs besuchen oder etwas tun, was ihre Seele braucht. Es ist wichtig, sein Geben zu hinterfragen, dazu gibt es das Sprichwort: «Wer viel gibt, der braucht auch viel.» Manche, die viel geben, brauchen viel Zuwendung und Bestätigung. Sie wollen immer und bei allen beliebt sein. Das Geben vermittelt ihnen Allmachtsgefühle, dass ohne sie nichts geht.

Wenn ich gebe, weil ich brauche, bin ich schnell verausgabt. Wenn wir geben, weil wir genommen haben – aus der Quelle unserer Eltern, aus der Quelle der Liebe –, dann können wir immer weiter geben. Spiritualität ist eine Art der Selbstsorge und der Selbstliebe. Ich sorge für mich selbst, indem ich z. B. in einen Gottesdienst gehe. Dort darf ich für mich sein. Ich tauche ein in eine Welt, die mir guttut. Ich höre Worte, die mich trösten und aufrichten. Ich komme durch das Singen in Berührung mit den inneren Gefühlen von Freude und Liebe, die manchmal hinter dem alltäglichen Tun zurücktreten. Zur Spiritualität gehört auch das Gebet. Ich halte im Gebet meine Sorgen und Ängste Gott hin und erfahre ein Getragensein von Gottes guten Händen. Ich bete für die Kinder. Das Gebet entlastet mich von meinen Ängsten, ob denn mit den Kindern auch alles gut werden wird. Ich muss nicht alles selber machen. Ich empfehle die Kinder der Sorge Gottes und weiß sie gut geleitet.

SPIRITUALITÄT – ORIENTIERUNG FÜR DIE FAMILIE

Die christliche Spiritualität drückt sich in konkreten Haltungen aus. Die Tradition hat als die drei wichtigsten spirituellen Haltungen die drei Tugenden von Glaube, Hoffnung und Liebe gesehen. Wir möchten nun versuchen, diese drei Haltungen in ihrer Bedeutung für die Erziehung zu beschreiben.

Glaube

Glauben meint nicht nur, dass ich an Gott glaube, sondern zugleich an den Menschen. Der Glaube an Gott kann eine Entlastung bei der Erziehung bedeuten. Ich leiste das, was in meiner Hand ist. Aber ich höre auf, ständig darüber nachzugrübeln, ob meine Erziehungsmethoden perfekt und vollkommen sind, ob ich dem Kind gar schade. Ich tue das, was in meiner Hand liegt, und vertraue darauf, dass dieses Handeln gesegnet ist, auch wenn ich mal einen Fehler in der Erziehung mache. Ob Methoden richtig sind, können wir nicht beweisen. Einzig sicher ist: Das Ergebnis von Erziehung ist wirkungsunsicher. Erziehung ist deshalb zuallererst Beziehung. Wir sollen in Beziehung zu den Kindern sein und dem eigenen Gefühl trauen.

Eine Frau erzählte, dass das Lesen von Erziehungsbüchern sie verunsichert hat. Sie macht sich Gedanken, ob sie alles richtig macht oder ob sie ihren Kindern mit ihrer Methode nicht schon geschadet hat. Auch wenn es gut ist, sein Verhalten zu überprüfen, sollten wir jeden Perfektionismus vermeiden. Deshalb kann eine Antwort lauten: Aus Ihren Kindern wird etwas – trotz Ihrer Erziehung. Ihr Kind hat nicht nur Sie. Es hat auch einen eigenen starken Charakter, einen Engel, der es begleitet und schützt und auf den richtigen Weg führt. Das Vertrauen darin, dass man nicht alles selber machen muss, dass der Engel, den jedes Kind hat, über dem Kind wacht und es durch alle Erlebnisse in der Familie immer mehr in sein wahres Wesen hineinführt, kann den Eltern eine gewisse Leichtigkeit und Gelassenheit bei ihrer Erziehungsaufgabe geben.

Spiritualität in der Familie heißt: Ich glaube, dass mein Kind einmalig ist. Und ich versuche, mich in das Kind hineinzuversetzen, um mehr und mehr dieses einmalige Bild in meinem Kind zu entdecken. Man ist ständig in Gefahr, eigene Bilder in das Kind zu projizieren. Doch mit diesen Projektionen trübt man die Einzigartigkeit des Kindes und hindert es, in die Einzigartigkeit hineinzuwachsen, die Gott ihm zugedacht hat.

Eine Mutter erzählte, sie habe eine Schwester gehabt, die ihr immer vorgezogen worden war, weil sie als schöner galt. Das hatte sie tief verletzt. Jetzt bekam sie eine bildhübsche Tochter. Doch sie sah nicht diese schöne Tochter, sondern immer nur ihre Schwester in ihr, die ihr vorgezogen worden ist. Das Märchen von Schneewittchen hat ja diesen Projektionsmechanismus eindrucksvoll beschrieben. Wenn man sein Bild dem Kind überstülpt, dann lässt man es nicht wirklich leben. Es darf nicht so sein, wie es ist. Und dann richtet man aggressive Gefühle gegen das Kind. Man wird zum Richter, der weder sich selber noch dem Kind gerecht wird. Glauben heißt: immer wieder das Kind betrachten und sich überlegen: Was ist das Besondere dieses Kindes? Was geht von seinen Gefühlen aus? Wie reagiert es? Wo wird es berührt? Und es braucht auch hier die Stille, um sich von den oft unbewussten Bildern zu befreien, die wir dem Kind zuschreiben, und offen zu werden für das Einmalige und Einzigartige in diesem Kind.

Die Taufe erinnert immer wieder daran, dass dieses Kind ein Kind Gottes ist. Wenn das Kind in der Taufe mit Wasser übergossen wird, dann bedeutet das, dass es gereinigt wird von all den Trübungen, die wir ihm antun, indem wir unsere eigenen Wünsche und Vorstellungen in das Kind hineinprojizieren. Die Taufe ist nicht nur für das Kind da, sondern auch für die Eltern. Sie erinnert die Eltern daran, ihre eigenen Sehnsüchte, die sich in den Umgang mit den Kindern einschleichen, loszulassen. Noch ein anderer Aspekt der Taufe ist wichtig. In der Taufe wird über das Kind gesagt: «Du bist mein geliebter Sohn. Du bist meine geliebte Tochter. An dir habe ich mein Wohlgefallen.» Karl Frielingsdorf hat ein Buch geschrieben mit dem Titel «Vom Überleben zum Leben». Er meint, viele Kinder erfahren von ihren Eltern nur bedingte Daseinsberechtigung: «Du darfst sein, wenn du brav bist, wenn du etwas leistest, wenn du erfolgreich bist, wenn du pflegeleicht bist.» Wenn das Kind nur bedingte Daseinsberechtigung erfährt, passt es sich völlig an, um immer beliebt zu sein. Es leistet immer mehr, um gesehen zu werden. Doch das ist nur ein Überleben und kein wirkliches Leben. Wirkliches Leben setzt die bedingungslose Daseinsberechtigung, das bedingungslose Angenommensein durch die Eltern und andere Bezugspersonen voraus. Die Taufe erinnert Eltern (und nicht nur sie) wieder daran, die Kinder bedingungslos anzunehmen und zu lieben.

An das Kind zu glauben heißt an den guten Kern in ihm glauben. Der heilige Benedikt drückt es so aus, dass wir in jedem Menschen Christus sehen sollen. Christus, das ist ein Bild für das wahre einmalige Selbst des Kindes. Und Christus steht für den innersten Kern, der absolut gut ist, rein und klar, nicht von Schuld zerfressen. Indem man an den guten Kern im Kind glaubt, hilft man ihm, das Gute, das Einmalige in sich zu entwickeln. Kinder spüren sehr schnell, ob ihre Eltern ihnen vertrauen und an ihre Fähigkeiten glauben. Es gibt Eltern, die Angst haben, in ihrem Kind könnten negative Einflüsse oder genetische Störungen wirken. So etwas schadet Kindern. Wir müssen immer wieder gegen allen äußeren Schein an den guten Kern im Kind glauben, gerade dann, wenn es sich nach außen manchmal unverständlich verhält und man verzweifelt ist und sich fragt: «Womit habe ich das verdient?»

An das Kind zu glauben heißt aber noch etwas anderes. Romano Guardini sagte einmal: Gott spricht über jeden Menschen bei seiner Geburt ein Passwort, das nur für diesen Menschen passt. Und die Aufgabe des Menschen wäre, dieses einmalige Wort, das Gott nur ihm spricht, in dieser Welt vernehmbar werden zu lassen. An das Kind zu glauben heißt daher, auf das zu hören, was Gott mir durch dieses Kind sagen möchte. Was ist die Botschaft dieses Kindes an mich? Was will Gott mir durch dieses Kind sagen? Solche Fragen sind gerade bei schwierigen Kindern oder bei behinderten Kindern wichtig.

Eine Mutter, die einen Jungen hatte, der eine tödliche Krankheit in sich trug, ging in eine Selbsthilfegruppe. Dort ging es vor allem um die Frage, wie die Eltern mit dieser Situation umgehen sollten, wie sie sich dem Kind gegenüber verhalten und wie sie für sich selbst sorgen sollten. Das ist sicher eine Hilfe für die Eltern. Doch als dieser Mutter im Gespräch aufging, dass ihr Kind ja auch eine Botschaft an sie hat, wurde die Beziehung zum Kind ganz anders. Sie horchte in ihr Kind hinein und spürte, welcher Reichtum in ihm steckt, wie sensibel es war, welche Weisheit aus ihm sprach – trotz seiner erst 15 Jahre. Solche Kinder sind oft ein Schatz, der ins Bewusstsein gehoben werden muss. Glauben kommt vom Hören. Wir müssen auf solche Kinder hören und vertrauen, dass sie eine wichtige Botschaft an uns haben.

Viele Eltern, die behinderte oder auffällige Kinder haben, sind anfangs geschockt. Sie haben Angst, dass sie mit der Behinderung des Kindes nicht umgehen könnten und dass die ganze Familie darunter leiden würde. Doch oft genug haben sie dann erfahren, dass das behinderte Kind ein Segen für die ganze Familie ist. Es bringt etwas hinein, was der Familie guttut. Das behinderte Kind ist nicht nur das arme Kind, für das wir sorgen sollen. In ihm steckt auch ein großer Reichtum. Glauben heißt, diesen Reichtum des Kindes zu entdecken und dafür dankbar zu sein.

Hoffnung

Niemand kann Vater oder Mutter sein, ohne Hoffnung zu haben. Hoffnung bedeutet jedoch etwas anderes als Erwartung. Das Kind kann Erwartungen enttäuschen. Es kann die Erwartung enttäuschen, dass es die Schule schafft. Es kann aber auch die tiefere Erwartung enttäuschen, dass es das Leben schafft. Hoffnung kann nicht enttäuscht werden. Hoffen – so sagt der französische Philosoph Gabriel Marcel – heißt: Ich hoffe für dich. Ich hoffe auf dich. Hoffen heißt, dass ich mein Kind niemals aufgebe, dass ich warten kann. Im Glauben bedeutet das, an den guten Kern des Kindes zu glauben. Und Hoffen bedeutet, auf seine Entfaltung zu hoffen, darauf, dass es immer mehr hineinwächst in seine Einmaligkeit und dass sein Leben gelingt.

Paulus sagt von der Hoffnung: «Hoffnung, die man schon erfüllt sieht, ist keine Hoffnung. Wie kann man auf etwas hoffen, das man sieht? Hoffen wir aber auf das, was wir nicht sehen, dann harren wir aus in Geduld.» Wir hoffen beim Kind auf das, was wir nicht sehen. Denn die Hoffnung bringt das Unsichtbare zum Vorschein. Sie ist eine Kraft, die eine Bewegung im Kind auslöst. Und Eltern kann sie Geduld geben. Man verzweifelt nicht gleich, wenn das Kind immer wieder die gleichen Fehler macht, wenn es anscheinend nicht weitergeht, wenn es keine Entwicklungsschritte macht, wenn es noch nicht zu sprechen anfängt. Hoffnung ermöglicht dem Kind einen Freiraum, in dem es sich entfalten kann, und einen Raum der Zukunft, der ihm selbst Hoffnung verleiht: Es lohnt sich zu leben.

Dieser abstrakte Satz hat große Bedeutung für den Erziehungsalltag. Ein Vater erzählte, sein achtjähriger Sohn weigere sich, in die Schule zu gehen. Er hätte Angst, die anderen Kinder würden ihn verspotten oder gar schlagen. Der Vater reagierte panisch. Er meinte, das Kind sollte zum Psychologen gehen. Doch solch ängstliches Reagieren hilft nicht. Denn es vermittelt einem Kind: «Du bist kompliziert. Du bist krank. Du machst deinen Eltern Sorgen. Du schaffst das Leben nicht.» Mit Hoffnung zu reagieren sieht anders aus. Man hört dem Kind zu, nimmt Anteil und fragt, was denn alles passieren könnte in der Schule und was ihm gerade Angst macht. Zugleich kann man fragen, was dem Kind helfen könnte, seine Angst zu überwinden, oder was dazu beitragen könnte, doch in die Schule zu gehen.

Kinder verfügen über große Ressourcen, sind oft sehr kreativ und finden häufig eine Lösung. Und sie spüren genau, ob man ihnen etwas zutraut oder nicht. Eltern haben manchmal Angst um ihre Kinder, dass sie krank werden oder dass sie auf falsche Wege geraten. Die «Hoffnung ersäuft die Angst», sagt Ernst Bloch. Und Verena Kast, die aus Sicht der Psychologie die Hoffnung als heilende Kraft beschreibt, meint, «dass die Hoffnung im Menschen ursprünglicher ist als die Angst und das sich Menschen deshalb auch zur Hoffnung aktiv entschließen können».

Der italienische Dichter Dante schreibt über die Hölle: «Lass alle Hoffnung fahren.» Wo keine Hoffnung ist, ist Hölle. Wenn Eltern ihren Kindern keine Hoffnung vermitteln, wenn sie selbst ohne Hoffnung sind, dann ist das für die Kinder eine Hölle. Dann leben sie in einem Raum ohne Hoffnung, ohne Licht, ohne Leben. Dann geht alles nur so dahin, kraftlos und ohne Perspektive. Nur wenn die Eltern den Kindern Hoffnung vermitteln, können sie leben und das entfalten, was in ihnen steckt. Eine ähnliche Erfahrung spiegelt das Sprichwort «Die Hoffnung stirbt zuletzt» wider. Das heißt aber auch: Wenn keine Hoffnung mehr ist, dann erstarrt die Lebendigkeit des Menschen, ganz so, als wäre er als Lebender schon gestorben.

Liebe

Eltern lieben ihr Kind. Doch oft wird diese Liebe vom Kind sehr strapaziert. Gerade in den ersten Jahren leiden Eltern oft an dauernder Überforderung durch den Mangel an Schlaf und durch die Erfahrung, dass man rund um die Uhr für das Kind da sein muss und dass das Kind tatsächlich den Rhythmus des Tages bestimmt. Dann gibt es die Enttäuschung, dass das Kind sich ängstigt, unsicher wirkt oder sich oft sogar zerstörerisch benimmt. So haben sie sich Erziehung nicht vorgestellt, erzählen Eltern mehr oder minder gestresst und genervt.

Zwei Wege scheinen hier wichtig, damit die Liebe stabil ist. Der erste ist ein spiritueller Weg: Ich vertraue darauf, dass in mir eine Quelle der Liebe ist, die nie versiegt. Es ist die Quelle des Heiligen Geistes, der nach einem Wort des heiligen Paulus als Liebe in unseren Herzen ausgegossen wurde. Wenn einem die Liebe auszugehen scheint, versuche ich, mit dieser Quelle in Berührung zu kommen, die in mir strömt. Dann fließt auch in schwierige Situationen die Liebe hinein. Sie ist dabei mehr als ein Gefühl. Es ist eine Kraftquelle, die es mir ermöglicht, das Kind bedingungslos anzunehmen und es gut zu behandeln. Im Deutschen haben die beiden Worte Glauben und Lieben dieselbe Wurzel: lieb gleich gut. Glauben heißt, das Gute im Kind zu sehen. Lieben bedeutet, das Kind gut zu behandeln. Ich kann das Kind nur lieben, wenn ich an seine Einmaligkeit und seine Fähigkeiten glaube.

Der zweite Weg, die Liebe in sich immer wieder zu erneuern, besteht darin, gerade auch die unangenehmen Gefühle ernst zu nehmen. Man empfindet dem Kind gegenüber nicht nur Liebe, manchmal spürt man auch Aggressionen. Wir alle kennen Eltern, die sich Selbstvorwürfe machen, wenn sie Aggressionen gegenüber ihrem Kind haben. Diese Eltern haben meist perfektionistische Vorstellungen von Liebe. Aber Liebe und Aggressionen gehören zusammen. Die Aggression ist dazu da, das Verhältnis von Nähe und Distanz zu regeln. Wenn eine Mutter ihrem Kind gegenüber Aggressionen spürt, ist das immer eine Einladung, für sich selbst gut zu sorgen. Sie braucht mehr Abstand zum Kind, sie braucht Zeit für sich selbst. Wenn man aber ein unangemessenes spirituelles Ideal hat, das heißt: «Ich muss die Liebe zu meinem Kind immer gleich spüren!», dann unterdrückt man die Aggression und ist enttäuscht, dass sie dennoch immer zurückkommt.

Die unterdrückte Aggression kann sich dann in irrationalen Ängsten äußern, man könnte dem Kind etwas antun. Eine Mutter erzählte mir, sie habe Angst, wenn sie in der Küche ein großes Messer in die Hand nimmt, sie könnte ihr Kind stechen und verletzen. Natürlich liebte auch diese Mutter ihr Kind. Aber sie nahm an, Liebe müsse absolut sein. Sie hat die Aggressionen dem Kind gegenüber völlig unterdrückt, die sich dann in diesen zwanghaften Ängsten zeigten. Wenn diese Mutter sich vom Ideal der absoluten Liebe verabschieden würde, könnte sie ihre Aggression annehmen und bearbeiten. Die Aggression hätte sie einfach daran erinnert, dass sie auch einmal Zeit für sich braucht, um sich ihrem Kind gegenüber gekonnter abzugrenzen.

Wenn wir nicht aus einer gesunden Spiritualität heraus leben, drückt sich die Spiritualität oft in übertriebenen Ansprüchen an uns selber aus. Wir haben dann den Anspruch an uns, dass wir zu absoluter Liebe fähig sein müssten. Aber etwas Absolutes kann nur Gott in sich haben. Und wenn wir kein Bild von Gott haben, dann machen wir uns selbst oft für das Kind zum Gott. Wir meinen dann, wir müssten dem

Kind vermitteln, dass wir immer für es da sind, dass wir alles können, dass wir ihm absolute Geborgenheit und Sicherheit vermitteln.

Zu Beginn erleben Kinder ihre Eltern oft als gottgleich, sie erscheinen allmächtig und können einfach alles. Doch schon bald bekommt dieses Bild Risse. Sie erleben die Eltern in ihrer Begrenztheit. Die (religiöse) Erziehung ermöglicht Kindern einen guten Übergang, ihre Gottesprojektionen von den Eltern wegzunehmen und offen zu werden für eine übergeordnete, absolute Geborgenheit und Liebe. Der Glaube an Gott hilft dem Kind, die Entthronung seiner Eltern gut zu verdauen, und so kann es deren begrenzte Liebe dankbar genießen.

KINDER SUCHEN IHREN WEG

Jedes Kind, jeder Heranwachsende hat in jedem Abschnitt seines Lebens «Entwicklungsaufgaben» zu erfüllen, um einen Begriff des amerikanischen Soziologen Robert Havighurst zu verwenden, Entwicklungsaufgaben in körperlicher, emotionaler, sozialer, sprachlicher und intellektueller Hinsicht. In jeder Entwicklungsphase – egal, ob Säugling, Klein- oder Kindergartenkind, ob im Schulalter oder in der Pubertät – heißt es vom Gewohnten, vom Vertrauten Abschied nehmen und sich neuen, unbekannten Ufern zuwenden. Das erfordert Kräfte und Energien, das fordert heraus, das ängstigt nicht selten. Im Lied vom «Hänschen klein», das hinaus in die Welt geht, heißt es: es würde mit «Stock und Hut wohlgemuth» wandern, voller Vertrauen in seinen Körper, in seine Fähigkeit, sich auf andere einzulassen und bereit, soziale Kontakte zur Mitwelt zu knüpfen. Aber das ist nur die «halbe Miete». Der «Stock» und der «Hut» haben spirituelle Qualitäten, symbolisieren den Kontakt zu einem höheren geistigen Wesen, das phantastische Kräfte und magische Energien bereitstellt. Der Stock gibt Halt – «dein Stecken und Stab trösten mich», heißt es im Psalm 23. Und man könnte hinzufügen, führen mich, weisen Wege, öffnen Perspektiven, denn kein Wind, so der Pädagoge Ben Furman, «ist günstig für ein Schiff, das kein Ziel hat». Kinder, die sich aufmachen in die Welt, brauchen und wollen den Hut, benötigen «Behütung». Es gibt «behütende» Sprüche: «Du schaffst es!», «Du packst das»!, begleitet von einem – ob nun ausgesprochen oder nicht – «Gott begleitet dich und steht dir bei!». Solche Haltung sieht das Kind verbunden mit sich selbst, der sozialen Um- und Mitwelt, mit der Natur und einem «umgreifenden letztgültigen Geistigen». Kinder und Heranwachsende, die sich auf den Weg machen, brauchen Ermutigung, eine lebhafte, die Grenzen der Realität überschreitende Kreativität, sie brauchen den Glauben an das Göttliche als Kraft und jede Menge Lachen und Humor. Denn die Wege, die sie gehen, halten jede Menge an Widrigkeiten bereit, denen sie sich stellen müssen.

Auch der Weg zum Nordpol fängt mit dem ersten Schritt an, dann folgt ein nächster, dann ein dritter usw. So entwickelt sich eine positive Einstellung zum Leben, verbunden mit der Gewissheit, Schwierigkeiten gemeistert zu haben, Probleme als Herausforderungen zu begreifen, die einen in der Entwicklung weiterbringen, und dabei auf seine vielfältigen, mannigfachen Stärken zu achten, die zeigen, dass man sich auf dem richtigen Weg befindet.

Kinder sind spirituelle Wesen

Kinder sind anders, und jedes Kind ist einmalig. Theologisch können wir sagen: In jedem Kind spricht Gott ein Wort von sich aus, das nur in diesem einen Kind ausgedrückt wird. Jedes Kind ist ein Wort Gottes, das Fleisch wird. Oder anders ausgedrückt: Jedes Kind ist ein einmaliges Bild Gottes. Jedes Kind ist ein Traum, den Gott vom Menschen träumt. Die Eltern haben die Aufgabe, sich diese Besonderheit und Einmaligkeit des Kindes immer wieder zu vergegenwärtigen. Sie werden das Bild Gottes, das in ihrem Kind zum Ausdruck kommt, nicht in klaren Worten beschreiben können. Denn wie man sich von Gott kein Bild machen soll, so soll man sich auch vom Menschen kein Bild machen. Aber wenn man um das einzigartige Bild Gottes im Kind weiß, dann bleibt man offen für das Besondere, den individuellen Charakter seines Kindes; man legt es nicht auf ein bestimmtes Bild fest. Man ist immer in Gefahr, eigene Wünsche in ein Kind hineinzuprojizieren. Dann soll das Kind das leben, was man selbst nicht leben konnte oder durfte. Man glaubt, dass man dem Kind alle Wege zur Entfaltung ermöglichen würde, aber manchmal merkt man gar nicht, dass man damit nicht dem Kind gerecht wird, sondern es nur als Stellvertreter für seine eigene Entfaltung nimmt.

John Bradshaw, ein amerikanischer Theologe und Psychologe, sagt: Kinder sind von sich aus spirituell und folgen der natürlichen Haltung «Ich bin, der ich bin». Man kann das auch übersetzen mit «Ich bin ich». Ein Kind hat von sich aus noch ein deutliches Gespür genau dafür. Es ist spontan, ganz es selbst. Und deshalb schreibt Bradshaw: «Ich glaube, dass unsere Ichhaftigkeit der Wesenskern dessen ist, was unsere Ähnlichkeit mit Gott ausmacht. Wenn ein Mensch ein Gefühl für diese Qualität hat, ist er in Harmonie mit sich und kann sich selbst annehmen. Kinder können das von Natur aus. Schauen Sie sich irgendein Kind an, dann werden Sie bei ihm einen Ausdruck erkennen, der besagt: ‹Ich bin, wer ich bin.›»

Die tiefste Verletzung, die Eltern ihren Kindern zufügen können, ist die spirituelle Verletzung. Das Kind wird in seiner Einmaligkeit lächerlich gemacht. Es wird in das Bild hineingezwängt, das wir uns von ihm machen. Wenn es den eigenen Gefühlen traut und Einsichten sagt, die es in seiner ursprünglichen Seele hat, dann wird darüber gelacht. Und so wird das Kind gezwungen, sich anzupassen und das ursprüngliche Wissen und das Gefühl für seine Einzigartigkeit zu verleugnen. Bradshaw meint: «Die spirituelle Verletzung ist mehr als alles andere dafür verantwortlich zu machen, wenn aus uns unselbständige, schamerfüllte erwachsene Kinder werden. Die Geschichte des Niedergangs eines jeden Mannes und einer jeden Frau handelt davon, dass ein wunderbares, wertvolles, besonderes und kostbares Kind sein Gefühl für das ‹Ich bin, wer ich bin› verloren hat.» Schamerfüllte Kinder trauen sich nicht mehr, sie selbst zu sein, sondern sind nur noch darauf aus, von anderen angenommen und anerkannt zu werden, sich nach äußeren Urteilen auszurichten, letztlich nur zu gefallen.

Gleichwohl gibt es da noch eine andere Gefahr. Da sind jene Eltern, die ihre Kinder vergöttern. Wenn sie etwas Originelles oder auch nur ganz Gewöhnliches tun, dann erzählen sie es überall herum und meinen, ihr Kind sei außergewöhnlich und etwas Besonderes. Sie umgeben das Kind so mit dem Fluidum des Überirdischen, des Hochbegabten. Doch dann können Eltern diesem Kind nicht mehr gerecht werden. Sie beten das Kind gleichsam an und können keine partnerschaftliche Beziehung zu ihm aufbauen. Denn dafür ist die gesunde Spannung zwischen der Ermutigung zur Erziehung und dem Staunen über die Einzigartigkeit des Kindes nötig. Bei allen Erziehungsschritten, indem ich dem Kind Grenzen aufzeige, Klarheit und Berechenbarkeit vorgebe und vorlebe, muss ich trotzdem offen sein für das Einmalige eines Kindes. Ich sollte versuchen, mich immer wieder in das Kind hineinzuversetzen: Was ist dieses Kind? Was denkt es? Was fühlt es? Was spürt es? Was braucht dieses Kind? Was braucht es gerade von mir?

Kinder sind Gäste, die nach dem Weg fragen – so lautet ein vielzitierter Satz. Aber sie fragen nicht nur, um Antworten von Erwachsenen zu bekommen; sie stellen zugleich Fragen, weil sie die Welt beobachten und über das erstaunen, erschrecken und nachdenklich werden, was sie da so sehen. Kinder sind – auch das eine ebenso gültige wie verständliche Feststellung – Philosophen, die nicht nur neugierig sind, sondern auf ihre Art und Weise eigene Antworten finden – mal ganz ernst, mal hintergründig, mal alltagspraktisch, mal witzig, zum Lachen eben.

Lernen – auch religiöses Lernen – vollzieht sich nicht allein durch (noch so gut durchdachte und konzipierte) Programme, Lernerfahrungen macht ein Kind genauso ungeplant, ohne pädagogische Begleitung in Elternhaus, Schule oder Kindergarten. (Religiöse) Bildung stellt sich zugleich als Selbstbildung dar. Mit dieser Feststellung ist die Verantwortung, die Vater und Mutter, Lehrer(in) wie Erzieher(in) für die religiöse Sozialisation der Heranwachsenden haben, nicht beiseitegeschoben und unterschätzt.

Wenn Kinder sich entwickeln, sie sich auf den Weg machen, die Nah- und Umwelt zu erforschen und zu erkunden, wenn ihnen die vertrauten Sicherheiten nicht mehr ausreichen, wenn sie Grenzen überschreiten, um das Land jenseits dieser Grenzen zu erobern, wenn sie neue, unbekannte, ungewohnte Erfahrungen machen (müssen), wenn sie sich mit existenziellen Herausforderungen auseinanderzusetzen haben, stellen sie vieles und auch sich selbst in Frage, und ganz plötzlich reichen die gewohnten Wissensbestände, die bisher passten, nicht mehr aus!

Kinder formulieren etwa vom dritten, vierten Lebensjahr an zwei wichtige Fragen, auf die sie Antworten bekommen möchten; Antworten, die das Kind ernst nehmen und in seinen Kompetenzen anerkennen: Woher komme ich? Wo war ich, bevor ich bei euch, bevor ich auf dieser Welt war? Und: Kann ich, könnt ihr sterben? Das sind philosophische Fragen nach dem Anfang und dem Ende, nach Ursprung und Entwicklung. Wer gibt mir Halt, Schutz und Geborgenheit, wenn ich mich auf den Weg mache, weg vom vertrauten, sicheren Ort? Hinter diesen Fragen steckt der Wunsch, angenommen und aufgehoben zu sein, über sichere Bindungen zu vertrauten Personen zu verfügen.

Der Sozialpsychologe Uri Bronfenbrenner hat betont, jedes Kind, jeder Jugendliche braucht einen Menschen, an den er irrational, emotional gebunden ist, einen Menschen, dem er bedingungslos vertrauen kann.

In der Suche nach Schutz, nach Halt und Geborgenheit steckt auch die Suche nach Gott – Gott-Vater und Gott-Mutter, auf die man sich verlassen kann, weil man sonst verlassen ist, sich nicht trauen würde, in die Welt hinauszugehen, um zu einer eigenständigen Person zu werden. Gaby von Thun hat darüber ein wunderbar einfühlsames Buch mit dem Titel «Der liebe Gott sieht aus wie ein Elefant, oder?» geschrieben. Sie hat Kinder malen lassen, wie sie sich Gott vorstellen und ihnen die Gelegenheit gegeben, sich dazu zu äußern. Ein Kind hat auf die Frage, welche Vorstellungen es von Gott hat, so geantwortet: «Ich stelle mir Gott vor wie einen Menschen, der uns beobachtet! Und der die ganze Zeit auf uns herablacht, und sein Lachen schenkt uns Menschen auf der Erde Frieden. Und er schenkt uns die Sonne! Manchmal schenkt er uns Regen zum Abkühlen, denn er weiß, wann es zu heiß für uns ist.»

Kinder und Jugendliche, die den gewohnten Hafen verlassen und sich den Stürmen des Lebens stellen, brauchen – wie sie der Psychoanalytiker David Winnicott benannt hat – «Übergangsobjekte», Symbole, Gegenstände, Rituale, die helfen, Autonomie und Eigenständigkeit auszuhalten. Für Hänschen waren es Stock und Hut, für andere Kinder sind es der Teddy, die Schmusedecke, der Schnuller – oder wie es die zehnjährige Tamara formuliert hat: «Ich habe einen Stofffuchs. Er heißt Ricki und ist ganz lachsrot mit einem weißen Schwanz. Er hilft mir eigentlich immer aus der Patsche, wenn ich ihn brauche. Vielleicht kann er ja reden und denken? Kann doch sein, oder? Oder ist er auf der Wolke im Himmel? Kann auch sein.»

Es mag ungewöhnlich klingen, von Gott als einem «Übergangsobjekt» zu reden. Aber in einer Zeit, in der personale Bezüge manchmal brüchig und unsicher werden, gewinnen symbolische Bindungen an Bedeutung, denn sie sind immer und überall da! Viele Kinder brauchen irgendwann im Laufe ihrer Entwicklung keine realen Übergangsobjekte mehr: Sie sind enthalten in Symbolen, in Bildern. Die Bilder in Gaby von Thuns Buch zeugen davon: Gott als Licht, als Stern, als Sonne, als Mond. Kinder sind kreativ, sind schöpferisch, sie bringen ihre Erkenntnisse auf den Punkt. Sie schweifen nicht ab. In den Kinderbildern ist Göttliches und Anarchisches, sie zeugen von Himmel, Hölle und Fegefeuer, gehen Phantasie und Realität ein unauflösbares Gemenge ein.

71

«Der Moses ist durch das Meer gegangen. Wahrscheinlich war da gerade Ebbe», schreibt die siebenjährige Leona, die mit ihren Eltern vielleicht die Erfahrung einer Wattwanderung gemacht hat. Und unvergleichlich der Dialog zwischen dem neunjährigen Mario und dem siebenjährigen Thomas:

«Ich baue einen Lego-Turm bis zu Gott», meint Mario. «Dann steige ich hinauf zu ihm!»

«Dann fällst du runter», antwortet Thomas ungerührt, «und bist tot.» – «Wenn ich tot bin», so Marios schlagfertige Reaktion, «dann komme ich doch gleich wieder rauf.»

Gott als Ansporn, als Herausforderung – aber auch als Trost, als letztliche Sicherheit. Und diese brauchen Kinder, wenn sie hinausziehen, um Selbständigkeit und Selbstbewusstsein auszubilden. Gerade in Geschichten, aber auch in Bildern erschaffen sie sich, wie die Religionspädagogin Helga Kohler-Spiegel schreibt, symbolische Räume, «um das Allein-Sein auszuhalten, ohne in Einsamkeit zu versinken, die Aufgaben und Herausforderungen dieser Welt zu bestehen, ohne verlorenzugehen, um Leid zu ertragen und Hoffnung zu bewahren».

Symbolische Räume und Bilder trösten, lassen Verluste aushalten: «Mein Schutzengel ist mein Bruder», schreibt die elfjährige Aulona in ihrem Bild: «Er ist leider hoch im Himmel. … Richtig kannte ich ihn nicht, aber ich weiß, wie er aussah. Wenn er noch am Leben wäre, wär er jetzt 13 Jahre. Er ist mein Schutzengel, und er wird es für mich immer bleiben.»

Hört man sich die Geschichten an, die Kinder über Gott erzählen, dann sind in ihnen wahre Schätze und Botschaften enthalten: ein Vertrauen in eigene Fähigkeiten, die nur dann gelebt werden können, wenn man sich in sicheren Bindungen und Beziehungen – zu Gott, den Schutzengeln – geborgen fühlt. Es ist ein Vertrauen darauf, dass es ein «Happy End» gibt – nicht im Sinne einer Seifenopfer oder Hollywood-Schnulze, sondern weil man sich auf die schöpferischen Kräfte der eigenen Vorstellung und Phantasie, auf das Potenzial der inneren (Gottes-)Bilder verlassen kann. Kinder und Jugendliche drücken sich in Geschichten aus, in denen sie (religiöse) Erfahrungen auf den Punkt gebracht haben. Kinder erzählen Geschichten, Geschichten über «Gott und die Welt», nachdenklich, humorvoll, Geschichten über Freude und Not, über Angst und wie man ihr begegnet, über die Sehnsucht nach einem Schutzengel, der seine Hand über uns hält, und über einen liebevollen Gott, der Halt und Geborgenheit gibt.

Viele Kinder haben ihre Lieblingsgeschichte in der Bibel – sei es die über die Arche, Jesu Geburt, David und Goliath, Kain und Abel oder Mose und die 10 Gebote. Und auch wenn diese Geschichten vielleicht mit dem Alltag nicht unmittelbar zu tun haben, so hören sie die Kinder gerne, lassen sie sich erzählen und erzählen sie weiter. Es ist eine emotionale Bedeutungsdichte, die die biblischen Geschichten haben: Es geht um einen Helden oder eine Heldin, die sich einer Aufgabe zu stellen haben, einer existenziellen Herausforderung, die die Protagonisten zu bewältigen haben.

Generell lieben Kinder Geschichten, die sie im Inneren ansprechen, die ihre Phantasien fördern. Solche Geschichten und der soziale Kontext, in dem sie erzählt werden, haben eine spirituelle Qualität, nach der sie immer aufs Neue verlangen.

Dabei brauchen Kinder jedoch Halt und Orientierung, um sich den Geschichten zu stellen, um sie lustvoll als Herausforderung zu begreifen, sie brauchen einen Rahmen, der Geborgenheit verspricht, der die Gefühle von Ausgeliefertsein und Unsicherheit bannt. Kinder verlangen nach Ritualen.

Und solche Rituale sind in den (biblischen) Geschichten enthalten, solche Rituale bietet das Erzählen von Geschichten, das eingebunden in ein vertrautes Ambiente Verlässlichkeit schafft. Geschichten erzählen eben nicht davon, man brauche keine Angst zu haben. Geschichten tauchen tief in das Innere der Kinder ein und nehmen sie damit ernst. Gleiches tut der Erzähler, indem er die Kinder annimmt, sie so annimmt, wie sie vor ihm sitzen, hocken, liegen oder kuscheln – der Erzähler vermittelt, dass Ängste Bestandteile des Lebens sind, aber man auch lernen kann, mit diesen Ängsten umzugehen.

Dazu bedarf es (biblischer) Helden und Heldinnen, die den Kindern zeigen, wie man sich starken Gefühlen stellt, wie man sich ihnen mit Bedacht, mit Vorsicht, mit List, mit Kreativität, mit Intuition, aber auch einer Portion unwahrscheinlichen Glücks nähert und nicht davonläuft. Solche Geschichten zeigen, wie lustvoll und befreiend der Augenblick sein kann, wenn man seine Ängste besiegt hat.

Kinder spüren, wie langweilig ein Leben ohne Herausforderungen ist, wie ein Alltag, der immer wieder gleich verläuft, Verdruss erzeugt, keine Eigenständigkeit und Individualität ausbilden hilft.

Kinder sind die klarsten, die wundervollsten Kritiker: Wenn ihnen eine Geschichte nicht oder noch nicht passt, dann steigen sie aus. Dies gilt vor allem dann, wenn sie das Gefühl haben, sie würden manipuliert oder ein pädagogischer Zeigefinger weise auf die zentralen Botschaften hin. Kinder holen sich das aus den Geschichten, was sie zu der Zeit für sich und ihre Entwicklung brauchen. Sie erspüren mit großer Treff-sicherheit den Kern einer Geschichte. Deshalb braucht man Kindern Geschichten nie lang und breit zu erklären. Kinder brauchen keine Erläuterungen, wie sie Erwachsene benöti-gen, um die Gewissheit zu haben, das Wesentliche verstan-den zu haben. Entweder fühlen Kinder sich angesprochen – oder eben nicht. Und wenn sie eine Geschichte nicht hören wollen, wenn sie beim Erzählen abschweifen, gar aussteigen, dann ist das zu respektieren. Nur wenn Kinder sich freiwillig auf die Geschichten einlassen können, wenn sie in ihrer Art, mit Geschichten so umzugehen, wie sie es möchten, geachtet werden, wenn sie Einfühlung erfahren, dann gehen sie auf eine ebenso wundersame wie abenteuerliche Entdeckungs-reise, wie sie jeder Held, jede Heldin auch macht: aufbrechen, sich den bedrängenden Gefühlen stellen und damit fertigwer-den.

Die Reise des Helden

Mal angenommen, es gibt etwas, das alle Menschen auf dieser Welt verbindet: alle Menschen, ganz gleich welcher Epoche, ob vor zweitausend Jahren, heute oder in Hunderten von Jah-ren. Weiter angenommen, es ist etwas, das über rein körper-liche Merkmale hinausgeht, etwas, das in den Herzen wohnt, etwas, das die Seele berührt. Was für eine Kraft muss von diesem «Etwas» ausgehen! Etwas Göttliches!

Und tatsächlich gibt es etwas, das nachweisbar belegt, was die Magie von Geschichten, auch jener der Bibel, ausmacht. Es ist ein Muster, ein Ablauf voneinander abhängiger Ereignisse, es sind bestimmte Charaktere, die immer wieder auftauchen.

Man kann sie unter der Überschrift «Die Reise des Helden» zusammenfassen.

Diese «Reise» beschreibt ein Prinzip, das den Erzählungen aller Völker auf der Welt zugrunde liegt und schon immer lag. Wobei der Held in diesem Fall nicht als der «Held» im wörtlichen Sinne zu verstehen ist, sondern als die Figur, um die sich alles dreht.

Das Prinzip basiert auf einem Konzept, das der Amerikaner Joseph Campbell bei seinen Studien über Mythen und Symbole entwickelt hat. Dabei beruft er sich auf C. G. Jungs Lehre der Archetypen. Archetypen sind innere Bilder, auf die Menschen reagieren, in denen sich Wünsche, Träume und Sehnsüchte ausdrücken.

Und «die Reise» ist als eine Abfolge von Stationen zu verstehen, die der Held durchlebt, durchleidet und durchkämpft, bis er am Ende gereift, geläutert oder gar verwandelt wieder am Anfang ankommt oder weiter voranschreitet zu neuen Abenteuern.

«Hans im Glück» stellt solch einen Helden dar. Er zieht aus, bewährt sich, verdient Gold, tauscht dieses siebenmal, bis er am Ende, nachdem ihm auch der Stein in den Brunnen gefallen ist, mit leeren Händen dasteht. Aber dieser Eindruck trügt: Seine Hände mögen zwar leer sein, aber er ist gereift, seine Persönlichkeit hat sich entwickelt, und so ist Hans, der zurückkommt, ein anderer als der, der ausgezogen ist, sich zu behaupten.

«Die Reise des Helden» erzählt also davon, wie der Held seine gewohnte Umgebung verlässt, dem Ruf des Abenteuers direkt folgt, um in fremden Welten Bewährungsproben auf sich zu nehmen, dabei spezielle Fähigkeiten erlernt, mit denen er dann Aufgaben löst und entscheidende Prüfungen besteht.

Der Held kommt zurück, weil er den Aufgaben gewachsen ist, sich verändert hat. Er kommt zurück in die gewohnte Welt, um dann weiter in dieser voranzuschreiten.

Bei diesem Prozess hat der Held verschiedene Gegenüber, Freunde, aber auch Feinde, die ihm wichtige Impulse geben, ihm massive Hindernisse in den Weg legen oder aber ihn mit wichtigen Informationen versorgen.

Die Geschichten, die von der Reise des Helden berichten, haben eine klare, nachvollziehbare Struktur:

Am Anfang steht ein auslösendes Moment, das den «Stein der Handlung» ins Rollen bringt. Dann geht es für den Helden darum, mit Hindernissen und Problemen fertigzuwerden, um dadurch einen Schritt weiterzukommen. Zum Schluss löst sich alles. Der Held und damit auch alle, die sich mit dem Protagonisten identifizieren, können sich über seinen Erfolg freuen. Die Reise des Helden stellt somit das Prinzip für jeden Lernprozess, für jede individuelle Weiterentwicklung dar.

Die Geschichten und Helden, die Kinder faszinieren, handeln von tiefen Gefühlen, davon, wie Kinder sich ihnen stellen, mit ihnen umgehen, wie sie gestärkt aus der Begegnung mit ihnen hervorgehen, wie sie selbstbewusst werden. So fühlen sich Kinder angesprochen. So nimmt man sie als Helden ihres Alltags ernst. Dabei kann man beobachten, wie sich das Kind zwischen dem dritten und neunten Lebensjahr in der magischen Phase als eine Mischung aus Wissenschaftler und Magier, aus Forscher und Künstler empfindet. Auf der einen Seite weiß es um reale Abläufe und deren Hintergründe. Aber daneben gibt es – ganz zwangsläufig – riesige Lücken, die das Kind mit eigenen Phantasien und selbstgestalteten Erklärungsversuchen füllt.

Dabei entwickeln Kinder verschiedene Techniken für die Bewältigung starker Gefühle, die kindlicher Spiritualität sehr nahekommen. Viele Eltern wundern sich manchmal, dass sie mit selbstgestalteten Geschichten ihre Kinder nicht erreichen, diese eher dramatische Fernsehserien oder Fantasyfilme favorisieren. Kinder spüren genau, ob sie mit ihren Wünschen und Bedürfnissen, Sorgen und Ängsten angenommen werden. Manche Eltern erzählen – aus Sorge, sie könnten ihre Kinder erschrecken, sie in Angst versetzen – keine spannenden Geschichten, keine unwahrscheinlichen Märchen. Oder sie lassen grausame Inhalte weg, deuten Symbole um – und verunsichern damit erst recht. Wenn Sie Kinder mit Geschichten erreichen wollen, sollten Sie einige Überlegungen berücksichtigen:

Kinder mögen, wir hatten es schon betont, einfache und klare Geschichten, die märchenhafte Elemente aufweisen, Elemente, die sie mit ihrer Phantasie besetzen können. Kinder brauchen Geschichten mit Happy End. Sie empfinden Erklärungen und Deutungen als störenden Eingriff, wenn diese die eigenen inneren Bilder berühren und überlagern. Und sollten Kinder Fragen haben, werden sie diese schon stellen. Eltern können Vertrauen in ihre Kinder haben. Allerdings suchen Kinder häufiger das Gespräch mit Gleichaltrigen, weil sie hier manchmal mehr Verständnis erfahren:

– Um sich auf die Geschichten einzulassen, brauchen Kinder Gewissheit, Vertrautheit und Verlässlichkeit. Diese stellen sich nur durch wiederholtes Hören und Durchleben der Geschichten ein. Je näher eine Geschichte, Erzählung oder ein Märchen am eigenen Erleben ist, je intensiver es die subjektiv bedeutsamen Themen des Kindes trifft, umso häufiger wird der Wunsch nach Wiederholung geäußert.

Viele Kinder geben sich nicht mit einmaligem Hören zufrieden, weil sie die Geschichte im Geist immer wieder durchspielen und -arbeiten, um zu einer eigenen Lösung zu kommen. Das kann sich so oft wiederholen, bis die inneren Bilder bearbeitet sind und eine andere Geschichte oder eine neue Herausforderung fasziniert.

- Erzählen und Vorlesen bedürfen einer Atmosphäre, die Geborgenheit vermittelt. Nicht selten braucht das Kind haltgebende Rituale, um sich auf die Geschichte ganz einlassen zu können.

Und dann gibt es noch Spiele, um starke Gefühle zu verarbeiten, denn sie berücksichtigen zentrale Entwicklungsaspekte des Kindes. Das Kind lässt sich freiwillig auf ein Spiel ein, das selbstbestimmten Regeln unterliegt. Im Spiel kontrolliert der Heranwachsende, in welchem Tempo er sein Problem und dessen Lösung angehen will.

Im Spiel geht es um eine begriffliche Lösung des Konflikts. Das Spiel lebt vom Grundsatz, wonach das Kind den Begriff über das Greifen erlernt. Eigenständig und ausgerüstet mit eigenen Mitteln stellt sich das Kind der Angst, versucht sie zu begreifen, um einen Begriff von ihr zu bekommen. Dies geschieht, wir betonen es nochmals, in einer Geschwindigkeit, die das Kind vorgibt. Zu beachten ist: Das Spiel kennt unterschiedliche Tempi – die rasante Vorwärtsbewegung, das Schneckentempo, das Verweilen oder die Rückschau, um zu prüfen, wie weit man gegangen ist, das Sichniederlassen und -einrichten an einem Ort und auch den Rückschritt.

Spiele, z. B. mit der Angst, weisen nicht allein Regeln auf, manche Spiele verwandeln sich in Rituale, die sich in ihrem Ablauf kaum wandeln.

Die Entwicklung und der Alltag von Kindern sind von Ritualen begleitet: die Körperhygiene, das Stillen im ersten Lebensjahr, die Einschlafgewohnheiten mit Gutenachtgeschichten und Kuscheltier, der Tagesablauf mit zeitlichen und räumlichen Strukturen, Aggressionsrituale beim Raufen und Rangeln, das Erlernen von Konfliktlösungen, das Erleben von eigen- und selbstbestimmter Zeit: Bummeln, Trödeln, Sichvergessen und In-der-Zeit-Verlieren einerseits, die Vorgabe von Zeitstrukturen in Kindergarten, Schule oder Hort andererseits.

Wir stellen in einem eigenen Abschnitt dar, wie Rituale dazu dienen, starke Gefühle, verunsichernde Erfahrungen und existenzielle Krisen auszuhalten. Rituale sind jedoch nur dann kreativ und schöpferisch, wenn eine Umgestaltung möglich ist, wenn sie Veränderungen unterworfen sind. Aber das Kind muss diesen Veränderungsprozess bestimmen können, Eingriffe von außen können dagegen störend sein. Erwachsene sind Begleiter der Rituale, genaues Beobachten ist nur dann angebracht, wenn die Kinder es wünschen. Viele Kinder schließen Eltern oder erwachsene Bezugspersonen von diesem Erfahrungsbereich aus. Sie drücken damit aus, dass die Rituale ihnen gehören. Da Erwachsene häufig unangemessen eingreifen, müssen Rituale nicht selten von den Kindern vor den elterlichen Interventionen verteidigt werden.

Kinder erfinden Rituale, in und mit denen sie sich unsichere Lebenssituationen begreiflich machen und auf eine anschauliche Weise bewältigen. Selbstgeschaffene Rituale zeichnen sich durch drei Bestandteile aus:
– Das Ritual hebt sich vom Alltag ab. Das Ritual lebt durch

seine Stilisierung, z.B. die bewusst gestaltete Inszenierung, das Schminken, die Verkleidung. Vor allem die Wiederholung, mit der es vollzogen wird, gibt dem Kind Sicherheit, bietet ihm Verlässlichkeit. Daraus entwickelt sich eine Kraft, aus der ein Kind Selbstvertrauen schöpft. Das Kind hat das Gefühl, unsichere Situationen zu kontrollieren.

– Das Ritual lebt durch das Handeln, Begreifen geht über das Greifen – dieser Grundsatz, der den Entwicklungsprozess von Kindern kennzeichnet, ist im Ritual auf eine ebenso konstruktive wie phantasievolle Weise aufgehoben. Das Ritual ist eingebunden in eine sinnliche Gestaltung, das Kind nimmt sich und das Ritual ganzheitlich wahr.

– Das Ritual hat einen Anfang und ein Ende: Ein Kind praktiziert dies auf seine Weise. Es verwandelt sich z.B. für eine bestimmte Zeit in eine Rolle, die ihm Kraft gibt, eine unbestimmte Lebenssituation zu kontrollieren und zu bestehen.

Will ein Ritual nicht zur formalen Inszenierung erstarren, ist es selbst der Veränderung, ja einem Ende unterworfen. Wenn das Kind selbstsicher genug ist, braucht es seine Inszenierung nicht mehr, es hat andere Fähigkeiten und Möglichkeiten gefunden, seinen Weg zu gehen. Jeder Schritt, den es nun macht, ist Teil dieses Weges. Das Kind wird sich in anderen problematischen Lebenssituationen auf die positive Kraft besinnen, die ihm sein Ritual gegeben hat. Und es wird neue Rituale entwickeln, um ungewohnte Situationen selbstbewusst anzugehen.

Wege und Umwege

Nimmt man Partei für Kinder, verlangt Verständnis für deren Handlungen, so schlägt einem schnell der Vorwurf entgegen, man argumentiere eher oberflächlich. Kinder, so lautet ein schnell formuliertes Urteil, würden schlimmer, brutaler, hemmungsloser, würden keine Regeln akzeptieren und Grenzen überschreiten. Und da man zugleich als Freund der Kinder gelten möchte, wälzt man die Ursachen für solche Fehlentwicklungen auf *die* Eltern, *die* Erzieher oder – wer es ganz allgemein halten will – auf die Gesellschaft ab. Mit solchen Schuldzuweisungen gerät man jedoch schnell in eine Sackgasse. Verständnis für Kinder zu haben schließt ein, nicht jede Unart und Grenzüberschreitung eines Kindes zu akzeptieren. Aber wichtig bleibt, kindliches Handeln zu verstehen, deren Motive zu deuten und zu entschlüsseln. Erst auf dieser Basis kann man in Kontakt zum Kind treten, das Gespräch suchen und mögliche Änderungen in seinem Handeln bewirken.

Die kindliche Entwicklung – vom Säuglingsalter bis in die Pubertät – ist kein gerader, aufstrebender Weg, er ist gekennzeichnet vom Stillstand und Rückschritt, von vielen Umwegen. Erst wenn Eltern ihre Kinder ins Leben begleitet haben, wenn sie Rückschau halten, dann sieht man die Dellen und Beulen nicht mehr, hat den Stoßseufzer «Wo soll das nur enden!» vergessen. Um moralisch zu werden, zwischenmenschliche Normen und Worte zu verinnerlichen, müssen Kinder vom Weg abkommen. Nur wer weiß, wie sich das Unmoralische, wie sich Normverletzungen anfühlen, kann irgendwann zu einer moralischen Instanz werden. Kinder fallen nicht als mitfühlende oder ehrliche Wesen auf diese Welt, sie können auch anders! Und wie! Auch diese Überlegungen gehören dazu, wenn man über die Kinder als spirituelle Wesen nachdenkt. Wenn Kinder ihren Weg suchen, um Normen und Werte zu begreifen, dann brauchen sie Wegbegleiter. Denn nicht selten vergeht einem der Humor, bleibt einem das Lachen im Halse stecken. Kinder und Heranwachsende testen Grenzen aus – Grenzen des guten Geschmacks, Grenzen der Mitmenschlichkeit, jene Grenzen, die die 10 Gebote setzen. Aber es gibt kaum Kinder, die vor einer Grenze erschrocken stehenbleiben. Heranwachsende ignorieren Grenzen, überschreiten sie, erobern das Land jenseits der Grenze – das Land der unbegrenzten Möglichkeiten, das Schlaraffenland, wo es keine Regeln, Grenzen und Gebote gibt. Auch das gilt es zu bedenken, wenn man von der Spiritualität der Kinder spricht.

Vom Lachen und Auslachen, von Freude und Schadenfreude

Der sechsjährige Paul sitzt am Frühstückstisch mit seinem Vater, der in die Tageszeitung schaut, gedankenverloren die Teekanne nimmt und den heißen Tee in die Zuckerdose schüttet und nicht, wie beabsichtigt, in die danebenstehende Tasse. Paul hat das «Unglück» kommen sehen, hat aber nichts gesagt. «Mist! Verdammter Mist!», flucht der Vater. Paul bricht in Lachen aus. «Was gibt es da zu lachen?», stellt der Vater ziemlich verärgert fest. Paul kann sich vor Lachen kaum halten. «Was gibt es da zu lachen?», wiederholt der Vater, zunehmend ärgerlich. «Hätte ich auch machen können», prustet Paul, «aber dann hättest du geschimpft, ich solle besser aufpassen!» Pauls Vater schüttelt heftig seinen Kopf: «Eine richtige Schweinerei ist das!» Paul beruhigt sich und stellt lächelnd fest: «Papa, das ist doch nur lustig!»

Eine große Gruppe von Kindern beobachtet in einem Zirkuszelt einen Clown, dem vor lauter Tollpatschigkeit ständig etwas passiert: Mal stolpert er über seine viel zu großen Schuhe, dann hat er Mühe, sich richtig auf den Stuhl zu setzen, weil er ständig danebenfällt, und dann zieht er seine Jacke falsch herum an. Die Kinder kugeln sich vor Lachen ob der Ungeschicklichkeiten des Clowns. Kreischendes Lachen erfüllt das Zirkuszelt. «Der ist so richtig blöd», schmunzelt der sechsjährige Gregor, «aber auch voll lustig!» Er macht eine kurze Pause und grinst breit: «So wie ich manchmal!»

Gabriele Schneider, Mutter von drei Jungen im Alter von vier bis acht Jahren, erzählt, wie ihre beiden Kleinen sich vor Lachen überhaupt nicht mehr einkriegen, wenn ihrem großen Bruder, dem Hendrik, etwas Dummes passieren würde. Neulich sei dem eine Tasse mit Kakao aus der Hand gerutscht und der Inhalt habe sich über seine Lieblingshose entleert. «Da hätten Sie die beiden mal sehen sollen. Die haben sich auf die Schenkel geklopft.» Das sei ein richtig «hämisches Grinsen» gewesen, eine «fiese Schadenfreude». Die konnte man richtig spüren. «Gut, Hendrik ist auch nicht immer der Netteste.» Der spiele sich schon häufig als der «Chef», der «Bestimmer» auf, sei manchmal schon ein «kleiner Diktator», aber wie «die Kleinen so eine Schadenfreude entwickeln können», das mache ihr schon Sorgen.

Kinder lachen gerne, lachen über die kleinen Tücken des Alltags, lachen auch deshalb, weil das Vernünftige häufig überbewertet wird, weil Normen und Werte für die Welt der Erwachsenen stehen. Während Kinder etwa 300-mal am Tag lachen, tun Erwachsene dies nur 20-mal. Ihnen scheinen

Lachen und Humor vergangen, zwei Dinge, die Kinder so lieben.

Doch ist Lachen nicht gleich Lachen, Freude nicht gleich Freude. Kinder lachen über die kleinen Tücken des Alltags. Sie haben Spaß daran, wenn Ungewohntes passiert, wenn ungeschicktes Verhalten Regeln auf den Kopf stellt. Paul findet es witzig, dass sein Vater unaufmerksam handelt und ungewollt eine Situation heraufbeschwört, die Paul auch hätte passieren können.

Kinder lachen – die Vorstellung mit dem Clown symbolisiert dies – über Tollpatschigkeit, Ungeschicklichkeit und vermeintliche Unerfahrenheit, wobei die Kinder sicher sein müssen, dass nichts wirklich Schlimmes passieren darf. Kinder müssen sich, um sich schmunzelnd und lachend auf den Clown einzulassen, darauf verlassen können, dass es ein Happy End für sie und den Clown gibt. Kinder haben Spaß an der Lebensfreude. Sie sind kreativ, neugierig, anarchisch. Ihnen ist ein Humor wichtig, der mit Grenzen spielt, der sich an Tabus reibt, der gegen Verbote rebelliert und der dem Satz, wonach nun «Schluss mit lustig» wäre, widerspricht.

Und dann gibt es da noch ein Lachen, von dem Hendriks Mutter berichtet: das Lachen, um Druck abzubauen, die Schadenfreude, wenn einem «Großen», einem «Übermächtigen» etwas widerfährt. Die Schadenfreude, so hat es der Philosoph Cicero einmal ausgedrückt, «ist die Schwester des Neids», und sie damit als ein moralisch nicht unbedingt hoch bewertetes Gefühl beschrieben.

Doch ist Schadenfreude der Kinder nicht unbedingt gleich Schadenfreude. Sie kann durchaus als ein natürliches Gefühl beschrieben werden. Kinder können sich über den Clown kaputt- und ins Fäustchen lachen. Die Ungeschicklichkeiten des Clowns geben den Kindern im Augenblick des Lachens ein Gefühl von Überlegenheit, obgleich er mit seinen kleinen, liebenswerten Schwächen einer von ihnen ist. Im Lachen solidarisieren und erheben sie sich zugleich. Kinder lachen über den Clown, weil sie sich mit ihm identifizieren können. Sie lachen ihn nicht aus, sie lachen über ihn.

Das Auslachen geht auf Kosten anderer. Das ausgelachte Kind soll an Macht, an Dominanz verlieren. Das Auslachen fungiert als Ventil. Im Auslachen entlastet man sich, man erhebt sich kurzfristig über jemanden. Dazu Hendriks Mutter: «Wenn dem Großen etwas widerfahren ist und seine Brüder ihn ausgelacht hatten, sie sich gar nicht mehr beruhigen konnten, dann konnte Hendrik sich auf fiese Art und Weise rächen, dann hatten seine Brüder nichts mehr zum Lachen.» Schadenfreude will herabsetzen, sie leitet sich aus Minderwertigkeitsgefühlen ab, ergötzt sich daran, dass dem Überlegenen etwas passiert. In dieser problematischen Seite der Schadenfreude spiegeln sich nicht Humor, Spaß und Lebensfreude, es geht darum, eine andere Person aus Frust herabzusetzen und zu demütigen.

Solche Schadenfreude speist sich zwar aus Alltagserfahrungen, die gekennzeichnet sind von Ohnmacht und Hilflosigkeit, aber sie ändert nichts. Der Humor rüttelt dagegen an der Wirklichkeit, er zeigt Wege auf, wie man Stress bewältigen, mit Frustrationen und Konflikten umgehen kann. Deshalb lachen Kinder gerne, lieben sie den Humor – und humorvolle Eltern.

Zum Humor gehören neben dem Lachen und der Heiterkeit immer auch der Trost und das Mitgefühl. Lachen hat dann auch nichts zu tun mit Lächerlichmachen, genauso wenig wie der Humor mit Sarkasmus oder Zynismus.

Pestalozzi hat vor mehr als 220 Jahren sinngemäß formuliert: Lache dreimal am Tag mit deinem Kind, dann geht es dir gut! Wenn Eltern nicht lachen können – über sich, gemeinsam mit dem Kind –, dann bringen Kinder durch ihr anarchisches Handeln die Eltern in einen anderen emotionalen Aggregatzustand: Und der ist das Schreien, das Ausflippen, das Ausrasten, nach dem Motto: «Oder muss ich mal wieder böse werden!»

Flunkern, Schwindeln und die kleinen «Notlügen»

Der fünfjährige Niklas sitzt am Esstisch, vor ihm eine kleine Schüssel mit geschnittenem Obst, daneben ein Glas mit frischgepresstem Orangensaft. Gedankenverloren schaut er in die Küche, wo seine Mutter steht und Geschirr in die Spülmaschine einräumt. Niklas genießt diese Augenblicke der Muße, dieses Nur-so-Dasitzen. «Niklas, bitte!», ruft die Mutter lauter, als sie es wollte: «Niklas! Nun mach schon!» Niklas erschrickt, will zum Obst greifen, stößt an das Glas, das jäh umfällt. Saft ergießt sich über den Tisch. «Niklas! Pass doch auf, verdammt!» Die Stimme der Mutter klingt scharf, voll von Ärger. «Das war ich nicht!», zuckt Niklas etwas hilflos mit seinen Schultern. «Hör auf!» Die Mutter ist entrüstet: «Mich jetzt auch noch anlügen!» – «Aber ich war das wirklich nicht!», wiederholt Niklas ganz leise. «Bestimmt nicht!» – «Na, wer denn sonst?» Niklas schüttelt leise den Kopf. «Weiß nicht! Aber ich bestimmt nicht!»

Dorothea geht mit ihren Freundinnen in die Sandkiste, um «Kuchen zu backen». Vorher schlüpft sie noch in die Küche, zieht eine Schublade heraus und nimmt ein Kuchenblech an sich, auf dem sich wunderbar Kuchen backen lässt. «Backe, backe, Kuchen!» – dieses Lied setzen die Kinder bis in den späten Nachmittag hinein in der Sandkiste um, bis sie irgendwann strahlend und zufrieden nach Hause gehen. Dort angekommen, fragt Dorotheas Mutter, ob Dorothea das Blech aus der Lade genommen habe. Dorothea schüttelt mit dem Kopf, verneint die Frage ihrer Mutter. «Aber da war einer am Schrank!», stellt die Mutter ziemlich vorwurfsvoll fest. «Ich aber nicht!», antwortet Dorothea seelenruhig. Sie ist sich keiner Schuld bewusst. Es entwickelt sich ein Wortwechsel, ein Wort gibt das andere, der Ton wird schärfer und gereizter. Da wird es der Mutter zu bunt, sie springt auf, rennt zur Sandkiste, findet das Blech, kommt zurück: «Hier!» Triumph liegt in ihrer Stimme: «Du lügst das Blaue vom Himmel runter!» – «Habe ich vergessen!», meint Dorothea etwas kleinlaut. «Vergessen! Du spinnst!» Die Mutter ist ungehalten.

Und noch eine dritte Situation. Patrick, dreieinhalb, macht die größte Unordnung in seinem Zimmer. «Da sieht es aus, als ob dort eine Bombe eingeschlagen hat», flucht der Vater. «Und das Schlimmste», fährt er aufgebracht fort, «dann sagt Patrick doch, er mache die Unordnung nicht, sondern das mache Pumuckl, der ihn besuche!» Der Vater schlägt sich mit der flachen Hand an seine Stirn: «Pumuckl! Mein Sohn ist doch nicht ganz dicht!» Aber wenn er dagegenrede, beharre sein Sohn darauf, es wäre aber Pumuckl! «Mein Gott, warum sagt er nicht einfach, wie es wirklich ist!»

Das sind drei Situationen, die ganz unterschiedliche Bedingungen beleuchten, warum Kinder zwischen dem vierten und achten Lebensjahr schwindeln, flunkern oder auch mal zur Notlüge greifen:

Bei Niklas ist es die (vielleicht unberechtigte) Angst vor elterlicher Strafe, einer unangemessenen Reaktion von ihm vertrauten Personen. Nicht selten schätzen Kinder die Folgen, die sich aus einem kleinen Missgeschick ergeben können, stärker ein, als sie tatsächlich sind, und fliehen dann in das Land des Flunkerns, indem sie jede Schuld von sich weisen.

Bei Dorothea sind es ganz offensichtlich Erinnerungslücken. Man glaubt es kaum, aber auch schon jüngere Kinder sind vergesslich, haben häufig noch kein differenziertes Gefühl, was in der Zeit so alles passiert. Zwischen dem frühen und dem späten Nachmittag hat sich für Dorothea viel ereignet: Da ist der Spaß am Spiel, der innige Kontakt mit den Freundinnen. Was ist dagegen schon ein Kuchenblech, das man einfach mal vergessen kann. Und was haben – so fragen sich manche Kinder – Eltern gegen das Vergessen, schließlich vergessen die ja auch eine ganze Menge. Und dürfen Kinder dann schimpfen?

Patrick hat alles das, vor allem seine negativen, störenden Persönlichkeitsanteile, z.B. die Unordnung in seinem Zimmer, in die Figur von Pumuckl projiziert. Durch diese Operation ist er der «Brave», der «Gute», während Pumuckl alles das auslebt, was Patrick sich (noch) nicht traut. Pumuckl ist Patricks unsichtbarer Freund, dem er sich verbunden fühlt. Übrigens: Als Patrick fünf Jahre war, räumte er plötzlich von einem Tag auf den anderen sein Zimmer auf. Auf die überraschte Frage der Eltern, warum er denn jetzt Ordnung schaffen könne, meinte er ganz selbstbewusst, er habe mit Pumuckl geschimpft: «Ich kriege den Ärger ab, wenn du Unordnung machst! Entweder du räumst auf, oder du bleibst weg!» Und Pumuckl wäre daraufhin nicht mehr wiedergekommen.

Die drei Situationen zeigen: Lüge ist nicht gleich Lüge, und deshalb dürfen sie auch nicht gleich bewertet und behandelt werden. Manchmal lassen sich Lügen treffender und angemessener als «Spinnerei», als «Flunkerei» bezeichnen. Dies vor allem dann, wenn man sie entwicklungspsychologisch betrachtet.

Zwischen dem vierten und achten Lebensjahr, mal auch früher, mal auch später, lebt das Kind in einer magisch-phantastischen Phase, in der sich Dichtung und Wahrheit vermischen. Das Kind unterscheidet dann häufig nicht zwischen Phantasie und Realität. Es tischt Lügengeschichten auf, erfindet unsichtbare Gefährten. Hinter dem Flunkern steht meist nicht eine «böse» Absicht, vielmehr konstruiert sich das Kind eine eigene, eine ganz subjektive Welt, an deren Existenz es glaubt. Mit den Schwindelgeschichten hat das Kind somit auch ein Machtmittel in der Hand, mit dem es der Wirklichkeit seinen eigenen Stempel aufdrückt. Aber, so werden sich jetzt einige fragen, ob ich das Lügen nicht zu positiv einschätzen würde. Zweifellos müssen Kinder lernen, Phantasie und Realität zu unterscheiden, muss es erfahren, in welcher der Welten es sich bewegt, darf das Schwindeln und Flunkern nicht zur Gewohnheit, sich zum bewussten Lügen entwickeln.

Mit dem bewussten Lügen versucht sich ein Kind nicht selten zu schützen. «Ich find lügen irgendwie doof», erklärt mir der achtjährige Max, «aber manchmal geht es nicht anders.» Wenn ein Kind häufig bewusst lügt, dann nicht weil es böse, gar unmoralisch ist, sondern weil es denkt, es gebe keine Alternative, sich anders zu verhalten. Bewusstes Lügen gründet häufig auf der Hoffnung, die Wahrheit möge nicht, vor allem aber nicht so schnell herauskommen.

Hinter dem bewussten Lügen, das sich am Ende der magisch-phantastischen Phase zeigt, stecken nicht selten Konflikte in den Eltern-Kind-Beziehungen. Vielleicht entspricht das Kind nicht dem, was Eltern vom Kind erwarten, weil das Kind ständig Enttäuschungen bereitet. Im Kind baut sich eine Angst vor Liebesentzug auf, es fürchtet die Bestrafung, die es durch Lügen umgehen und vermeiden möchte.

Angst vor Strafe ist der schlechteste Ratgeber beim Umgang mit dem Lügen, nicht allein mit dem bewussten, sondern auch mit dem Flunkern und Schwindeln. Wenn ein Kind nur aus Angst vor Bestrafung nicht lügt, dann setzt das dem Lügen keine Grenze, vielmehr verfeinert das Kind seine Lügen so gekonnt, um nicht erwischt zu werden.

Eltern wollen immer wieder wissen, wie man sich denn angemessen verhält. Der Umgang mit dem Flunkern und Lügen ist ein Balanceakt, der viel Fingerspitzengefühl erfordert. Fünf Gedanken können vielleicht eine hilfreiche Begleitung sein:

Man sollte nicht zu viel Aufhebens davon machen, wenn das Kind Phantasie und Realität vermischt. Ein paar Tipps:
- Decken Sie im ruhigen, aber gelassenen Ton die Unwahrheit auf! Wer Flunkern und Schwindeln ignoriert, hilft dem Kind nicht, einen moralischen Standpunkt zu entwickeln!
- Beschämen oder bestrafen Sie Ihr Kind nicht! Ein Vier-Augen-Gespräch, indem Sie Ihre Werte und Normen verdeutlichen, trägt mehr zur Moralentwicklung eines Kindes bei als aufgeregt-aufgebrachte Vorwürfe!
- Seien Sie Vorbild! Vermeiden Sie selber Notlügen! Bringen Sie Ihre Kinder nicht in Situationen, für Sie zu lügen! Das Telefon klingelt, und Sie sagen zum Kind: «Geh du ran und sag, dass ich nicht da bin!»

– Und bedenken Sie: Die Wahrheit zu sagen ist eine moralische Haltung, die sich erst allmählich herausbildet, eine Haltung, die sich immer wieder mit der Faszination auseinandersetzen muss, die mit Flunkern und Lügen einhergeht. Und dies trifft gleichermaßen auf das Stehlen zu.

«Du sollst nicht stehlen»

«Ich bin zu Tode erschrocken», erzählt Maja Rudolf, Mutter der fünfjährigen Sara, «als ich eines Tages zwei Holzbausteine aus dem Kindergarten im Zimmer meiner Tochter fand. Und als sie dann noch mit Unschuldsmiene sagte, sie wisse nicht, wie die da hingekommen seien, da war ich komplett verzweifelt.» Sie schüttelt heftig ihren Kopf: «Sara! Fünf Jahre!» Sie stockt: «Fünf Jahre! Und schon dermaßen abgebrüht!»

Er habe es anfangs nicht glauben wollen, berichtet Herbert Schrader, dass sein Sohn klauen würde. «Klauen! Ein schöneres Wort fällt mir nicht ein!» Er nickt heftig mit dem Kopf. Doch Niklas, der sei jetzt bald sieben, mache sich an seiner Geldbörse zu schaffen und bediene sich, «so, dass ich es am Anfang gar nicht bemerkt habe!». Aber Niklas sei immer dreister geworden, habe immer größere Beträge genommen, «und als ich eines Tages in sein Zimmer gegangen bin, habe ich alles Geld gefunden, fein säuberlich in seiner Schublade mit Legosteinen oberflächlich bedeckt». Der Vater grinst verlegen: «Das Geld war noch komplett, er hatte nichts ausgegeben. Und als ich ausgeflippt bin, geschrien habe: ‹Sag mal, spinnst du?!›, da hat Niklas nur mit den Achseln gezuckt.» Er wisse nicht, wo das noch enden solle, wenn der schon in diesen frühen Jahren solch eine «kriminelle Energie» zeige. Und das sage er ganz bewusst, «kriminelle Energie».

Jasmin ist sechs Jahre alt, ein aufgewecktes Mädchen, das

nur allzu gern Grenzen austestet und – so die Mutter – «mich damit bis zur Weißglut treibt!». Vor ein paar Tagen habe sie in Jasmins Zimmer eine kleine Kette auf dem Tisch gefunden. Und auf die Frage nach dem «Woher?» habe Jasmin nur beiläufig geantwortet, die habe sie von ihrer Freundin Rosa geschenkt bekommen. Vorgestern habe ihre Tochter einen Reif um ihren linken Arm getragen. Gefunden habe sie den, hatte Jasmin ebenso gelangweilt wie genervt gemeint. «Zwei Stunden später rief Rosas Mutter bei mir an», erzählte Jasmins aufgebrachte Mutter weiter, «Rosa vermisse eine Kette und einen Armreif. Ob Jasmin die vielleicht irrtümlicherweise mitgenommen habe?» Sie sei starr vor Schreck gewesen, ihr sei schlecht geworden und sie habe nichts sagen können. «Gut, dass Jasmin nicht in der Nähe war. Das hätte ein absolutes Donnerwetter gegeben, um es noch vorsichtig auszudrücken!»

Wenn Kinder «klauen», stehlen, etwas mitgehen lassen, das ihnen nicht zusteht, wenn sie Gegenstände an sich nehmen, die ihnen nicht gehören, dann reagieren viele Erwachsene geradezu panisch, dann erschrecken sie, sind unsicher, wissen nicht, wie sie angemessen handeln sollen. Nicht selten versinkt dann der Verstand im Keller, und die Gefühle, die Instinkte überwiegen: Manche sind über ihre «Kleinen» maßlos enttäuscht, hätten sich das nie und nimmer vorstellen können, bei anderen gewinnt ein Misstrauen, das über längere Zeit anhält, die Oberhand, sie neigen zu düsteren Phantasien und sehen ihr sechsjähriges Kind schon als Straßenräuber im Gefängnis.

So sehr starke emotionale Reaktionen von Eltern und Pädagogen nachvollziehbar sind, so wichtig kann es in einem zweiten Schritt doch sein, Gefühle in solchen Situationen nicht auszuleben.

Zwei Sätze mögen Eltern jetzt zum Trost gereichen, wenn sie ihre Kleinen, die Vier- bis Neunjährigen – und nur von denen ist hier die Rede –, beim Stehlen erwischen oder erwischt haben: Klauen ist in diesem Entwicklungsabschnitt für viele Kinder normal.

«Klauen» geht (wie das Lügen) vorüber. Mit dem «Klauen» testet das Kind Grenzen aus, es will wissen, was es darf und was nicht gestattet ist. Dann bedarf es allerdings erwachsener Bezugspersonen, die Vorbild sind. Und Vorbild sein heißt, das Kind in seiner Entwicklungs- und Altersbesonderheit zu verstehen, sich in das Kind hineinzuversetzen, seine Sichtweise zu erkennen – aber nicht all seine grenzüberschreitenden Aktivitäten gutgläubig und kopfnickend zu akzeptieren.

Zweifellos stellt das Stehlen eine Grenzüberschreitung dar, auf die Entwicklung des Kindes bezogen eine Sackgasse, einen Umweg. Aber ohne Umwege geht es nicht. Schaut man sich das «Klauen» genauer an, so lassen sich einige Varianten unterscheiden: Da überschreitet das Kind – eben Jasmin – absichtlich Grenzen, um zu sehen, was passiert. Oder es nimmt Dinge, manchmal ohne große Überlegung, an sich. Es geht an den Kühlschrank, greift nach etwas, auf das es Lust hat. Oder es sieht einen Gegenstand in der Spielecke, der es gerade fasziniert. Bösartige Absichten, gar ein Unrechtsbewusstsein sind kaum zu erkennen.

Andere Kinder rebellieren gegen die Eltern, verschaffen sich durch «Stehlen» Aufmerksamkeit – wie Niklas, der ein Geschwisterchen bekommen hatte und sich nun plötzlich zurückgesetzt fühlt. So paradox es klingt: Er nimmt etwas von seinem Vater, um dessen Aufmerksamkeit zu erhalten.

Und manchmal ist es wichtig, sich zu fragen, was Kinder genommen haben. Manchmal stehen gestohlene Gegenstände auch für fehlende Zuwendung, sind schlichtweg Ersatz. Manchmal «klauen» Kinder so augenscheinlich, dass man das merken muss, lassen das, was sie haben mitgehen lassen, so offensichtlich liegen, dass man darüber stolpert – Stehlen als Wink mit dem Zaunpfahl.

«Stehlen» ist eben nicht gleich «Stehlen», und die «kleinen Diebe» sind nicht kommende Straftäter, vielmehr liegt in ihrem grenzüberschreitenden Tun nicht unbedingt eine spirituelle Botschaft, aber eine Botschaft, die es zu entschlüsseln gilt. Dabei helfen Strafen und Drohungen nicht, sie tragen nur dazu bei, die Eltern-Kind-Beziehung brüchiger werden zu lassen. Zudem führen sie zu Gegenreaktionen des Kindes. Ein Kind, das beschämt wird, rächt sich.

Aber auch Verharmlosung («Das gehört eben dazu und gibt sich!») ist ein schlechter Ratgeber. Solch eine Haltung trägt nicht zur Gewissensbildung, zur Unterscheidung von «Mein» und «Dein» bei.

Kinder müssen das, was sie mit ihrer Grenzüberschreitung angerichtet haben, wiedergutmachen, rückgängig machen. Anders ausgedrückt: Die mitgenommenen Gegenstände müssen zurückgebracht werden, auch dann, wenn das Kind dies nicht einsehen will. Das Zurückbringen kann mit einer persönlichen Entschuldigung verbunden werden. Doch darf hier kein Zwang ausgeübt werden. Entschuldigungen sind nur dann erfolgreich, wenn das Kind das Normverletzende seiner Handlung eingesehen hat.

Unabdingbar ist das Vier-Augen-Gespräch der Eltern mit dem Kind, in dessen Verlauf ihm verdeutlicht wird, dass sein Handeln nicht zu akzeptieren ist. Gleichwohl braucht ein Kind das Gefühl, dass es so angenommen wird, wie es ist – auch in seinen grenzüberschreitenden Aktionen. Dies ist dann eine

durch und durch spirituelle Erziehungshaltung, denn auch –
oder gerade – «kleine Diebe» brauchen Halt.

Vom Wünschen und Schenken

Liest man Berichte über Kinder oder hört man sich Gespräche
über Kinder an, die Erwachsene gerne führen, kann schnell
der Eindruck entstehen, die Heranwachsenden würden naht-
los in der Welt des Konsums aufgehen, die Welt des Materia-
lismus beherrsche ihr Denken, als gäbe es keinen Raum für
Spiritualität. Doch Kinder sind Fragende, die ihren eigenen
Weg finden. Kinder sind keine Asketen, die sich der Glitzer-
welt des Einkaufszentrums verweigern, die bereitwillig die
Blässe des Gesunden dem schrillen Schein der Warenästhetik
vorziehen. Nein: Sie favorisieren das Rosa einer Prinzessin
«LillyFee», das grelle Gelb einer Monsterfigur, sie ziehen den
künstlich-scharfen Geschmack eines kräftig roten Ketchup
dem blässlichen Rot einer Karotte aus dem Bioladen vor.
Oder sie tauchen manchmal in multimediale Welten ab, die
die Computerspiele anbieten. Aber Kinder darauf zu reduzieren heißt, sie nicht ernst zu nehmen. Denn in den Kindern
glimmt eine Kraft, die stärker ist als viele Werbestrategien
zusammen. Kinder wünschen sich mehr als eine Playstation,
eine Playmobil-Figur oder einen Gegenstand aus dem Lego-
Sortiment. Damit kann man sie nur kurzzeitig zufriedenstel-
len. Sie wünschen sich vor allem Nähe und Angenommensein, denn dann können sie selber geben und schenken.

«Ich wünsche mir so sehr eine Katze», lächelt Marie selig. «Ich
möchte einmal einen großen Wal streicheln», meint Jonas.

«Und ich auf einem Löwen reiten», ruft Max. Patrick sehnt sich danach, mit einer Dampflok zu fahren, und Leonie will, dass ihr Flügel wachsen, um in den Himmel zu fliegen, damit sie «den lieben Gott besuchen kann». Maja meint ganz leise: «Mama soll wieder gesund werden, damit ich mit ihr lachen kann!» «Ich will endlich ein eigenes Bett haben!», meint Viktor ganz unmissverständlich. Nadine hat völlig andere Vorstellungen: «Ich wünsch mir 'ne Barbie, so eine mit ganz langen Haaren!» Jannis lächelt still in sich hinein: «Und ich möchte, dass Papa und Mama sich wieder vertragen und nicht immer streiten!»

Dies sind kurze Ausschnitte aus Gesprächen mit fünf- bis siebenjährigen Kindern, die eines zeigen: Kinder sind eben nicht nur wunschlos glücklich, so wie viele Erwachsene häufig gedankenlos, aber auch nur oberflächlich daherreden. Kinder wissen, besser noch: sie spüren, wer seine Wünsche nicht äußert, nicht artikuliert, der kann nicht erwarten, dass sie in Erfüllung gehen. Die Wünsche der Kinder sind manchmal grenzenlos und geprägt von ihren Lebenserfahrungen, sind nicht nur Ausdruck einer Kommerzmentalität, die durch Werbebotschaften geformt und manipuliert ist.

In den Wünschen der Kinder sind innere Bilder enthalten, Bilder von ungezügelter, ungebremster Phantasie, in denen alles möglich, alles gestattet ist. Kinderwünsche drücken Sehnsüchte aus, die nur in einem Schlaraffenland zu realisieren sind, einem märchenhaften Ort mithin, in dem es keine Grenzen gibt.

Kinder träumen sich diese Orte herbei, jedes Kind auf seine Weise. Es geht ihnen dabei nicht um den einhundertsten Legostein oder die zehnte Puppe, es geht um Gefühle, um Träume, um Sehnsüchte. Und die sollte man den Kindern nicht nehmen, die nicht belächeln, nicht kleinreden. Auf einem ganz anderen Blatt steht freilich, ob man all die Kinderwünsche ständig erfüllen kann oder will. Denn eines darf nicht vergessen werden: Manchmal können Träume erfüllender sein, wenn sie Träume bleiben. Wenn Kinder sich allerdings in maßlosen Wünschen ergehen, wie jene Frau, die im Märchen vom «Fischer und seiner Frau» ihren Mann an den Rand der Verzweiflung und in den Ruin treibt, weil sie immer und immer mehr will, kommt Eltern die Aufgabe zu, darüber zu entscheiden, welche Wünsche umgesetzt werden können und welche man zurückstellen kann. Wenn die Wunschzettel der Kinder aussehen wie Bestellzettel aus einem Warenhauskatalog, wenn hemmungsloses Wunschdenken die Runde macht, dann sind ungehaltene Reaktionen der Eltern durchaus verständlich, aber sie sollten kein Leitfaden für den Umgang mit Kinderwünschen darstellen. Wenn sich Kinder das Schlaraffenland herbeisehnen und -träumen, ein Land, in dem Barbies und Legos, Handys und Computer allzeit käuflich sind, dann ist das nur eine Seite der Medaille. Wenn Kinder sich in diesem Schlaraffenland verlieren, das alltäglich als Ort des überbordenden Konsums daherkommt und multimedial inszeniert wird, dann ist es die Pflicht der Eltern – und wenn es noch so schwerfällt –, ein richtungsweisender Leuchtturm zu sein, damit sich die Kinder in diesem Land der unbegrenzten Möglichkeiten zurechtfinden.

«Aber», so fragt eine Mutter, «wie kann ich denn zwischen echten und unechten Wünschen der Kinder unterscheiden? Ich soll einerseits Wünsche nicht kleinreden, andererseits aber auch Position beziehen! Das hört sich sehr kompliziert an!»

Man kann die Herzenswünsche der Kinder von jenen beiläufig formulierten Spontanwünschen abgrenzen. Letztere werden meist aus einer Laune heraus geäußert. Herzenswünsche beinhalten ein überdauerndes Verlangen. Und diese sollte man – im Rahmen seiner Möglichkeiten – erfüllen. Herzenswünsche können alles darstellen: Was für das eine Kind die Playmobil-Figur oder der Legostein, kann für ein anderes ein T-Shirt mit der Rückennummer eines verehrten Fußballstars sein. Und für ein Kind, dessen Eltern aufgrund der materiellen Situation nur wenig Geld zur Verfügung haben, kann der Besuch einer Eisdiele oder eines Zoos jener Ort sein, an dem sich Sehnsüchte realisieren. Bei ihren Herzenswünschen unterscheiden Kinder nicht zwischen pädagogisch wertvoll oder bedenklich. Auch ein Plastikspielzeug in schrecklichen Farben kann hohe subjektive Bedeutsamkeit erlangen, vor allem dann, wenn die Eltern solches Spielzeug mit zerknittertem Gesicht und von oben herab besserwisserisch betrachten. Man kann bei Herzenswünschen auch mal ein Auge zudrücken, wenn einem ein Spielzeug nicht gefällt. «Aber wenn mein Sohn sich ein Kriegsspielzeug so sehr wünscht und ich es absolut nicht will, was mache ich dann?», will eine Mutter wissen. Dann kann man dem Kind durchaus erklären, warum man ihm diesen Wunsch nicht erfüllt. Kinder sind dann kreativ und anarchisch genug, sich ihre Wünsche selbst zu erfüllen. Schließlich gibt es die Oma oder den Opa, die Patentante oder den Patenonkel!

Doch wenn sich das Kind eine Barbie oder einen Kran aus Plastik wünscht, man aus pädagogischer Überzeugung aber eine Käthe-Kruse-Puppe oder einen Holzkran kauft, darf man sich nicht wundern und schon gar nicht beleidigt sein, wenn das von den Eltern favorisierte Spielzeug verschmäht wird und in der Ecke des Kinderzimmers landet. Bei der Erfüllung von Herzenswünschen sollte das eigene Kind Maßstab sein, nicht die pädagogische (Spielzeug-)Bestenliste einer Zeitschrift.

Doch es geht nicht jeder Herzenswunsch in Erfüllung. «Ich möchte, dass mein Opa wieder bei mir ist», sagt der siebenjährige Niklas. Sein Opa war verstorben. «Aber der wohnt doch jetzt im Himmel», will ihn seine Mutter ablenken. «Aber der ist doch so weit weg. Er soll wieder bei mir sein», insistiert Niklas. Die Mutter ist ratlos, hatte dann aber mit einem Mal eine Idee. Sie holte sich die Pudelmütze des Großvaters, ihres Vaters. Niklas lächelte, als er die Mütze sah, war das doch das Markenzeichen seines Opas gewesen. Niklas setzte sie auf. Sie rutschte ihm über die Stirn bis fast über die Augen. Niklas schmunzelte: «Jetzt ist Opa ganz nah bei mir!» Nicht jeder Herzenswunsch ist so umsetzbar, Traurigkeit und Frustration können die Folge sein. Aber mit diesen Gefühlen können Kinder dann umgehen, wenn sie Zuspruch erfahren und getröstet werden.

Eines sollte man bei der Erfüllung von Herzenswünschen nicht vergessen: Fragt man die Kinder danach, wird eine Vielzahl genannt, materielle wie emotionale. Doch Kinder wünschen sich vor allem eines, dass man sie so annimmt, wie sie sind. Denn auch das gilt es zu bedenken: Ein Kind, das mit einem erfüllten Herzenswunsch in seinem Zimmer alleingelassen wird, ist ein alleingelassenes Kind.

«Ich denke», so erzählt mir eine Mutter, «gerade zu Weihnachten ist es wichtig, den Kindern auch zu zeigen, dass es anderen nicht so gutgeht, es da viele Menschen gibt, die einsam sind, die sich über jede noch so kleine Zuwendung freuen!»

«Und meine Beobachtung ist», ergänzt eine andere Mutter, «Kinder wollen nicht nur ‹Haben! Haben! Haben!›, sie möchten auch geben, jemanden beschenken.» Sie überlegt: «Aber dazu brauchen sie auch Anregungen von uns, den Erwachsenen!»

Kinder – etwa vom vierten, fünften Lebensjahr an – sind uneigennütziger, selbstloser, als sie in vielen öffentlichen Diskussionen hingestellt werden. Sie sind nicht die kleinen selbstgefälligen Egozentriker. Sie entwickeln vom Kindergartenalter an allmählich ein moralisches Empfinden, die soziale Kompetenz, sich in andere Menschen, in deren Gefühle und Sehnsüchte hineinzuversetzen. Moralität und Sozialität muss aber von den Erwachsenen, also von den Eltern und Erziehern, vorgelebt werden.

Moralisches und soziales Lernen braucht jedoch Anlässe und Situationen. Die Adventszeit und die Weihnachtstage sind beispielsweise dafür geeignet wie kaum ein anderer Zeitpunkt. Gerade dann kann man Kindern lebensnah und begreiflich vermitteln, nicht nur an sich, sondern zugleich an andere zu denken, dem anderen Mitgefühl zu zeigen, die Hand zu reichen, um zu verdeutlichen: Du bist nicht alleingelassen, vielmehr in einer Gemeinschaft aufgehoben. Man kann Kindern in dieser stillen Zeit der Besinnung und Vorfreude anschaulich vermitteln, dass zum Beschenktwerden das Schenken, zum Nehmen das Geben gehört, ein Schenken und Geben von ganzem Herzen, selbstlos und an keine Bedingung gebunden, weil es Freude macht, anderen Freude zu machen.

Es gibt viele Projekte, die Kinder mit ihren Eltern und Erziehern planen und durchführen, kleine und große Vorhaben, die anderen Gutes tun wollen. Da berichtet eine Mutter davon, dass sie mit ihren beiden Kindern Plätzchen backt und sie zum Nikolaustag vor die Tür der Nachbarn legt. «Es wohnen viele ältere Menschen hier», erzählt sie. «Und die freuen sich sehr. Und die Kinder freuen sich auch, Nikolaus zu spielen!» Das geschehe alles heimlich, solle keiner wissen. «Und so erfahren meine Kinder, dass man geben kann, ohne etwas sofort dafür zu bekommen. Die sind jetzt vier und sechs! Und haben es verstanden! Etwas von dieser Bedingungslosigkeit!»

Charlotte Meier und Juliane Weber, zwei Mütter, eine hat drei, die andere zwei Kinder, basteln «am Anfang November etwas». Die Dinge, die sie dann produziert haben, verkaufen sie auf «dem Basar der Kirche Anfang Dezember», so die eine Mutter. «Mit dem Geld, das sie einnehmen, wird dann eine Familie, die in besonderer Not ist, beschenkt.» – «Für die Kinder», so Juliane Weber, «ist das mittlerweile völlig selbstverständlich. Die überlegen schon ab Mitte des Jahres, wem man das Geld zukommen lassen kann.»

Die Adventstage, die Weihnachtszeit sind Wochen des Gebens und der Dankbarkeit. Und Heranwachsende möchten daran teilhaben: Sie geben selbstlos, sind dankbar, dass es ihnen gutgeht, sie sich geborgen fühlen können. Die Adventstage, die Weihnachtszeit sind Abschnitte, in denen moralisches Empfinden, soziale Fähigkeiten ganz konkret erlebt werden können. Und wenn vor allem Eltern dies vorleben, den Kindern ein nachvollziehbares Modell zeigen, an dem sie sich orientieren können, dann stellen Eltern in dieser Zeit unbedingte Autoritäten dar.

Magisches Denken

Im Kindergarten- und im Grundschulalter kommen auf das Kind emotionale, soziale und intellektuelle Entwicklungsaufgaben zu: Es lernt, die Sprache differenzierter zu benutzen. Sein Weltwissen wächst. Es nimmt vielfältige, häufig sehr abstrakte Informationen auf. Auch wenn diese Entwicklung manchmal mit ungeheurem Tempo verläuft, so darf man doch nicht übersehen: Kinder lernen auch in dieser Entwicklungsphase über Anschaulichkeit, Konkretion, über das Spiel und das unmittelbare Tun. Und bei allem Wissen, das sie besitzen, darf man nicht übersehen: Wenn Kinder manchmal so verständig und wissend erscheinen, dass man den Eindruck von kleinen Erwachsenen in Kindergestalt gewinnen könnte, so sind sie nach wie vor auf ihre phantastisch-magischen Fähigkeiten bei der Erklärung der Welt angewiesen. Auf der einen Seite wissen sie um reale Abläufe, um die Hintergründe vieler Dinge. Aber daneben gibt es – ganz zwangsläufig – riesige Lücken, die sie mit eigenen Phantasien und selbstgestalteten Überlegungen füllen.

Kinder denken in Bildern. Und diese vom Kind konstruierten Bilder – seien es das Monster, der Schatten, der imaginäre Räuber – können genauso wahrhaftig sein wie die Wirklichkeit, die das Kind umgibt. Das Kind haucht Dingen Leben ein, gibt ihnen eigene Bedeutung, eine einmalige spirituelle Kraft. So können die Legosteine im dritten Lebensjahr noch zum imaginären Spielgefährten werden, jene Steine, die das Kind dann vom fünften Lebensjahr an fast nur noch als Spielmaterial ansieht. Wenn im dritten Lebensjahr noch der Batman-Umhang reicht, um sich wie dieses Vorbild zu fühlen, so muss es im siebten Lebensjahr die Gesamtausrüstung sein, um die Phantasie aufzubauen, man sei der Superheld.

Doch erweist sich die selbstbestimmte Beseelung von Dingen manchmal als widersprüchlich: Sie gibt einerseits den Kindern Kraft, um Selbstbewusstsein und Eigenständigkeit zu demonstrieren; andererseits aber können durch die magische Besetzung aus harmlosen Gegenständen schnell fürchterliche Monster werden. Da entstehen aus dunklen Schatten Geister, da werden wehende Gardinen und knarrende Geräusche mit überlebensgroßen Einbrechern gleichgesetzt.

Das magisch-phantastische Denken stellt nichts Wirres, Irres oder Weltabgewandtes dar. Es ist eine altersgemäße Form von Intelligenz, mit der Kinder schöpferisch tätig sind, um ihre Umgebung, ihre Nah- und Umwelten zu begreifen.

Mit dem magischen Denken versuchen Kinder, die sie umgebende Welt zu strukturieren, zu verstehen, sie überschaubar zu machen. In der Magie und im Mythos besitzen Kinder eine eigene Sprache, eine Sprache voller Phantasie, voller Märchen und Geheimnisse, eine Sprache, die Erstaunen und Verwunderung hervorruft, eine Sprache, die Erwachsene nur allzu wenig verstehen, häufig sogar verkennen oder ablehnen. Deswegen möchten wir allen Eltern ans Herz legen, sich von ihren Kindern inspirieren zu lassen: Nutzen Sie die Kraft kindlicher Kreativität, das Schöpfungspotenzial von Phantasie. Geleiten und begleiten Sie Ihr Kind auf dem Weg, sich mit den Bildern und Symbolen aus seinem Innersten auseinanderzusetzen und sich auf den Weg machen, um zu Persönlichkeiten zu werden. Und dazu bedarf es Selbstvertrauen und Vertrauen in die eigenen Kräfte und die eigene Stärke.

Zwei gegenläufige Aspekte zeichnen solche Symbole aus: Einerseits faszinieren sie. Kinder inszenieren die Kraft von

Feuer und Wasser im Spiel. Manche sehen mit großen Augen, geborgen im Arm der Eltern, den Blitzen zu, hören den Donner und machen ihn mit lauten Geräuschen nach. Kinder verkleiden sich als Cowboys, als Superman und als kleiner Vampir, um stark zu erscheinen.

Andererseits erschrecken Urelemente und Phantasiewesen die Kinder. Zwar glauben sie an die Kraft der eigenen Magie und Phantasie, diese Urelemente zu beherrschen, aber es bleibt ein letzter Rest an Unsicherheit, dass dieses Potenzial nicht ausreicht und die Wesen doch zu mächtig sein könnten.

Die Entdeckung des eigenen Körpers hat für die Kinder zur Folge, dass sie sensibler für physische Gefahren werden, die einem drohen. Zwar ahnen sie ihre Stärke – aber das reicht manchmal nicht, um sich vor den übernatürlich-phantastischen Geschöpfen wirklich sicher zu fühlen. Sie sind eine Herausforderung für Eigenständigkeit und körperliche Unversehrtheit.

Starke Gefühle

Kinder erzählen häufig begeistert davon, wie sie sich ihren Ängsten stellen, mit ihnen umgehen, wie sie gestärkt aus der Begegnung mit Ängsten hervorgehen, wie sie selbstbewusst werden, wenn sie Ängste besiegt haben. Natürlich gilt das nicht für jede Angst. Kinder erzählen von entwicklungsbedingten Ängsten, jenen, die sich im kindlichen Lebenslauf herausbilden, die das Kind eine Zeit lang begleiten, dann vorübergehend verschwinden, um später in anderem Gewand wieder aufzutauchen.

Schon von daher verbietet es sich, Kinder vor Ängsten zu schützen. «Du brauchst doch keine Angst zu haben», solch ein Satz lässt Kinder allein. Stattdessen wollen sie erfahren, wie sie sich Ängsten stellen können. Ängste fordern geradezu heraus. Denn mit jeder Angst, die ein Kind entwickelt, entsteht auch eine Form von Angstbewältigung.

Mit Kindern zu leben heißt, von ihnen zu lernen. Und Kinder in ihrer Angst und Angstverarbeitung zu begleiten bedeutet, darauf zu achten, wie sie ihre Angst selber verarbeiten. Dabei ist es für uns Erwachsene hilfreich, von den Kindern aus zu denken und von ihnen zu lernen. Wer Kinder genau beobachtet und ihren Erfahrungsreichtum ernst nimmt, der kann verschiedene Techniken der Angstbewältigung unterscheiden: Kinder erfinden Phantasiefiguren, unsichtbare Gestalten, die eine Zeit lang Begleiter sind, um dann wieder aus ihrer Welt zu verschwinden.

Im Spiel verarbeiten sie bedrohliche, beängstigende Eindrücke. Im Spiel durchleben Kinder ganze Gefühlspaletten, es hat deshalb – so der Psychologe Hans Zullinger – «heilende Kräfte».

Ähnliches gilt für das Ritual, das Kinder entwickeln, um diffusen, unklaren Erfahrungen eine Struktur zu geben. Im Ritual können Kinder – wie von Zauberhand – unsichere, ängstigende Lebenssituationen bannen. Ängste fordern heraus, sich ihnen zu stellen. Aber sie können auch erniedrigen, kleinhalten, lebensuntüchtig machen. Ähnliches trifft auch für ein anderes starkes Gefühl zu: die Aggression.

Der doppelte Charakter der Aggression – einerseits das konstruktive, lebenserhaltende Moment, andererseits das zerstörerische, provokative, grenzüberschreitende – ist vom Säuglingsalter an bis in die Pubertät hinein enthalten. Aggressionserziehung – verstanden als Erziehung zum Umgang mit Aggressionen – fängt deshalb früh an und hört nicht auf. Aggressionserziehung meint, Kinder und Jugendliche auf ihrer jeweiligen Entwicklungsstufe zu sehen, zu verstehen und – falls nötig – Grenzen zu setzen.

Der Säugling kommt mit vielen Reflexen auf die Welt, so zum Beispiel dem Saug- und dem Greifreflex. Diese sichern seine physische und psychische Existenz, denn wenn die Nabelschnur durchschnitten ist, fängt der eigenständige Kampf ums Leben an.

Holt sich der Säugling mit seinen Reflexen zunächst Nähe und Geborgenheit, weil er nur so seine Verlassenheitsgefühle und Trennungsängste überwinden kann, so nutzt er später das Greifen, besser vielleicht: Begreifen oder Wegstoßen, um Distanz und Abstand herzustellen, erste Grenzen auszutesten.

Schon früh beginnt die paradoxe Dramaturgie des «Halt mich fest» und des «Lass mich los», des «Ich möchte in deinen Arm» und «Fass mich bloß nicht an!». Diese Polarität der Gefühle setzt häufig plötzlich, ohne Übergang ein.

Ist das Saugen in den frühen Lebenstagen Voraussetzung, um Nahrung aufzunehmen, damit man dem Körper gibt, was er zum Wachsen braucht, so kann aus dem Saugen dann ein schmerzhafter Akt werden, wenn in dem einst zahnlosen Mund Zähne wachsen, ein «kleines Haifischmaul» mit spitzen, zupackenden Zähnen entsteht. Ein solches Kind ist in seiner näheren Umgebung schnell bekannt und berüchtigt, nämlich dann, wenn sein sprachliches «Nein!» von einer Beißattacke begleitet wird, die auf den Armen und Beinen anderer Kinder schmerzhafte Abdrücke hinterlässt. Dann geht so manche Mutter mit dem kleinen Sohn oder der kleinen Tochter nicht

mehr auf den Spielplatz, weil es ihr schon von weitem ent-
gegentönt: «Kinder, passt auf, da kommt der Beißer!»

Eltern reagieren auf das Beißen ihrer Kinder verunsichert
und gereizt, ohnmächtig und hilflos, verärgert und sauer. Sie
sind wütend auf sich, auf das eigene Kind, manchmal auch auf
die anderen Mütter und deren Kinder. Dabei ist das Beißen
keine böswillige Unart, in dem frühen Alter keine bewuss-
te Aggression. Es steht für «Nein!», «Lass mich!», «Ich will
nicht!», «Du darfst das nicht!», «Das gehört mir!». Es setzt
eine – zugegeben – schmerzhafte Grenze. Das Beißen verschwindet meist, wenn sich das Kind der Kraft seiner Worte –
etwa um das dritte Lebensjahr herum – bewusst wird. Dann
braucht es nicht mehr zu beißen, hat es doch erfahren, dass
man mit Worten, also auf soziale Art und Weise, Grenzen
formulieren und auf deren Einhaltung bestehen kann. Dem
Beißen begegnet man nicht, indem man das Kind mit Wort
und Tat züchtigt, gar dem archaischen Gedanken nachgibt zu-
rückzubeißen, damit das Kind merkt, was es getan hat.

Da das Beißen meist aus einem Reflex heraus erfolgt, ist es
eben nicht rational steuerbar. Statt einem Kind ständig vor-
zuhalten, man dürfe nicht beißen, ist es konstruktiver, dem
Kind ein Beißtuch, ein Beißteil aus Plastik oder einen anderen
Gegenstand zu geben, in den es, wenn es wütend ist, hinein-
beißen kann. Dann fühlt sich das Kind in seinen aggressiven
Persönlichkeitsanteilen angenommen, zugleich wird die At-
tacke so umgelenkt, dass sie anderen Kindern nicht schadet.
Und dem Kind wird ein Modell gezeigt: Du darfst Aggressionen haben! Ich akzeptiere dich damit! Du kannst sie ausleben,
aber so, dass sie keinem wehtun!

Und wenn sich das Kind dann am Ende des Kleinkindalters
der Kraft seiner Worte bewusst ist, dann kann man mit ihm

auch darüber reden, wie man seine Ziele ohne körperliche, anderen Schmerz zufügende Gewalt erreichen kann.

Aggressionen entwickeln sich – vom Säuglings- über das Kleinkind- bis in das Kindergartenalter – letztlich bis in die Pubertät hinein. Denn Aggressionen sind vorwärtstreibende Energien. Wer Aggressionen bei Kindern stilllegt, legt ihre Entwicklung, ihre Neugierde und Lernbereitschaft still. Kinder wollen Neues erproben und probieren. Dazu gehört auch, Grenzen und Regeln zu überschreiten und auszutesten. Wer Kinder ins Leben begleitet, wird ununterbrochen mit den unterschiedlichsten Formen von Aggressionen konfrontiert: mit physischen und psychischen, mit Strampeln, Beißen und Schlagen, mit Weinen und Schreien, mit sprachlichen Drohgebärden, mit Liebesentzug und bewusster körperlicher Gewaltanwendung.

Sowenig den Kindern geholfen ist, sie zu lammfrommen Friedensengeln zu manipulieren, so wenig ist es damit getan, dass man Verständnis mit Akzeptanz verwechselt.

Dort, wo die persönliche Integrität des anderen in Frage gestellt ist, wo die Gefahr von Schaden besteht, muss – alters- und situationsangemessen – reagiert werden: Bei einem einjährigen Kind reicht ein unmissverständliches «Nein!», bei einem fünfjährigen muss dem «Nein!» eine kurze Begründung folgen, warum man das Tun nicht akzeptieren kann. Schon früh ist eine Aggressionserziehung angesagt, eine Erziehung, die die konstruktive, die schöpferische Seite der Aggression fördert und die zerstörerischen Anteile begrenzt. Nur so kann ein Kind Achtung und Respekt für sich und für andere entwickeln. Und auch das gehört zu einer spirituellen Begleitung von Heranwachsenden.

Schutzengel und unsichtbare Gefährten

Jesus sagt von den Kindern, dass ihre Engel im Himmel stets das Angesicht des himmlischen Vaters sehen. Aus diesem Wort Jesu haben die Kirchenväter die Lehre vom Schutzengel entwickelt, den jedes Kind bei seiner Geburt bekommt. Die Lehre vom Schutzengel ist nicht nur für Kinder gedacht, sondern für uns alle. Aber Kinder haben ihre eigenen Vorstellungen vom Schutzengel. Für sie ist es besonders wichtig, dass sie nicht allein sind auf ihrem Weg.

Zwei Erfahrungen seien hier angeführt. Nach einem meiner Vorträge über Engel kam ein Mädchen von 10 Jahren zu mir und fragte: «Glauben Sie wirklich, dass der Engel mich nicht verlässt?» Ich sagte: «Ja, das glaube ich.» – «Ja, aber auch wenn ich böse bin?», fragte das Mädchen. Ich erwiderte: «Ja, der Engel hat Geduld mit dir.» Aber es ließ nicht locker: «Verlässt er mich auch nicht, wenn ich immer wieder böse bin?» Ich bestätigte ihm, dass er es nie verlassen werde. Da ging das Mädchen getröstet nach Hause. Ich überlegte mir, was dem Kind so wichtig war. Offensichtlich hat dieses Mädchen andere Botschaften gehört: «Du bist unmöglich. Mit dir kann es keiner aushalten. Du bist eine Last für uns.» Solche Worte haben das Mädchen nicht nur verunsichert, sondern auch dazu geführt, dass es sich selbst nicht aushalten konnte. Das Mädchen brauchte die Gewissheit, dass der Engel es bedingungslos annimmt, auch wenn andere es nicht annehmen und es sich selbst als unannehmbar empfindet. Die Vorstellung vom Schutzengel, der immer bei ihm bleibt, ermutigt das Mädchen, es mit sich selbst auszuhalten und bei sich selbst zu bleiben, selbst wenn andere es verlassen.

Eine Mutter fragte mich einmal: «Meine fünfjährige Tochter hat so konkrete Vorstellungen vom Schutzengel. Ist das in Ordnung? Sie sagt zum Beispiel, wenn wir gemeinsam vom Einkaufen kommen: Schlag doch die Tür nicht so schnell zu. Mein Engel muss noch mit hineinkommen. Und beim Essen soll ich immer den Stuhl neben ihr frei lassen, weil da ihr Engel sitzt.» Ich denke, für das Kind dieser alleinerziehenden Mutter ist die Vorstellung ganz wichtig, dass es nicht allein mit der Mutter im Haus wohnt, dass es nicht den Launen der Mutter ausgeliefert ist. Da ist noch ein Engel, der dem Kind Würde gibt, der es schützt, auch gegen die Unzufriedenheit oder Nervosität der Mutter. Beim gemeinsamen Essen ist in der Vorstellung der Tochter ein Engel dabei, das gibt dem Mahl eine andere Qualität, eine Qualität von Heimat, von Geborgenheit, von Würde.

Eine französische Kinderpsychologin erzählte, dass sie als Kind immer nur eine Seite ihres Bettes benutzte. Die andere Seite ließ sie für ihren Engel frei. Für sie war das ein großer Trost, denn oft ging sie mit Gedanken ins Bett, dass die Eltern mit ihr nicht zufrieden waren, dass sie selbst nicht zufrieden war, weil sie sich so verhalten hatte, wie sie es eigentlich nicht wollte. Da war es für sie tröstlich zu wissen, dass der Engel die ganze Nacht bei ihr aushält. Sie konnte doch nicht so unmöglich sein, wenn der Engel bei ihr schlief. So konnte sie innerlich mit dem Engel reden. Und das half ihr, sich selber wieder zu mögen. Da relativierten sich all die Vorwürfe, die sie tagsüber gehört hatte. Und so konnte sie einschlafen. Sie fühlte sich geliebt, geschützt und geborgen.

Kinder fragen sich immer wieder: Wer oder was schützt mich? Wie kann ich in dieser Welt behütet leben? Der Gedanke vom

Schutzengel gibt dem Kind das Gefühl, dass es nicht allein den Gefahren der Welt gegenübersteht. Es hat einen Schutzengel, der mit ihm geht. Der Glaube an den Schutzengel soll das Kind nicht vertrauensselig machen oder zu wagemutig, als ob es gar nicht mehr auf sich selber aufzupassen bräuchte. Eltern sollten eher sagen: «Achte auf deinen Schutzengel, der in deinem Herzen zu dir spricht. Frage ihn, wenn du in brenzlige Situationen kommst, was er dir sagen möchte.» Allein der Hinweis, auf den Schutzengel zu hören, macht die Kinder achtsamer. Sie gehen nicht ängstlich in die Welt, aber achtsam und zugleich vertrauensvoll.

Wenn Kinder ihre Schutzengel malen, dann erkennen wir ihre Vorstellungen, die sie sich vom Engel machen. Der Schutzengel ist oft sehr groß und stark. Er hat große Flügel, mit denen er das Kind schützt. Er begleitet das Kind und macht es auf Gefahren aufmerksam. Und von ihm geht etwas Liebevolles und Fürsorgliches aus. Der Engel hält die Gefahren vom Kind ab, auf den Bildern stellt er sich zwischen das Auto und das Kind, zwischen den aggressiven Mann und das Kind. Es lässt die Gefahr gar nicht an das Kind herankommen.

Kinder reden manchmal, wenn sie allein sind, mit ihrem Schutzengel. Manchmal bekommen auch Gegenstände die Funktion eines Schutzengels. Ich habe meine kleine Nichte dabei beobachtet, wie sie mit ihrem Wasserball sprach und ihm erzählte, wie es ihr ging, wonach sie sich sehnte. So wie das Kind mit dem Ball spricht, so spricht es auch mit dem Engel. Es sagt ihm, was ihm wehtut. Es bittet den Engel, dass er bei ihm bleibt, dass er es schützt, dass er es in den Arm nimmt.

Gerade vor dem Schlafengehen beten Kinder gerne mit den

Eltern um den Schutzengel, der es während der Nacht bewachen möge, damit im Traum keine wilden Tiere auftauchen und kein Einbrecher ins Haus kommt. Der Schutzengel nimmt dem Kind die Angst vor der Nacht mit ihren unberechenbaren Träumen. Und er gibt ihm die Gewissheit, dass es nicht allein schläft, sondern dass ein Engel bei ihm im Zimmer ist. Und dieser Engel ist voll von Liebe und Zärtlichkeit.

Kinder fragen aber auch: «Wo war denn der Schutzengel bei dem Kind, das vom Auto überfahren wurde oder das missbraucht wurde?» Wir dürfen nicht zu naiv vom Schutzengel sprechen. Der Schutzengel schützt nicht vor jedem Unfall oder Unglück, vor Krankheit und vor Tod. Aber er schützt ganz gewiss in der Krankheit, im Unfall und im Tod. Er schützt den innersten Teil des Menschen, seinen Wesenskern. Das, was den Menschen ausmacht, seine Seele, sein wahres Selbst, das kann nicht zerstört werden. Da legt der Schutzengel seine Flügel um diesen innersten Kern, so dass er geschützt und unversehrt bleibt und so auch im Tod zu Gott gelangt.

Die Vorstellung vom Schutzengel ist nicht nur für Kinder heilsam, sie ist auch für die Eltern eine Entlastung. Wenn die Mutter ihr Kind dem Schutzengel anvertraut, dann muss sie es nicht kontrollieren, dann braucht sie sich nicht den ganzen Tag Sorgen zu machen, was denn mit dem Kind passieren oder was aus ihm werden könnte. Der Schutzengel befreit die Eltern von ihren Sorgen um das Kind. Der Schutzengel, der das Kind begleitet, auch auf allen Irrwegen und Umwegen, gibt den Eltern das Vertrauen, dass die Kinder ihren Weg finden und dass es ein guter Weg sein wird. Gerade Eltern, die pädagogische und psychologische Bücher lesen, sind oft verunsichert, ob sie alles richtig machen oder ob ihre Kinder nicht bleibende Schäden durch ihre mangelhafte Erziehung erleiden könnten. Der Schutzengel, der mit dem Kind geht, entlastet die Eltern und befreit sie von ihren Selbstvorwürfen oder Schuldgefühlen, wenn sie dem Kind nicht immer gerecht werden können.

Anfang und Ende

«Geburt und Tod», so hat es Tagore einmal formuliert, «gehören zum Leben, wie das Heben und Senken des Fußes zum Gehen gehört.» Und Kinder spüren das – intuitiv. Kinder fragen nach Anfang und Ende. Sie wollen von den Eltern wissen, wo Gott wohnt, wie er aussieht und was er denkt. Sie möchten erfahren, wo sie waren, als sie noch nicht bei den Eltern waren, oder wo der tote Opa ist. Oder wo der Himmel ist und wie er sich wohl anfühlt. Das alles sind letztlich spirituelle Fragen.

Viele Eltern werden dabei schnell ungeduldig, werten die Fragen des Kindes ab: «So fragt man nicht!» Andere fühlen sich überfordert, sind verunsichert, wissen nicht, was sie antworten sollen. Nicht selten fühlt sich das Kind in seinen Fragen dann nicht angenommen, es gewinnt den Eindruck, es dürfe solche Fragen nicht stellen. Es passt sich an, schneidet sich ab vom Wissen und Ahnen seiner Seele.

Dabei wären die Fragen der Kinder eine Herausforderung für Eltern, sich selbst diesen Fragen zu stellen, haben sie nicht selten wesentliche Fragen des Lebens verdrängt oder lassen solche Fragen nicht mehr zu. Manchmal gewinnt man den Eindruck, als hätten sie sich selber verboten, weiter und tiefer zu fragen. Und immer häufiger hat man das Gefühl, als würden sie sich mit dem Vordergründigen zufriedengeben.

Kinder sind eine Herausforderung für die Erwachsenen, sich Gedanken zu machen über die Grundfragen, die jede menschliche Existenz berühren. Kinder interessieren sich für den Anfang, aber auch genauso brennend für das Ende. Auf die Frage, wo sie wohl vor der Geburt gelebt haben, antworten einige Kinder so: «Ich war vorher auf einer Wolke» (Sabine, vier Jahre), «Ich habe hinter dem Mond gelebt, ganz weit weg» (Susanne, fünf Jahre), «Ich war ein bunter Schmetterling» (Raphael, fünf Jahre), «Ich war im Himmel bei Petrus, und der hat mich zu meinen Eltern geschickt» (Beatrice, fünf Jahre), «Mich hat der Weihnachtsmann mitgebracht oder der Nikolaus. Ganz genau weiß ich das nicht» (Simon, vier Jahre).

Kindergartenkinder besitzen eine magisch-phantastische Weltsicht, die sich komplikationslos in ihr Bild von Realität einpasst. Deshalb sind sie nicht unbedingt an biologisch-medizinischen Sachverhalten (der Sexualität) interessiert, sie wollen nicht die (naturwissenschaftlich) richtige, sie wollen die wahre, die wahrhaftige Antwort, die ihrer Auffassung von Wirklichkeit mehr entspricht.

So ist das Wissen «über Geburt und über reproduktive Vorgänge bei vielen Kindergartenkindern», so die Sexualforscherin Stein-Hilbers, manchmal «mit verwirrenden Körpererfahrungen verbunden. So glauben manche Kinder zwischen drei und sechs Jahren zum Beispiel, dass Babys aus dem Penis des Mannes kommen, dass Mädchen einen Penis haben, dass Frauen aus der Vagina defäkieren, dass Schwangerschaften das Produkt unmäßigen Essens sind, dass die Geburtsöffnung für Jungen der Bauchnabel und die für Mädchen die Brust sei, dass Ärzte Frauen bei der Geburt aufschneiden. Auch ältere Kinder haben oft sehr phantastische Vorstellungen über die

Geburt, die Bedeutung des Anus oder anderer Organe im Hinblick auf reproduktive Vorgänge.»

Doch zugleich fällt auf: Bekommen Kinder keine ihnen angemessenen Antworten auf ihre eindringlichen und nachbohrenden Fragen (z. B. zur Zeugung, zur Schwangerschaft oder zu den Genitalien), dann haken sie so lange nach, bis ihre Wissbegierde zufriedengestellt ist. Aber abstrakte, wortreiche Antworten allein genügen meist nicht, um den kindlichen Wissensdurst wirklich zu befriedigen. Begreifen geht über greifen – dieser Grundsatz gilt für die Sexualität genauso.

Eine Mutter erzählt von ihren Erfahrungen, als ihr Sohn Roman drei Jahre alt war. Er sei zu ihr gekommen, habe sie kurz angeschaut und gefragt, wie Kinder gemacht werden. Sie habe zurückgefragt, wie er sich das denn vorstellen würde. Roman habe nur kurz überlegt. «Weiß nich'!» Dann habe er sehr ernst geschaut und gefragt, wo er denn gewesen wäre, als er noch nicht bei ihnen war. Sie habe tief ausgeatmet, und dann platzte es aus Roman heraus: «Ich war eine Schneeflocke, und ihr habt mich aufgefangen!» Das habe sie ganz vergessen, aber es würde wohl stimmen, sei ihre Antwort gewesen. Und plötzlich sei Roman sehr wütend geworden, weil sie lügen würde. Das mit der Flocke würde gar nicht stimmen. Und warum nicht, habe sie gefragt. Er sei im Juni geboren und da gebe es keinen Schnee. «Mama, wenn ich keine Flocke war, was war ich dann?», habe er ganz ernst gefragt. «Na, was denn wohl?», habe sie ihn lächelnd zurückgefragt. Eine Schnecke, sei seine spontane Antwort gewesen. Wie er denn darauf kommen würde, habe sie wissen wollen. Und Roman habe geantwortet, weil sein Vater immer sagen würde, Roman sei langsam wie eine Schnecke. Aber die Sache sei weitergegangen. Ganz offensichtlich hatte Roman seinen

Großvater gefragt, ob er wisse, woher denn Kinder kommen würden. Und Roman sei entrüstet gewesen, habe der Großvater doch allen Ernstes behauptet, ihn habe der Esel im Galopp verloren. Als sie laut losgelacht habe, sei ihr Sohn stocksauer gewesen, geradezu beleidigt, und habe losgebrüllt, sein Opa würde spinnen. Und als sie wissen wollte, wieso denn, habe Roman nur gemeint, nur Pferde würden galoppieren, Esel nicht. Und Esel sind blöd. «Und von so einem blöden Esel will ich nicht sein!»

Man neigt schnell dazu, Kinder zu belächeln. Dabei haben sie eine philosophisch-spirituelle Hintergründigkeit, die auch beim Thema «Tod» zu bemerken ist.

Marion, fünf Jahre, setzt sich auf das Sofa zu ihrer Mutter, die Zeitung liest. Marion wirkt etwas verunsichert. Die Mutter hat ihre Tochter nicht bemerkt. Sie stößt die Mutter an und fragt, ob sie sterben könne. «Ja», antwortet die Mutter nickend: «Aber noch nicht so schnell.» Marion will die Gründe wissen.

«Weil du noch jung bist», erklärt die Mutter schnell. Marion lächelt, denkt nach: «Du stirbst dann früher?» Die Mutter lacht spontan. «Aber lebst noch lange, nicht?» Marion schaut ihre Mutter an. Die nickt. Wieder denkt die Tochter nach, die Mutter drückt sie an sich.

«Erst stirbt noch Opa, nicht?» Wieder lächelt die Mutter: «Ja, könnte sein. Wieso meinst du das?» – «Weil Opa krank ist ...» Dann mit brüchiger Stimme: «Und weil er nicht mehr da sein will!» – «Nun, was heißt das denn?», fragt die Mutter ernst. «Na, ihr sagt doch immer, Opa hat keine Lust mehr zu leben.» Die Mutter stutzt, runzelt die Stirn. Dann sagt Marion ganz ernst: «Und wenn man nicht leben will, dann muss man sterben!» Marion steht auf, lässt eine Mutter zurück, die darüber nachdenkt, ob das nun richtig war, was sie gesagt hat.

Diese Situation, die die Souveränität eines Kindes zeigt, veranschaulicht zugleich die Unsicherheit von Erwachsenen. Deutlich werden einige Gesichtspunkte, die Eltern bei der Beantwortung von Fragen nach Tod und Trauer ihrer Kinder helfen können:

Beim Kind entwickeln sich allmählich Formen des Zeitbewusstseins, Vorstellungen über das eigene Woher und Wohin. Dies bringt Spannungen mit sich, die für das Kind Unsicherheit bedeuten, aber zugleich seinen Wissensdurst fördern. Das Interessensspektrum des Kindes weitet sich, und das bisherige Wissen reicht nicht mehr aus. Das Kind spürt: Neue Situationen erfordern neue Fragen, einen veränderten Zugriff auf die Wirklichkeit.

Das Kind will andere, gleichwohl feste und verlässliche Sicherheiten. Die Fragen der Kinder stehen für Suche nach Sinn, aber sie beinhalten zugleich den Wunsch nach Halt und Bindung. Nur auf dieser Basis sind Kinder aufgeschlossen für neue, bisher ungewohnte Erfahrungen.

Kinder werden heute schon sehr früh mit vielerlei gesellschaftlichen, sozialen und ökonomischen Problemen konfrontiert. Die multimediale Darstellung und Inszenierung von Katastrophen bedeutet, dass ein Kind auf abstrakte, wenig greifbare Weise Situationen wahrnimmt, die Vernichtungs- und vor allem Trennungsängste zurücklassen. «Das kann uns nicht passieren!» – «Du brauchst keine Angst davor zu haben!» – «Nun stell dich nicht so an!» Solche Antworten helfen nicht und signalisieren dem Kind elterliche Hilflosigkeit. Und es fühlt sich alleingelassen.

Kinder brauchen Wahrhaftigkeit

Wenn Kinder bis zum Schulalter Katastrophen und Unglücke hautnah erleben, ist neben einer möglichst ehrlichen Antwort der persönliche Halt wichtig: «Es kann passieren. Aber wenn es passiert, bin ich bei dir.» Erfahrungen aus der Historie untermauern dies: Kinder, die während der Bombennächte des Zweiten Weltkriegs nahe bei ihrer Mutter waren, denen die Mutter emotionale Nähe geben konnte, haben in der Regel weniger traumatische Erinnerungen als Kinder, die diese schreckliche Situation getrennt von ihren Müttern erleben mussten.

Generell gilt: Das Thema Tod ist erst dann aufzugreifen, wenn Kinder danach fragen. Würden sie von außen an das Kind herangetragen, hätte das in der Regel eine emotionale Überforderung zur Folge. Wenn Fragen gestellt werden, sollten Erwachsene genau zuhören und darauf achten, was das Kind wissen will.

Fühlt man sich unsicher, sind geschickte und einfache Rückfragen angezeigt, wie in den folgenden Beispielen. «Was ist, wenn ich tot bin? Krieg ich dann eine schöne Beerdigung?», fragt die siebenjährige Sibylle.

Der Vater nähert sich ihr, lächelt: «Ich denke, du lebst noch lange. Noch ganz lange.» Kurze Pause: «Aber wie möchtest du, dass deine Beerdigung aussieht?»

Eine andere Situation: «Wenn Oma jetzt im Himmel ist, wie sieht es wohl dort aus?», will Johannes, sechs Jahre, wissen.

«Was meinst du, wie sieht es dort wohl aus?», gibt die Mutter die Frage zurück. Johannes überlegt kurz, erzählt dann von seinen Phantasien.

Rückfragen knüpfen an Vorstellungen und Phantasien der

Kinder an. Das Kind kann sich so im Hier und Jetzt angenommen fühlen. Es erfährt: Meine Frage nimmt man ernst. Ich bin nicht hilflos oder zu klein für diese Fragen. Gerade der letztgenannte Aspekt taucht in elterlichen Antworten – sicherlich als Folge von Verhaltensunsicherheiten – häufig auf: «Dafür bist du noch zu klein!» Diese Antwort nimmt das Kind nicht an, sie hält das Kind unwissend. Es fühlt sich zurückgesetzt, alleingelassen.

Nun gibt es Situationen, in denen Antworten nicht möglich sind. Es gibt persönliche Tagesformen, die keine passende Antwort zulassen; ja, manchmal benötigt man Bedenkzeit, weil man selber vom Tod eines Menschen tief getroffen ist oder von der Kinderfrage überrascht wurde. Wer sich in der Situation überfordert – nach dem Motto: Ich muss jetzt aber richtig handeln! –, gibt, ohne es zu merken, die Überforderung an die Kinder weiter. Angemessener sind Antworten wie: «Ich kann das jetzt nicht beantworten, aber nachher habe ich Zeit für dich.» Es braucht wohl nicht betont zu werden, dass man später von sich aus auf das Kind zugehen und das Versprechen einlösen sollte.

Während einige Eltern und Pädagogen sich den Kinderfragen nach dem Tod entziehen, meinen es andere besonders gut. Sie geben eine Menge an Informationen, die das Kind möglicherweise gar nicht will, weil es diese noch nicht verarbeiten kann. Solche Schilderungen können Bilder und Phantasien beim Kind hervorrufen, auf die es emotional nicht vorbereitet ist. Eltern sollten bedenken: Das Kind im Hier und Jetzt anzunehmen bedeutet, darauf zu vertrauen, dass es wieder zu den Eltern kommen und, wenn notwendig, weitere Fragen stellen kann. So könnte denn die Antwort auf eine Frage mit dem Satz schließen: «Falls du mehr wissen willst, kannst du jederzeit kommen.» Klare und wahrhaftige Auskünfte sind notwendig. Doch genauso bedeutsam ist die emotionale und körperliche Nähe, in der diese Gespräche stattfinden. Kinder brauchen verlässlichen Halt, dann können sie mit den Antworten ihrer Eltern und anderer Erwachsener umgehen.

Wenn Kinder trauern

Nach dem plötzlichen Tod seines Vaters reagiert der neunjährige Klaus mit einem Schock. Er weint, schluchzt, macht äußerlich dicht, lässt nichts an sich herankommen. Ohne Gefühl, versteinert wirkt er auf seine Umwelt, keiner kommt an ihn heran. Seine Leistungen in Schule und Sportverein bleiben unverändert gut. Er macht seine Aufgaben, als wäre nichts geschehen, erlebt ein Stück Normalität im Durcheinander. Nur manchmal lacht er unmotiviert und schrill auf, ist aufgesetzt fröhlich und ungeheuer betriebsam.

Nach mehr als 16 Monaten reagieren Klaus' Verwandte entsetzt: Klaus entwickelt Zorn und Wut auf seinen Vater, ja einen richtigen Hass. Er schreit: «Es ist richtig, dass du tot bist!», oder er weint hemmungslos: «Warum musstest du sterben und hast mich alleingelassen?» Diese heftigen Ausbrüche dauern einige Wochen, schwächen sich dann ab. Klaus scheint wieder versteinert, in sich zurückgezogen. Eines Tages fragt er seine Mutter, ob er den Schlafanzug des Vaters anziehen könne. Zudem wolle er den Rucksack seines Vaters als Schultasche benutzen. In dieser Phase setzen vorsichtige Fragen nach dem Vater ein, er wünscht sich von der Mutter, dass sie von ihm erzählt. Und manchmal sehnt er sich seinen Vater herbei: «Es wär so schön, wenn er bei meinem Geburtstag hier wär!»

Klaus geht nun häufiger mit auf den Friedhof. Seine Mutter gewinnt fast den Eindruck, als wolle er auch tot sein. Und dann folgt der Schock: An seinem zwölften Geburtstag trampelt Klaus auf dem Grab des Vaters herum, brüllt: «Du hast uns verlassen! Du gemeiner Hund! Warum hast du uns verlassen?» Er schreit sich so in Rage, dass er auf dem Grab zusammenbricht. Es folgt dann eine Phase, in der er den Vater verklärt, geradezu unheimliche Verschmelzungswünsche entwickelt. In seinem Zimmer stehen fünf Bilder vom Vater, in einer von Klaus genau festgelegten Ordnung, die keiner verändern darf.

Am Morgen seines 13. Geburtstags sammelt Klaus alle Fotos des Vaters in seinem Zimmer zusammen, legt sie der Mutter auf den Frühstückstisch: «Ich habe seinen Rucksack. Und ein kleines Bild!» – «Wo?», fragt die Mutter überrascht. «In mir drin!», antwortet Klaus wie selbstverständlich.

Obgleich jede Bewältigung von Trauer und Tod einzigartig und individuell ist, so kann man doch einige Phasen der Verarbeitung unterscheiden, Phasen, die nicht nacheinander verlaufen, sondern nebeneinanderstehen und sich häufig wiederholen können.

Da ist die Phase der Abwehr. Das Kind will nicht wahrhaben, dass jemand gestorben ist. Es geht der Auseinandersetzung aus dem Weg, zeigt damit aber auch, dass es mit dem Schmerz noch nicht fertigwird, sich von den Gefühlen überfordert fühlt. Es existiert eine Vielzahl von Abwehrmechanismen: Manche Kinder reagieren auf den Tod eines Verwandten oder Bekannten mit einer Umkehr der Gefühle. Sie sind fröhlich, ungeheuer in Bewegung, ihnen fällt ständig etwas ein. Andere Kinder brechen bei geringsten Anlässen und Stresssituationen in Wut und Wehklagen aus oder fallen körperlich zusammen. Und dann gibt es Kinder, die reden nicht über den Tod, sparen dieses Thema aus oder schneiden ein anderes an, wenn das Gespräch darauf kommt. Wieder andere Kinder reagieren mit Lernhemmungen, chronischen Krankheiten. Als Abwehrmechanismen kann man auch Verhaltensregressionen beobachten. Jüngere Kinder neigen hin und wieder zu grausamen Spielen, quälen z.B. ein Tier, um Trauer und Schmerz zu überspielen.

In einer weiteren Trauerphase idealisieren Kinder den verstorbenen Menschen. Alles, was an den Toten erinnert, wird wichtig. Gegenstände erinnern an den Toten. Sie rufen schöne Stunden der Gemeinsamkeit wach. Gerade bei jüngeren Kindern kann es zu starken Verschmelzungswünschen mit der verstorbenen Person kommen: Man will ihre Sachen anziehen, ihren Beruf ergreifen. Zweifelsohne besteht in dieser Phase bei Kindern mit noch nicht gefestigter Identität die Gefahr, dass die Entwicklung des eigenen Ich gehemmt wird.

Die Phase der Idealisierung wechselt häufig mit der Abwertung des Toten ab. In den Schmerz mischen sich Wut und Zorn darüber, alleingelassen zu sein. Die negative Besetzung des Toten ist der Versuch des Kindes, Abschied zu nehmen. Kommt es bei der Verarbeitung der Trauer zu einer zu frühen Idealisierung, kann es passieren, dass das Kind den Toten nicht loslässt. Nur ein realistisches Bild des verstorbenen Menschen, also ein Nebeneinander all seiner Persönlichkeitsanteile, bietet die Gewähr dafür, den Toten loszulassen, um sich ihm auf neuer Stufe wieder anzunähern. Nicht übersehen werden darf: Die Verarbeitung von Trauer ist ein äußerst schmerzhafter, bewegender Prozess, der dem Kind viele Energien abverlangt. Deshalb braucht ein Kind Zeit, in der es nicht trauert, in der es Trauer abwehrt, sich den Toten wieder lebendig wünscht.

Am Ende des Trauerprozesses, dessen zeitlicher Verlauf nicht vorhersehbar ist, steht eine Wiederannäherung an den Toten auf einer qualitativ neuen Stufe. Die Trauer geht zu Ende, ist aber nicht abgeschlossen. Das Kind ist nun fähig, zu dem Toten eine veränderte, reifere Beziehung einzugehen. Aber auch dann sind Trauer und Schmerz noch möglich. Narben bleiben zurück. Der Verlust ist nicht ungeschehen zu machen. Aber Erwachsene können Kindern vorleben, wie man mit diesen Narben umgehen kann.

Die beschriebenen Phasen müssen nicht nacheinander verlaufen, sie können nebeneinanderstehen. Sie können unterschiedlich lange dauern. Das Kind braucht bei der Verarbeitung Halt und Unterstützung, es braucht klare Informationen, die man aber nicht mit naturalistischen Schilderungen verwechseln darf. Nicht die objektiv richtigen Informationen sind passend, vielmehr jene, die sich am Entwicklungsstand des Kindes orientieren und die es verarbeiten kann. Eine Verarbeitung ist nicht möglich, wenn das Kind keine begriffliche Vorstellung hat. So verarbeiten Kinder, die beispielsweise Erfahrungen mit dem Sterben eines Tieres gemacht haben, den Tod eines geliebten Menschen produktiver: «Das ist wie bei unserer Katze», berichtet die sechsjährige Katja, als sie vom Tod ihres Großvaters erzählt. Das Abschiednehmen kann dem Kind durch Trauerrituale begreiflich gemacht werden, das Spiel und die Phantasie können dem Kind behilflich sein.

Manche Erwachsene greifen häufig unsensibel in Verarbeitungsprozesse ein. Sie halten es nicht aus, wenn Kinder in bestimmten Trauerphasen verharren und einen eigenen

Umgang mit dem Tod entwickeln. Kinder werden nicht nur vom Tod in ihrer Umwelt betroffen, der inszenierte Tod in Buch, Film und Theater kann gleichfalls emotionale Spuren hinterlassen, kann Kinder nachhaltig berühren. Und auch das sollte ein Kind durch seine Traurigkeit verarbeiten dürfen.

Tod, Verlust, Trennung bringen für Kinder Trauer und Schmerz mit sich. Viele Eltern meinen, dies Kindern vorenthalten zu müssen, weil sie noch «zu klein» dazu seien, solche Gefühle sie unnötig belasten würden. Zweifelsohne bringen Trauer und Schmerz Tränen und Weinen mit sich. Doch schwächen diese Gefühle Kinder nicht, ganz im Gegenteil

Wer ihnen diese Erfahrungen vorenthält, verstellt ihnen eine wichtige Erfahrung, die der Philosoph Bachofen so umschreibt: «Mit der Zeugung beginnt das Reich des Todes.» Kinder spüren dies. In ihren Fragen nach dem Ursprung («Woher komme ich?») sind auch Fragen nach dem Wohin («Was ist, wenn ich sterbe?», «Was ist danach?») enthalten. Kinder sind Philosophen und Forscher, die konkret-anschaulich komplexe Fragen angehen, sie durch Spiel und Ritual auf den Begriff bringen. Die Nähe zum Tod mag sie erschrecken, aber sie suchen sie auch.

Jede Verarbeitung von Trauer ist ein einzigartiger Prozess, in dem sich stets ein Ineinander von Schmerz und Glück, Tränen und Wut, Liebe und Ablehnung darstellt. Trauer kann für Kinder zur konstruktiven Erfahrung werden, wenn man einige Gesichtspunkte beherzigt:

Je mehr das Kind Sicherheit, Schutz und Bindung spürt, je verlässlicher und vertrauter sich die Gesamtsituation darstellt, um so weniger niederschmetternd sind Ängste, die den Trauerprozess begleiten.

Den Verlust eines geliebten Menschen (oder aus der Sicht der Kinder auch eines geliebten Tieres) zu betrauern setzt Halt und das Gefühl der Geborgenheit voraus. Dann können Heranwachsende Trauer aushalten.

Kinder brauchen Zeit, um Trauer zu bewältigen. Manche Kinder halten sich lange in bestimmten Phasen des Trauerns auf. Ihnen ist ihr eigenes Tempo zu belassen. Jeder Eingriff von Erwachsenen kann stören und problematisch sein, kann erschrecken und Ängste verstärken.

Benni kommt eines Tages auf seine Erzieherin zu, zupft an ihrem Ärmel. Sie geht in die Hocke.

«Du», sagt er mit leiser Stimme, «du, mein Opa ist tot.» Ja, seine Mama habe davon erzählt, antwortet sie. Ob er traurig sei, will sie wissen. Er nickt langsam, fügt nach einer Pause hinzu: «Ein bisschen!» Dann fügt er hinzu, er fände das gemein von ihm. Als die Erzieherin die Gründe wissen will, meint er, Opa habe ihm versprochen, ein Baumhaus zu bauen. Und das hätte niemand so gut gekonnt wie sein Großvater.

Als die Erzieherin sich erheben will, hält Benni sie fest: «Du? Mama hat gesagt, Opa ist jetzt im Himmel Glaubst du das auch?» Sie nickt. Er lächelt: «Ich glaub das auch!» Kurze Pause, dann ein fragender Blick: «Du?» Er fasst sie am Arm: «Du? Glaubst du, dass es ihm im Himmel gutgeht?»

Was er damit meine, will sie wissen. Er springt auf: «Klar geht's ihm gut!» – «Und wieso?», ist sie neugierig. Benni grinst übers ganze Gesicht: «Jetzt braucht er Oma nicht mehr zu fragen, wenn er einen Schnaps trinken will!»

Kinder bringen Tod bis zur Grundschulzeit mit hohem Alter, dem Gefühl des Alleinseins in Zusammenhang, binden ihre Todesvorstellungen an Symbole oder Situationen: den schwarzen Mann, die Dunkelheit, die Nacht, eine Krankheit, eine Verletzung oder den Schmerz.

Fragen nach Tod und Trauer, nach Gott und Himmel sind für Kinder normal. Erwachsene sind mit den Antworten deshalb häufig überfordert, weil solche Fragen an Verdrängtes, Verleugnetes rühren. Je mehr aber der Tod aus dem Alltag, dem Leben von Erwachsenen ausgeblendet bleibt, je mehr Erwachsene sich diesen Grenzerfahrungen hilflos ausgeliefert fühlen, desto mehr spüren Kinder, wie sie von engsten Bezugspersonen bei sie bedrückenden Erlebnissen alleingelassen werden. Kinder empfinden sich dann als halt- und orientierungslos. Darüber hinaus sind Fragen der Kinder nach dem Tod nicht nur Fragen nach dem Ende. In ihren Fragen sind zugleich Wünsche enthalten; es sind Wünsche nach Auskunft über zentrale Sinnfragen des Lebens.

Der Tod als *Symbol* ist schon früh Bestandteil kindlicher Entwicklung. Diese ist ohne Autonomie nicht denkbar, und Eigenständigkeit ist ohne den Abschied von vertrauten Situationen und Personen nicht vorstellbar. Sich zu trennen aus der symbiotischen Einheit mit der Mutter, aus der Geborgenheit der Familie, der Vertrautheit des Freundeskreises gehört zu den existenziellen Erfahrungen der Kinder.

Tod hat mit Trennung, hat mit Abschiednehmen zu tun. In Trennung und Abschied sind Momente der Endgültigkeit des Todes enthalten. Die Entwicklung des Kindes hin zur Selbstwerdung und zur Selbstbewusstheit, zum Gefühl des «Ich kann allein» und zu Grenzerfahrungen wie «Ich brauche meine Eltern nicht mehr» ist gebunden an Abschied und Trennung. Ein Leben, das nicht Bilder und Symbole des Todes beinhaltet, ist ein unvollständiges Leben. Kinder spüren das. Sie erleben Wirklichkeit in Polaritäten – und damit in ihrer Ganzheitlichkeit. Zum Leben gehört der Tod; die Gesundheit erhält ihren unbezahlbaren Wert durch die Krankheit, das Glück ist ohne Trauer undenkbar, erst in der Niederlage zeigen sich die intensiven Momente des Siegens, das innig erlebte Gefühl des festlichen Rituals wäre ohne die Mühen der Ebene nicht zu spüren, zur Nacht gehört der Tag, zum Tag die Nacht; Mond und Sonne sind untrennbar miteinander verbunden, genauso wie der Konflikt zur Versöhnung gehört. Der Tod, das ahnen Kinder, ist nicht einfach das Ende.

Fragen nach dem Tod sind altersbedingt – unabhängig von aktuellen Ereignissen wie zum Beispiel einem Todesfall in der Familie oder der Verwandtschaft. Das Kind wird größer, es bildet ein Körpergefühl aus. Das Kind wird sich zunehmend seiner körperlichen Macht und Kraft bewusst. Zugleich wirkt es gegenüber Erwachsenen noch sehr klein und verwundbar. Daraus ergeben sich Vernichtungsängste, die das Kind – ganz in einem animistisch-symbolischen Denken verfangen – an Monster, Gespenster, Einbrecher, Räuber, aber auch an wilde Tiere bindet. Solche Symbole sind aus der Sicht von Kindern doppeldeutig: Die «guten» Tiere oder Monster repräsentieren die Anlehnungsbedürfnisse, die Wünsche nach Zärtlichkeit; die «bösen» Elemente symbolisieren die zerstörerisch-aggressiven Phantasien des Kindes.

Allmählich entwickeln sich beim Kind Formen des Zeitbewusstseins, Vorstellungen über das Woher und Wohin. Diese Spannung bedeutet für das Kind Unsicherheit, fördert aber auch seinen Wissensdurst. Fragen nach dem Tod sind insofern ein Zeichen für Reife. Das Interessensspektrum des Kindes weitet sich – und damit reichen das bisherige Wissen, die bisher gestellten Fragen nicht mehr aus. Das Kind spürt: Veränderte Situationen erfordern andere Fragen, einen veränderten Zugriff auf Realität. Das Kind will neue, gleichwohl feste und verlässliche Sicherheiten. Die Kinderfragen stehen für Sinnsuche – aber sie beinhalten zugleich den Wunsch nach Halt und Bindung. Nur auf dieser Basis sind Kinder aufgeschlossen für neue, bisher ungewohnte Erfahrungen.

Zweifellos bringen Tod und Trauer heftige Gefühle mit sich. Und jede Verarbeitung von Tod und Trauer ist ein einzigartiger Prozess, der dann für Kinder konstruktive Erfahrungen mit sich bringen kann, wenn man sich als Erwachsener über einen Rahmen im Klaren ist.

Je mehr das Kind Sicherheit, Schutz und Bindung spürt, je verlässlicher und vertrauter sich die Gesamtsituation darstellt, desto mehr fühlt sich das Kind ernst und angenommen.

Kinder verarbeiten Unbegriffenes im Spiel und im Ritual. Hier haben sie die Möglichkeit, unverarbeitete Trennungsgefühle auf eine für sie nachvollziehbare Weise zu inszenieren.

Antworten Sie auf Kinderfragen nach Sterben und Tod, nach Trauer und Trennung in anschaulichen Bildern. Kinder wollen klare Informationen, die ihnen behutsam, nicht überzogen naturalistisch vermittelt werden. Nicht die objektiv richtigen Informationen sind häufig passend. Es sind die wahrhaftigen, jene, die sich am Entwicklungsstand des Kindes orientieren.

Und bedenken Sie: Mitleid nimmt Kinder nicht ernst, nur Mitgefühl gibt ihnen Unterstützung und Geleit.

Und manchmal gehen Kinder Wege, die einem den Atem rauben und die Sprache verschlagen, wie man an dem folgenden, wenn auch vielleicht etwas ungewöhnlichen Beispiel sehen kann.

Johnny, fünf Jahre, erzählt seinen drei Kumpel im Kindergarten, sein Opa sei gestorben. Alex hört aufmerksam zu: «Wo ist der jetzt?», will er wissen. «In der Kapelle am Friedhof. Da liegt er jetzt!», antwortet Johnny. Niklas runzelt seine Stirn: «In der Kapelle?» Johnny nickt. «Können wir den nicht mal besuchen?», fragt Niklas. «O ja!», ruft Jannis spontan aus. «Muss ich mir überlegen!» Johnny wiegt bedächtig seinen Kopf. Schließlich verabreden sie sich am Nachmittag vor der Kapelle. Als sie sich versammelt haben, ermahnt Johnny seine Freunde: «Wenn wir reingehen, wird erst gebetet!» Er sieht seine Freunde streng an: «Klar!» Die drei nicken. «Und es wird nicht geredet!» Wieder ein Blick in die Runde: «Klar!» Die drei nicken wieder. «Gut, dann rein!» Vorsichtig öffnen sie die Tür. Johnnys Opa liegt aufgebahrt vor den Kindern. Kerzen hüllen die Kapelle in ein warmes Licht. «Beten!», ermahnt Johnny leise. Alle schauen gebannt zum Großvater, schweigend, ganz in sich versunken. Nach einiger Zeit fragt Alex in die Stille an Johnny gewandt: «Woher weißt du, dass dein Opa tot ist?» Mit einem Mal hat Johnny eine Idee. Sein Opa wäre am Fuß immer kitzelig gewesen: «Wir ziehen Opa einen Schuh aus, kitzeln ihn. Wenn er dann lacht, schläft er nur. Wenn er nichts macht, ist er gestorben!» Gesagt, getan – Johnny nestelt am linken Schuh. Als er gerade dabei ist, den Schnürsenkel zu öffnen, platzt seine Mutter in den Raum. Sie hatte aus der Ferne ein merkwürdiges Gewusel an der Kapelle beobachtet. «Und da mein Sohn für jede Überraschung gut ist», erinnert sie sich später, hatte sie sich auf den Weg gemacht.

«Was macht ihr denn da?», zischt sie leise. «Seid ihr komplett verrückt geworden?» Johnny erklärt es seiner Mutter, die sich langsam beruhigt, irgendwie auch gerührt ist, ob dieser Neugier der Kinder, Dingen auf den Grund zu gehen. Sie nimmt die Kinder mit zum Kopfende der Bahre und sagt: «Opa ist ganz kalt!» Sie nimmt vorsichtig die Hände ihres Vaters. Die drei Kinder tun es ihr nach. «Ganz kalt!» – «Opa ist tot!», stellt Johnny fest. Kinder stellen nicht nur Fragen, sie gehen oft Dingen auf den Grund, vor allem dort, wo sie abstrakte Erfahrungen begreifen wollen. Denn das abstrakte Erfassen setzt immer das sinnliche Fassen voraus.

Kinder sind Weisheitslehrer

«Jedes Kind», so schreibt Tagore, «bringt die Botschaft, dass Gott die Lust am Menschen noch nicht verloren hat.» Erziehung wird dann eine Bringschuld, wenn man sie als Einbahnstraße, als Dienst der Eltern und Erwachsenen am Kind als alltägliche Aufopferung (miss-)versteht. Erziehung erhält dann eine beglückende, eine spirituelle Dimension, wenn man Kinder auch als Lehrer begreift, die den Erwachsenen Botschaften mit auf ihren Weg geben, Botschaften, die den Erziehungsalltag erleichtern und bereichern können.

Aber was könne das sein, fragt eine sichtlich genervte Mutter. Wenn man von morgens bis abends im Einsatz sei, bliebe nur das Gefühl, geschlaucht und fertig zu sein. Da sei man doch froh, wenn die Kinder endlich im Bett seien und schlafen würden. Da falle es einem verdammt schwer, Kinder als spirituelle Lehrer zu betrachten. Und ein Vater meinte mit einem skeptischen Unterton in seiner Stimme, ob man, wenn man von Kindern als philosophischen Begleitern schreiben würde, nicht ein verklärtes romantisches Bild der Kinder verbreiten würde.

Kinder seien nicht die Engel, als die man sie häufig hinstellen würde, und Erziehung sei häufig mehr Stress und Anstrengung, glückliche Augenblicke könne er nur selten genießen.

Zweifellos bringt die alltägliche Begleitung der Kinder manchen Stress, Aufregung und Frustration mit sich, das Gefühl, man wohne in einem «Irrenhaus» und der Trubel habe niemals ein Ende. Dann kommen jene Gedanken, die unweigerlich ins Jammertal führen, wo für «Geistiges», für spirituelle Durchdringung des Alltags kein Platz ist. Aber just den Umgang mit solchen Situationen, den kann man von Kindern lernen: den Umgang mit Frustrationen. Für Kinder gehören sie genauso zum Alltag wie die Momente von Glück und die Augenblicke des Gelingens. Kinder haben Verständnis für Eltern, die manchmal hilflos vor ihnen stehen, einen «Ich weiß jetzt nicht mehr weiter!»-Ausdruck im Gesicht. Dann fühlen die Kinder: Jetzt geht es denen mal wie mir. Aber wenn ich frustriert und sauer bin, dann muss ich trotzdem in den Kindergarten oder in die Schule, muss ins Bett oder die Hausaufgaben machen. Im Umgang mit Frustration beherzigen Heranwachsende eine spirituelle Lebensweisheit, die Udo Lindenberg so ausgedrückt hat: «Hinterm Horizont geht's weiter!» Auch wenn es noch so schlecht aussieht, Gewitterwolken aufziehen oder man vor lauter Unbill, das sich auftürmt, nicht mehr weiterweiß, dann fühlen Kinder, dass es irgendwie weitergeht, weil sie ihren Kräften, ihren Energien und Erfahrungen vertrauen (können), sie erlebt haben, dass der Tellerrand nicht das Ende ist.

Frustrationen, so zeigen es Kinder ihren Eltern, gehören

zum Leben. Sie sind zugleich eine Herausforderung, sich ihnen zu stellen. Man darf darüber sauer sein, aber nicht in der Verzweiflung, die damit einhergeht, verharren. Bewältigter Frust kann zufrieden machen, kann eine ganz eigene Kraft geben, sich auf solche Momente zukünftig einzulassen, nicht unbedingt gelassener, aber getragen vom tiefen Wissen, dass solche Augenblick vorübergehen.

Kinder freuen sich an den kleinen oder großen Dingen des Lebens. Und sie zeigen diese Freude: mal ausgelassen-fröhlich, mal unbändig auf und ab hüpfend, mal laut schreiend und ohrenbetäubend kreischend, mal ganz still und zu Tränen gerührt. Kinder lieben das Lachen, den Humor, Kinder mögen lachende, humorvolle Eltern. Eltern, die sich auch an den kleinen wie großen Dingen erfreuen können. Wenn Eltern nicht lachen oder schmunzeln, ständig wie ein versteinertes, leb- und regloses Wesen durch den Erziehungsalltag schleichen, nicht berührt und angerührt sind von dem Treiben und der Geschäftigkeit um sie herum, dann bringen Kinder ihre Eltern in den anderen emotionalen Gefühlszustand: das Schreien und Brüllen. Dann spüren Kinder: «Mensch, was ist da für eine Kraft in ihnen! Da geht doch was!» Wenn man also ständig zu den Kinder sagt: «Muss ich jetzt wieder laut werden!», dann lautet die kindliche Botschaft: «Nicht laut werden! Lachen!» Kinder sind als Lehrer unnachahmlich. Sie üben sich in ständigen Wiederholungen, getragen von der begründeten Hoffnung, irgendwann müssten es die Eltern doch kapieren!

Von Kindern zu lernen heißt, Gefühle zu zeigen, heißt, sich in seiner Gefühlspalette anzunehmen – nicht nur die ewig lächelnde Bezugsperson oder jene zu sein, die meist mit nach unten hängenden Mundwinkeln daherkommt. Und noch ein weiterer spiritueller Aspekt kommt zum Tragen, wenn man von Kindern als Lehrer spricht.

Jesus fordert seine Jünger auf: «Wenn ihr nicht umkehrt und wie die Kinder werdet, könnt ihr nicht in das Himmelreich kommen.» Das Kind selbst ist für die Eltern eine Quelle der Spiritualität. Was Spiritualität ist, lernen die Eltern vom Kind. Die Interpreter haben das Wort Jesu in sehr verschiedener Weise ausgelegt – je nach dem wissenschaftlichen oder biographischen Hintergrund des jeweiligen Autors. Für uns bedeutet dieses Wort Jesu: Ich behandle das Kind nicht als Objekt meiner Erziehung, sondern ich lerne vom Kind, um mich von ihm auf wichtige Aspekte meines Seins orientieren zu lassen. Kinder sind offen für das Neue, gehen ohne Vorurteil auf alles zu, was ihnen entgegenkommt. Sie können staunen. Für die elterliche Spiritualität heißt das, Gott kann mich nur begleiten, wenn ich die Offenheit eines Kindes habe. Wenn ich alles selber weiß und mich an dem festklammere, was ich mir erarbeitet habe, dann komme ich nie in Berührung mit dem, was größer ist. Dann entdecke ich nie den inneren Raum der Stille, bin ich nie frei von der Meinung anderer Menschen, frei von äußeren Maßstäben, denen sich so viele unterwerfen. In meinem inneren Raum bin ich ursprünglich und authentisch. Das Kind, das ich meditiere, verweist mich auf meine eigene Ursprünglichkeit, auf das unverfälschte Bild, das Gott sich von mir gemacht hat. Es reißt alle Masken von meinem Gesicht, hinter denen ich mich so oft verstecke, auch vor mir selbst.

Das obige Wort Jesu kann ich auch noch anders deuten: Das Kind ist nicht nur eine Quelle der Spiritualität, sondern auch eine Kraftquelle für die Eltern. Das bedeutet nicht, dass die

Eltern das Kind benutzen, um sich als Mutter oder Vater besser zu fühlen, oder dass sie das Kind brauchen, um ihr eigenes Bedürfnis nach Nähe und Zärtlichkeit zu befriedigen. Das Kind darf von den Eltern nicht benutzt werden. Aber wenn ich mich auf das Kind einlasse, dann tut es mir selbst auch gut. Ich komme in Berührung mit dem Kind in mir, mit dem Spielerischen in mir. Eltern, die mit ihren Kindern spielen, erleben sich auf einmal leichter und fröhlicher. Sie kommen mit der Leichtigkeit ihres Seins in Berührung. Eltern, die abends nach Hause kommen, erleben das oft als Fortsetzung der Arbeit. Müde von der Arbeit, müssen sie sich auf ihre Kinder einlassen. Dann werden die Kinder leicht zur Last. Wie ich die Kinder daheim erlebe, hängt davon ab, mit welcher Vorstellung ich nach Hause gehe. Wenn ich mit dem Bild heimkomme, dass die Zeit mit den Kindern anstrengend ist, dass ich keine Lust habe, mich auf sie einzulassen, dann erlebe ich jede Frage als Zumutung. Wenn ich mich aber auf meine Kinder freue, auf ihre Ursprünglichkeit und Lebendigkeit, dann hilft mir die Zuwendung zu den Kindern, mich von den Problemen der Arbeit zu distanzieren. Und ich erlebe die Kinder als Kraftquelle. Das gemeinsame Spielen tut mir selbst gut. Da erlaube ich mir, etwas Zweckfreies zu tun, einfach herumzutollen. Wenn die Kinder kleiner sind, dann ist schon ihr Lächeln, wenn sie auf den Arm genommen werden, eine Quelle von Dankbarkeit und Zufriedenheit für die Eltern. Das, was das Kind den Eltern gibt, sollen sie dankbar annehmen. Das Kind macht nicht nur Arbeit, es ist auch eine Freude, es zu haben, und es führt mich zu meinen eigenen kindlichen Seiten, zu meiner eigenen Ursprünglichkeit, Lebendigkeit und Freiheit, aus der ich Kraft schöpfen kann.

BEGLEITUNG INS LEBEN

Kinder fragen, sie fragen Erwachsene Löcher in den Bauch. Doch Kinder sind nicht nur neugierig, in ihnen steckt auch ein Forschergeist. Sie gehen den Dingen auf den Grund, weil sie spüren, jene Dinge, die sie be-greifen, die sie er-fassen wollen, müssten sie sie greifen, müssten sie sie fassen, geht doch jeder intellektuellen, jeder abstrakten Erfahrung eine Körperliebe voraus. Doch ist jedes Kind, wir haben es betont, einzigartig. Es gibt die vorsichtigen, die bedächtigen, die eine lange Zeit brauchen, um sich auf neue Erfahrungen einzulassen. Jene Kinder, die sich ständig fragen, ob sie die nächsten Schritte ins Leben schaffen, jene, die vor einem hohen Baum stehen und sich fragen, ob sie es wohl schaffen, diesen Baum zu erklimmen, die zögerlich sind, zaudernd, denen der Satz «Komm, nun mach schon!» nichts hilft, weil sie sich bedrängt fühlen. Jene Kinder, die sich dann aber irgendwann einen Ruck geben, klettern, die oben am Wipfel ankommen, stolz auf sich sind, weil sie wissen, wie sie auch wieder hinunterkommen.

Und dann gibt es Kinder, die sich nichts trauen, die zögerlich sind, nicht offen für Erfahrungen – oder eben auch solche, die nassforsch sind, sich überfordern und die eigenen Kompetenzen missachten, solche eben, die dann doch den Baum herzklopfend emporklimmen, um von oben verzweifelt zu rufen: «Holt mich wieder runter!»

Jedes Kind ist einzigartig. Und diese Einzigartigkeit hat auch damit zu tun, wie sich dieses Kind gehalten und geborgen fühlt, wie es spürt, in all seinen Persönlichkeitsanteilen angenommen zu sein, denn nur jenes Kind, das Vertrauen spürt, traut sich, weil es weiß: Auch wenn ich scheitere, bin ich gehalten, bin ich aufgehoben. Gehalten und aufgehoben zu sein, das sind zwei fundamentale Aspekte spiritueller Erziehung.

Emotionalität und Bindung

Claas, 6 Jahre, wechselt vom Kindergarten in die Grundschule. Er wirkt selbstbewusst, selbstsicher, ist sich seiner vielen Kompetenzen bewusst. Claas hat eine ganze Menge Freunde, findet schnell Kontakt. Hin und wieder ist er sauer, wenn ihm etwas nicht auf Anhieb gelingt, dann zeigt er offen seinen Ärger und seine Frustration. Doch ist sich Claas in seiner Beziehung zu seiner Nahwelt sicher. Er hat einige Bezugspersonen, auf die er sich bedingungslos verlassen kann: seine Mutter, seinen Vater, seine beiden Großeltern, die Tante und der Patenonkel. «Claas ist», so seine Mutter, «sehr behütet aufgewachsen.» Sie stockt: «Nein, nicht überbehütet!» Und lächelt: «Aber wir waren immer für Claas da. Er durfte alle seine Gefühle zeigen!» Claas' Vater unterbricht: «Aber wir auch! Wenn ich sauer war, hab ich ihm das auch gezeigt.» Der Vater schmunzelt: «Und Claas hat es uns auch gegeben. Der konnte schon wüst sein! Aber das ist ja auch normal, finde ich!» – «Gefühle, aber wirklich alle, spielen in der Erziehung eine Rolle», erklärt die Mutter. «Gefühle zeigen, darüber reden, aber nicht akademisch.» Sie grinst: «Wenn Kinder wissen, woran sie bei ihren Eltern sind, dann kann kaum etwas passieren.» Claas' Mutter macht eine kurze Pause, blickt auf: «Meine ich jedenfalls!»

Simon ist sechs Monate älter als sein Freund Claas. Claas ist sein einziger Kumpel. Ansonsten findet er schwer Kontakt, was auch daran liegt, dass er seit seiner Säuglingszeit häufig krank ist und deshalb häufig im Kindergarten fehlt. Simon ist vorsichtig, schüchtern, reagiert immer wieder weinerlich. Wenn Claas mal nicht in den Kindergarten kommt, will auch Simon sofort wieder nach Hause, weil der Orientierungs- punkt fehlt. Zudem hat er große Schwierigkeiten, seine Mut- ter morgens loszulassen, will sie festhalten. Simons Mutter reagiert dann unsicher, widersprüchlich, mal bleibt sie länger in der Garderobe, versucht, ihren Sohn zu trösten, dann ist sie ärgerlich, kann mit den Tränen und dem Klammern ihres Sohnes nicht umgehen. «Ich weiß auch nicht, was der immer hat und was dann richtig ist», erklärt sie. «Aber das war von Anfang an so. Ich wusste nie, woran ich bei Simon war oder was er wollte.» Ambivalenz kennzeichnet auch die Abholsi- tuation: Mal reagiert Simon ausgesprochen euphorisch, mal abwesend bis ablehnend. «Ich weiß nie», so erläutert sie, «wie ich richtig reagieren soll.» Sie stockt: «Aber vielleicht weiß er's ja bei mir auch nicht wirklich.» Sie schüttelt ihren Kopf: «Ich bin mir absolut unsicher.» Und ihr Mann ergänzt: «Wenn Simon mal fröhlich und ausgeglichen ist, dann denke ich, könnte es nicht immer so sein. Aber», er räuspert sich, «wie wird es morgen wohl sein.» Er könne die «glücklichen Augen- blicke» gar nicht richtig genießen, weil er immer an jene un- ausgeglichenen Momente denke müsse. «Und das belastet, das kann ich Ihnen sagen!» Er schweigt einen Moment: «Nur wenn Simon kränkelt, dann spürt er wohl, dass er sofort Aufmerksamkeit und Zuwendung bekommt.» Er blickt auf: «Das ist doch pervers, oder?»

Claas' und Simons Gefühle sind Ausdruck von Erziehung, in ihnen spiegeln sich Eltern-Kind-Beziehungen. Wenn Kinder auf die Welt kommen, gehört es zu ihrer Grundausstattung, dass sie zwischenmenschliche Bindungen aufbauen: Säuglinge lächeln, grinsen, freuen sich, sie weinen, schreien, klammern, halten sich fest. Gefühlsmäßige Nähe ist bedeutsamer als materielle Nahrung. Gibt man Säuglingen keine Chance, verlässliche Bindungen aufzubauen, führt dies schnell zu einer gefühlsmäßigen Verkümmerung, dazu, sich nicht sicher auf Beziehungen einzulassen.

Der Säugling entwickelt eine Bindung zu einer Bezugsperson, die für ihn da sind, die ihn versorgen, die ihm Halt und Geborgenheit geben. Das ist in der Regel die Mutter oder der Vater, kann aber jede andere Person sein, zu der der Säugling ein affektives Band aufbaut, ein Band, das ihm Schutz bietet und sein physisches wie psychisches Überleben gewährleistet. Der Säugling, später das Kleinkind, sucht die Bindung, stellt das zwischenmenschliche Band durch Lachen und Weinen, Schreien und Sichfreuen her. Wenn es ruft, dann will es Nähe und Trost, will beruhigt und angenommen sein. Nur wenn ein Kind sich dieser Bindung sicher ist, kann es sich auch lösen, kann es sich, wenn es krabbeln und gehen kann, aus vertrauten Zusammenhängen lösen, kann Neugierde für seine Nahwelt entfalten, kann seine Umgebung erforschen.

Bezugspersonen sind der Hafen, aus dem Kinder auslaufen, um die Wirklichkeit zu erkunden, in den sie aber zurückkommen, wenn die Stürme toben, wenn Unbilden der Natur angesagt sind.

Bindung und Neugierverhalten des Kindes sind zwei Seiten

einer Medaille: das Vertrauen auf eine verlässliche Basis, von der aus man die Umwelt erkunden kann. Damit Kinder aber «wohlgemut» hinausziehen und Abschied nehmen können, sind Fähigkeiten der Bezugspersonen notwendig:

Sie müssen die Signale des Kindes wahrnehmen und angemessen deuten und reagieren. Wenn das Kind getröstet werden will, möchte es in den Arm genommen und nicht alleingelassen werden. Ist das Kind traurig, braucht es Zuspruch und will nicht beschwichtigt werden.

Angemessenes Verhalten zeigt sich im Respekt vor dem Kind als einer eigenständigen Person, die beides braucht: gehalten und losgelassen werden. Denn das ist die Dramaturgie kindlicher Entwicklung: Halte mich, aber lass mich los! Lass mich los, aber halte mich!

Die beiden zentralen Kategorien für die Bindungssicherheit sind die Annahme des Kindes durch die Bezugspersonen und deren Feinfühligkeit, mit der sie auf die Gefühle des Kindes eingehen.

Während das Bedürfnis der Kinder nach einer sicheren Bindung von Geburt an stabil ist, kann sich das Bindungsverhalten von Eltern sehr unterschiedlich zeigen: Die einen handeln annehmend und feinfühlig, die anderen ambivalent und widersprüchlich, eben mal so und mal so. Das Kind ist sich dann seiner Bindungen und Bezüge nicht hundertprozentig sicher. Die Forschung hat durch zahlreiche Untersuchungen eindrucksvoll belegt, wie sich unterschiedliches Bindungsverhalten auf Handeln und Gefühle der Kinder auswirkt. Die Bindungsforschung unterscheidet zwischen sicher und unsicher gebundenen Kindern:

Sicher gebundene Kinder haben Bezugspersonen, die situations- und altersangemessen, die feinfühlig und verstehend auf ihre Bedürfnisse reagieren. Kinder können positive wie negative Gefühle offen zeigen. Sie suchen in unsicheren, bedrohlich erscheinenden Situationen Nähe und erfahren dann Trost und Zuspruch. Dermaßen gestärkt, machen sie sich dann wieder auf den Weg. Für diese Kinder sind Bindungs- und Neugierverhalten in einer ausgewogenen Balance. Sie können sich auf den Weg machen, weil sie wissen, woran sie sind, wer ihnen Halt und Nähe gibt und wer sie bedingungslos annimmt.

Unsicher gebundene Kinder sind durch eine andere erzieherische Grundhaltung geprägt worden. Negative Gefühle wie Trauer, Leid und Kummer werden von Bezugspersonen häufig ignoriert, dann wieder dramatisch überbewertet. Dem unsicher gebundenen Kind ist es häufig unmöglich einzuschätzen, wie ihre Bezugspersonen wohl reagieren. Dies ambivalente Verhalten hat Auswirkungen auf das kindliche Handeln:

Trennungen beunruhigen sie schnell. Aber auch bei Nähe reagieren sie häufig ablehnend oder abweisend. Sie sind hin- und hergerissen zwischen Nähe und Distanz und haben Angst vor Zurückweisung. Oder sie verlernen, negative Gefühle (z. B. Ärger, Frust) bei sich wahrzunehmen oder sie auszudrücken. Letztlich spiegelt sich das ambivalente Verhalten der Eltern in den gefühlsmäßigen Widersprüchlichkeiten, die diese Kinder im Alltag zeigen.

Um nochmals auf Claas und Simon zurückzukommen: In ihrem ganz unterschiedlichen Verhalten drücken sich differierende Erziehungsstile von Bezugspersonen aus, vor allem wie diese auf die Bedürfnisse der Kinder nach Nähe und Distanz eingehen. Etwas verallgemeinernd lässt sich – auf der Grundlage von langjährigen wissenschaftlichen Untersuchungen – festhalten: Ein positiv emotionales Familienklima ist einem offenen Umgang mit Gefühlen förderlich. Oder anders ausgedrückt: Die Gefühle, die Eltern im Erziehungsverhalten an den Tag legen, wirken sich auf das Gefühlserleben der Kinder positiv aus.

Doch es fällt auf, dass Kinder, die sich in ihrer Bindung und ihren Bezügen sicher sind, sozial kompetenter und mitfühlender handeln und weniger Auffälligkeiten in ihrem zwischenmenschlichen Verhalten zeigen.

Oft hört man Fragen wie: «Wie kann ich dazu beitragen, dass Kinder ihre Gefühle auszudrücken lernen?» Oder: «Wie lernen Kinder ihre Gefühle zu regulieren?» Antworten gibt es viele. Sie hören sich einfach an, auch wenn sie im pädagogischen Alltag nicht leicht umzusetzen sind. Auf folgende Aspekte sei hier hingewiesen:

Kinder können lernen, ihre Gefühle zu verstehen, auszudrücken und zu regulieren, wenn Eltern mit ihnen darüber reden. Doch aufgepasst: Man kann Kinder auch überfordern, indem man sie wie kleine Erwachsene behandelt. Je jünger die Kinder sind, also im Säuglings- und Kleinkindalter, umso mehr müssen sie in all ihren Emotionen – nicht nur den positiven, vielmehr auch den nicht so gewünschten (z. B. Traurigkeit, Ärger, Zorn) – angenommen und verstanden werden. Kinder, die lebenszeitlich früh Trost und Zuspruch erfahren, wenn sie sich unsicher und alleingelassen fühlen, sind später eher in der Lage, selbst Trost zu spenden und Zuwendung zu geben. Gespräche über Emotionen zu führen meint auch, den Ursachen eigener Gefühle auf den Grund zu gehen: Warum bin ich sauer, wütend oder zornig? Warum bin ich traurig, unglücklich oder verletzt? Solche Gespräche zwischen Eltern und Kindern können auf Dauer ein besseres Verständnis für die Gefühle mit sich bringen und sie damit auch regulieren lernen. Es fällt in Übungen auf, dass Mädchen häufiger aufgefordert werden, über Gefühle zu reden.

Doch geht es nicht allein darum, mit Kindern über deren Gefühlswelt zu reden, auch Eltern müssen ihre Gefühle schildern. Kinder spüren, wenn ihre Bezugspersonen unausgeglichen sind. Und mit Doppelbotschaften – z. B. ein Grinsen und eine gepresste Stimme – können sie nicht umgehen. Solche Botschaften verunsichern und führen zu unsicherem Verhalten des Kindes. Es weiß nicht, woran es dann bei Vater oder Mutter ist.

Erziehung sei Vorbild, so hat es einst Pestalozzi formuliert. Und Vorbild meint Vor-leben. Und bezogen auf die Gefühle bedeutet dies: Gefühle – und zwar alle, die akzeptierten wie die moralisch nicht so hoch angesehenen – zu akzeptieren, sie auszudrücken und zu kontrollieren. Und eben dies können Kinder von ihren Eltern lernen, wollen sie doch nicht Väter und Mütter, die Meditation mit Erziehung verwechseln.

Entwickeln Kinder keinen alters-, entwicklungs- und situationsangemessenen Umgang mit – vor allem negativen – Gefühlen, dann sind die Folgen unüberseh- und -hörbar: Kinder flippen aus, sind nicht mehr bei sich, sind unansprechbar oder sie verkriechen sich – beleidigt, unverstanden, ungeliebt und von der Bezugspersonen alleingelassen – in ihr Schneckenhaus.

Empathie und Mitgefühl sind zwei Haltungen, die Kinder bis zum Schulalter erwerben, verinnerlichen und in Alltagshandlungen umsetzen sollten. Doch dies ist ein mühseliger, sich widersprüchlich darstellender Prozess, nimmt das Kind doch auf reifere Entwicklungsstufen auch frühere, überwunden geglaubte Erfahrungen mit. Im Kindergartenkind ist noch der egozentrische Säugling enthalten, der sofortige Bedürfnisbefriedigung einfordert und nur auf sich und sein physisches und psychisches Überleben fixiert ist. Aber je mehr sich ein Kind in seine verschiedenen Persönlichkeitsanteilen verstanden fühlt, umso eher kann es die Ich-Bezogenheit, die Unduldsamkeit und fehlende Frustrationstoleranz überwinden. Dabei kann ein von zwei amerikanischen Wissenschaftlern, Krevans und Gibel, so genannter induktiver Erziehungsstil hilfreich sein, der sich durch zwei Erziehungshaltungen auszeichnet: das Kind in den Gesprächen über Gefühle aufzufordern, die Perspektive des anderen Kindes bzw. der anderen Person einzunehmen und Handlungen zu unterlassen, die anderen schaden.

Doch entfaltet der induktive Erziehungsstil seine Wirkung nicht sofort und auf Dauer. Gleichwohl ist es wichtig, ihn ohne Aufschub zu beginnen und ihn auch in seinen eigenen elterlichen Erziehungshandlungen zu praktizieren, denn: Erziehung ist Vorbild!

Gefühle in der Erziehung machen Kinder stark und sicher, dazu zusammengefasst einige Überlegungen:

Erziehung ist Beziehung. Man kann nur erziehen, wenn man eine gefühlsmäßige Beziehung zum Kind hat. Zieht man sich aus der Erziehung zurück – aus welchen Gründen auch immer – , dann zieht man sich zugleich aus der Beziehung zum Kind zurück. Kinder werden dann schnell orientierungslos. Sie reagieren heftig, so lange, bis sie Halt und Zuwendung spüren. Jeder Mensch brauche, so der Sozialpsychologe Urie Bronfenbrenner vor mehr als vierzig Jahren, jemanden, an den er «irrational emotional gebunden» ist, etwas weniger soziologisch formuliert, auf den er sich verlassen kann, der physisch und psychisch für ihn da ist.

Nur sicher gebundene Kinder, die das Gefühl haben, so angenommen zu sein, wie sie sind, entwickeln Kraft und Bereitschaft, ihr Leben zu meistern, aber auch die Fähigkeit, mit Frustrationen im Alltag umzugehen. Unsicher gebundene Kinder, die sich auf die Zuneigung von Bezugspersonen wenig oder kaum verlassen können, kommen sich meist verlassen vor, fühlen sich schnell entmutigt und halten Lebenskrisen nicht aus, scheitern schneller als sicher gebundene Kinder.

Erziehung ist keine Tätigkeit oder gar richtiges Handeln in bestimmten Situationen, sondern eine Haltung – sich selber (als Vater, Mutter, Lehrer oder Erzieher), aber auch den Kindern gegenüber. Erziehung hat mit großen Gefühlen zu tun, mit Euphorie und unendlichem Frust, mit Geduld, Gelassenheit, manchmal auch mit Scheitern und Versagen: «Warum klappt es bei mir nie!» Erziehung hat nichts mit der Anwendung von Techniken zu tun («Ich habe ein Problem A und will die Lösung B, die das Problem schnellstens beseitigt!»). Denn Erziehungstechniken reduzieren Erziehung auf vordergründige Konfliktlösungen.

Erziehung ist Begleitung und kommt einer Reise gleich, in der alle Gefühle vorkommen und gestattet sind. Wer nur Glücksgefühle erlebt, weiß nicht um die schöpferische Kraft, die sich aus Unglück und Trauer ergeben kann, wer nur im Wellental schwimmt, erlebt nicht die euphorischen Momente, den Gipfel erklommen zu haben.

Der Glaube an sich selbst

Spirituelle Erziehung achtet auf die Stärken der Kinder, fördert ihr Selbstwertgefühl. Lina ist in ihren acht Lebensjahren schon dreimal umgezogen: Es galt Abschied zu nehmen von vertrauten Freunden, von Oma und Opa, von ihren Kinderzimmern, ihrer gewohnten Umgebung, von liebgewonnenen Menschen. Lina war schon traurig, wenn sie mal wieder von ihren Eltern erfuhr, dass die Reise weitergehen würde, manchmal war sie auch wütend auf ihren Vater, weil der berufsbedingt nicht lange an einem Ort bleiben konnte, aber seine Familie – und das waren neben Linas Mutter noch ihre beiden älteren Brüder – um sich haben wollte. Linas Eltern verstanden die Gefühlsausbrüche ihrer Tochter, gingen darauf ein. Sie spürten, dass sie ihrer Tochter viel zumuteten, aber sie merkten auch, wie schnell sich Lina nach einer Zeit des Fremdelns in ihre neue Umgebung eingewöhnte und sich in ihr zurechtfand.

Der sechsjährige Stefan war mit einem anderen Ereignis konfrontiert. Als Stefan eines Morgens seine Augen langsam öffnete, noch ganz schlaftrunken war, hörte er den hellen Schrei seiner Mutter. Die Tür ging auf, sie stand mit erschreckten Augen im Zimmer, schrie, er möge sofort aufstehen, der Dachstuhl des Hauses würde brennen. Da es ihr zu langsam ging, wie Stefan sich erhob, nahm sie ihn auf den Arm und trug ihn die Treppe hinunter ins Freie. Geistesgegenwärtig hatte Stefan noch seinen Teddy gepackt. An dem hielt er sich fest. Stefan kam zu seinem Freund Paul, der gegenüber wohnte. Arm in Arm und mit offenen Mündern beobachteten sie, wie die Feuerwehr vorfuhr und den Dachstuhl löschte. Das Haus war für einige Zeit unbewohnbar, und Stefan zog mit seinen

Eltern in das Haus seines Freundes. Und als er dann wieder in sein Zimmer musste, fand er das ein kleines bisschen schade, weil er nun nicht mehr abends mit Paul quatschen konnte.

Der fünfjährige Max musste eine andere Erfahrung machen. Max spielte tagaus, tagein mit seinem Großvater, mit Opa Rudi, wie er ihn nannte. Opa Rudi hatte einen großen Bauernhof, auf dem es sich herrlich spielen ließ. Und der Großvater hatte alle Zeit der Welt, war die Gelassenheit und Großzügigkeit in Person. Doch eines Tages starb Opa Rudi von einem Tag auf den anderen an einem Herzinfarkt. Für Max brach eine Welt zusammen. Vertraute Rituale waren nicht mehr möglich. Max weinte bitterlich, verlangte dann aber, von seinem Großvater Abschied zu nehmen. Lange Zeit saß Max, begleitet von Oma Paula und seiner Mutter, bei seinem aufgebahrten Großvater. Und Max erzählte ihm Geschichten davon, was sie alles erlebt hatten, was besonders schön gewesen war. Und dann sagte er zu Oma Paula, sie möge ihm Opa Rudis Schal schenken, jenen Schal, den Opa jahraus, jahrein trug, einen Schal, den Paula niemals waschen durfte: «Oma», meinte Max, «der riecht nach Opa. Der Schal kommt unter mein Kopfkissen. Und dann ist Opa bei mir.»

Das sind drei ganz unterschiedliche Alltagssituationen, denen Kinder ausgesetzt sind und die durch viele andere ergänzt werden können. Kritische Ereignisse begleiten die Kinder in ihrem Alltag, Krisen werden von früh an zu einem Teil ihres Lebens, seien es die Unglücke und Katastrophen, seien es die Abschiede und Trennungen, wenn Eltern sich scheiden lassen, seien es Gewalterfahrungen, denen Kinder ausgesetzt sind, oder die materielle Armut, die nur ein eingeschränktes Leben gestattet.

Doch bei aller Unterschiedlichkeit fällt auf: Es gibt Kinder, die werden von der Wucht der Ereignisse so getroffen, dass sie diese als niederschmetternd erleben, so dass sie eine Lebensunsicherheit, eine pessimistische Zukunftssicht aufbauen, die Selbstbewusstsein und Eigenständigkeit nicht zulassen. Und dann gibt es Kinder wie Lina, Stefan und Max – die nichts so schnell umwirft, die sich nicht unterkriegen lassen, die nach dem Strohhalm packen und ihn ergreifen, die Krisen nicht als Schicksalsschlag ansehen, sondern als Herausforderung, diese zu meistern.

In der pädagogischen und psychologischen Diskussion werden solche Kinder als resilient bezeichnet, ein Begriff, der von Wissenschaftlern wie Jack Block und Emmy Werner in den fünfziger Jahren des letzten Jahrhunderts eingeführt wurde. Die Psychotherapeutin Rosemarie Wetter-Enderlin versteht unter Resilienz die Fähigkeit von Menschen, Krisen im Lebenszyklus unter Rückgriff auf persönliche und sozial vermittelte Ressourcen zu meistern und als Anlass für Entwicklung zu nutzen. Überträgt man diese eher allgemein-abstrakte Definition auf Kinder, so wie es Robert Brooks und Sam Goldstein getan haben, dann bedeutet dies: Resiliente Kinder sind fähig, mit Druck und Belastung des Alltags produktiv umzugehen, mit kritischen Ereignissen fertigzuwerden, ohne dass diese Ereignisse das Kind fertigmachen, Anforderungen und Herausforderungen, die die Umwelt mit sich bringen, anzunehmen und zu bestehen, mit Enttäuschungen und Frustrationen, die zur Entwicklung gehören, umzugehen, Achtung und Respekt zu geben, aber auch einzufordern und Fähigkeiten zu entwickeln, Probleme eigenständig zu lösen.

Daraus lassen sich einige Merkmale einer resilienten Persönlichkeit ableiten – so wie sie Pädagogen und Psychologen beschrieben haben und auf der Basis der geschilderten Situationen veranschaulichen. Resiliente Kinder sind eingebunden in ein soziales familiäres Netzwerk. Lina, Stefan und Max erfahren dies. Sie sind aufgefangen und eingebunden. Sie erfahren bedingungslose Liebe und sind von Menschen umgeben, die ihnen vertrauen und ihnen etwas zutrauen: Lina ist trotz der vielen Umzüge aufgehoben und fühlt Sicherheit. Stefan ist umgeben von einer zugewandten Nachbarschaft und erfährt die Nähe von Freunden, Max fordert den Abschied von seinem Großvater ein und einen Schal, der Nähe zum verstorbenen Opa erzeugt.

Allen beschriebenen Kindern wird die Fähigkeit zugemutet, Probleme eigenständig anzugehen und zu lösen. Dadurch bildet sich Lebenssinn und Selbstvertrauen aus. Lina, Stefan und Max zeigen das auf ganz verschiedene Art und Weise.

Sie haben Ansprechpartner und Unterstützer bei Problemen, die sie nicht für die Kinder lösen, sondern dazu anleiten, selbständig Lösungen zu entwickeln. Ansprechpartner und Unterstützer ermutigen die Kinder. Sie stehen im Hintergrund, warten ab, sind keine Besserwisser und kontrollieren nicht dauernd das Handeln ihrer Kinder. Sie wissen von Vorbildern, an denen sie sich orientieren können, die ihnen Achtung und Respekt entgegenbringen, aber Achtung und Respekt auch einfordern. Vorbilder sind aber auch dazu da, dass man sich an ihren reiben, sie herausfordern darf.

Sie brauchen Grenzen, Grenzen, die schützen, ihnen Raum und Zeit für eigenständige Erfahrungen geben, die eine selbstbestimmte Entwicklung zulassen. Grenzen, die aber auch zeigen, wie weit man gehen kann und darf, die also ein norm- und wertorientiertes Handeln verlangen. Und Konsequenzen, die eintreten, wenn man sich nicht an Regeln und Absprachen hält.

Nun fallen resiliente, mithin selbstsichere, belastbare und optimistische Kinder nicht vom Himmel, als selbstbewusstes, autonomes Kind wird man nicht unbedingt geboren, obgleich ein Kind mit vielfältigen Anlagen und einem Temperament ausgestattet in diese Welt kommt. Resilienz ist das Ergebnis von Erziehung, von Haltung, Resilienz ist das Ergebnis einer immer dauernden Bemühung. Man ist eben nicht für alle Zeit gefeit vor Krisen. Auch ein resilientes Kind kann im späteren Leben von Krisen geschüttelt werden, die es herausfordern. Resilienz ist vor allem das Resultat einer Erziehung, die sich als Beziehung begreift, einer Erziehung, die sich durch Mitgefühl, Geduld und Vertrauen auszeichnet und die Rahmenbedingungen schafft, die Selbstbewusstsein und Eigenständigkeit des Kindes zulassen. Dazu zählt zunächst, dass sich Kinder auf stabile Bezugspersonen verlassen können, auf Erzieherpersönlichkeiten, die das Kind ins Leben begleiten. «Zur Erziehung», so hat es Adalbert Stifter einst formuliert, «zur Erziehung muss man etwas sein. Wenn jemand etwas ist, dann erzieht er auch leicht.» Weitere Faktoren, die Resilienz aufbauen helfen, sind:

Das Kind muss in all seinen Gefühlen von Bezugspersonen angenommen sein. Es muss sich sicher sein, nicht allein dann gemocht zu werden, wenn es zielstrebig und glücklich ist, es will auch dann Nähe spüren, wenn es traurig, ängstlich, zornig und wütend ist. Wenn es sich dessen sicher ist, dann baut es eine sichere Bindung zu ihm nahestehenden Personen auf. Und eine solche sichere Bindung ist Voraussetzung für Selbstsicherheit.

Kinder wollen Bindungssicherheit, die durch haltgebende Eltern vermittelt wird, die das Kind in seiner Persönlichkeit achten, aber auch Regeln und Absprachen treffen. Lässigkeit, ein Laissez-faire in der Erziehung lässt Eigenständigkeit und Selbstsicherheit nicht entstehen.

Kinder brauchen ein herzliches, zugewandtes, annehmendes, doch zugleich strukturiertes, verlässliches und normorientiertes Erziehungsverhalten seitens ihrer Bezugspersonen.

Kinder brauchen Netzwerke außerhalb der Familie, Freundschaften, die die Ablösung von den nahen Bezugspersonen erleichtern helfen.

Kinder brauchen Vorbilder, die sie in ihrer Neugierde, Experimentierfreude und ihren Wissensdurst unterstützen und die dann Hilfestellung geben, wenn das Kind dies möchte. So entdeckt das Kind eigene Stärken und Ressourcen.

Resiliente Kinder sind jedoch nicht nur stark, sie wissen auch von ihren Schwächen. Denn wer nur stark ist oder erscheinen will, verdrängt Probleme und rennt unverwundbar durch die Welt, spürt weder sich noch andere. Resiliente Persönlichkeiten – so die Autorin Monika Gruhl – hängen nicht dem naiven Glauben nach, es könne einem im Leben alles gelingen. Resiliente Persönlichkeiten spüren, dass Schwierigkeiten und Rückschläge zum Leben gehören, es Niederlagen und Misserfolge gibt, die gefühlsmäßig herausfordern, an denen man aber auch wachsen kann. Selbstsicher, belastbar und optimistisch zu werden – das ist eine immerwährende Lebensaufgabe, die niemals abgeschlossen ist, die sich in jeder Lebensetappe, in jeder Lebenssituation neu stellt, ist doch der resiliente Mensch immer aufs Neue verwundbar. Aber er weiß auch – und auch das Kind spürt es – von seinen Ressourcen und Kompetenzen.

Auch wenn es kein Patentrezept für Selbstsicherheit, Belastbarkeit und Optimismus für Kinder geben kann, keine Handlungsanleitung für die Begleitung resilienter Kinder existiert, so lassen sich fünf Zutaten nennen, die hilfreich sein können:

– Kinder wollen so angenommen sein, wie sie sind – mit ihren Eigenarten, mit ihrem Temperament, mal unbändig, mal behutsam, mal Schnecke und mal ICE. Vor allem wollen Kinder nicht verglichen werden.
  Es gilt, Kinder in ihren Stärken zu sehen. Diese Sichtweise baut auf. Wer sie ständig auf ihre Schwächen hin betrachtet, erzeugt bei ihnen Minderwertigkeitsgefühle.

– Niederlagen gehören zum Leben. Wer mit seinem Kind nur von Wellenkamm zu Wellenkamm surft, nur die Sonnenseiten des Lebens erleben will, macht blind für die Schattenseiten des Lebens. Aus einem Wellental emporzukommen verleiht Kräfte und zeigt, wozu man in der Lage sein kann.

– Kinder wollen klare, authentische Persönlichkeiten, an denen sie sich reiben und orientieren können. Solche Persönlichkeiten sind die Häfen, die die Kinder aufsuchen können, wenn sie nicht mehr weiterwissen.

– Kinder brauchen Selbstverantwortung. Wer Probleme für die Kinder löst, macht sie unselbständig. Wer Kindern Freiheiten gibt, und das ist gut, der muss ihnen auch die Verantwortung für ihr Tun geben. Nur so baut sich Selbstdisziplin auf.

– Kinder brauchen Mitgefühl, Achtung und Respekt. Ein Handeln, das sich an Normen orientiert, müssen Erwachsene vorleben. Dann erfahren die Kinder Halt und Orientierung – Grundvoraussetzungen für Selbstbewusstsein, Selbstsicherheit und eigenständiges, selbstverantwortliches Handeln.

Erziehung aushalten

Spirituelle Erziehung ist keine Einbahnstraße, die so funktioniert, dass Erwachsene lehren und Kinder nur aufnehmen. Es gibt in der Pädagogik das Bild von den drei Lehrern: Da ist zunächst der Wissensvermittler, der Kinder als leere Gefäße begreift und sie mit seinen Fähigkeiten und Fertigkeiten füllen will. Kinder sind in diesem Bild unfertige, unmündige, unwissende Wesen, die es zu (be)lehren gilt.

Dann gibt es den Töpfer, der Kinder als einen ungestalteten, durch den Erwachsenen zu formenden Klumpen Lehm begreift. Dabei hat der Erwachsene klare Vorstellungen darüber, wie die Form aussehen wird. Der Lehrer verlangt in diesem Bild Fügsamkeit, die mit Unterordnung, mit Verzicht und Einschränkung gleichzusetzen ist.

Der dritte Lehrer ist der Gärtner, der das zur Ausbildung bringt, was ein Kind an Anlagen, an Charakter und Temperament mitbringt. Ein Gärtner weiß oder spürt: Die eine Pflanze braucht mehr Wasser, eine andere würde daran ertrinken, eine Blume benötigt viel Sonne, die andere liebt den Schatten, ein Busch wächst ganz langsam, der andere treibt schnell aus; alle müssen in ihrem Wachsen – mal behutsam und sanft, mal fester und einschneidend – begleitet werden.

Zwar brauchen Kinder den Wissensvermittler, aber als Begleiter auf ihrem Weg ins Leben benötigen sie vor allem den Gärtner, der erkennt:

- Jedes Kind ist auf seine Art und Weise einzigartig und unvergleichbar.
- Bildung erwirbt man nicht allein durch vorgegebenen Lernstoff. Bildung hat mit Selbstbildung zu tun. Sie dient der Ausbildung von Autonomie und Eigenständigkeit, von

Neugierde und Kreativität – und erzeugt damit Freude an selbsterbrachter Leistung.

- Lernen, den eigenen Lebensweg zu erkunden, hat mit einem steten Suchen zu tun. Selbständiges Lernen ist nicht allein von Erfolgserlebnissen begleitet. Mit Lernen verbindet sich auch Frustration, Enttäuschung, Aufschub von Bedürfnissen.
- Spirituelle Erziehung ist nicht frei von Widersprüchen, Reibungen und Problemen. Sie akzeptiert die Mühen, die Augenblicke der Hilflosigkeit, der Verzweiflung und des «Nicht-weiter-Wissens». Deshalb braucht spirituelle Erziehung ein emotionales Fundament. Nur so lassen sich Zumutungen, die Erziehungsprozesse für Erwachsene und Kinder mit sich bringen, aushalten.
- Partnerschaftliche Erziehung und die Wahrnehmung einer Erziehungsverantwortung durch den Lehrer, durch Vater oder Mutter stellen keinen Widerspruch dar. Die Vermittlung von Normen und Werten ist Voraussetzung für ein humanes, von gegenseitiger Achtung getragenes Miteinander. Und bei aller Einfühlung in ein Kind, darf doch Verständnis für kindliches Handeln nicht mit seiner Akzeptanz verwechselt werden. Wenn Kinder sich die Freiheit nehmen, Regeln zu missachten, dann müssen sie auch die Verantwortung für ihr Tun übernehmen. Freiheit und Verantwortung gehören unabdingbar zusammen.

Erziehung ist dann ein energieraubender, nervenaufreibender Job, wenn man Kinder nur als Objekte von Belehrung versteht. Kinder sind nicht nur Lehrling, sie sind auch Lehrmeister. Kinder haben häufig einfache Mittel zur Hand, um komplizierte Situationen zu lösen. Das muss man sich von

Kindern abschauen, dann hat man Techniken zur Hand, mit denen man verfahrene Situationen pragmatisch und unkompliziert lösen kann.

Erziehungsprozesse verlaufen nach Regeln, die aber jederzeit auch in unüberschaubare Situationen umschlagen können. Wer Kinder erzieht, muss sich von der Idee verabschieden, alles sei sofort pädagogisch mach- und umsetzbar. Die Beziehungen zwischen Erwachsenen und Kindern sind von Regeln und Chaos gleichermaßen geprägt. Relativierende Faktoren sind sowohl kulturelle, soziale oder politische Rahmenbedingungen als auch genetisch bedingte Persönlichkeitsmerkmale des Kindes. Für Erwachsene heißt das, das Chaos anzunehmen, es ansatzweise zu beherrschen und manchmal damit leben zu lernen. Das Leben mit Kindern ist voll von Spontaneität, die Intuition erfordert. Da jedes Kind, jedes Familienleben einmalig ist, bringt jeder Tag etwas Neues, Überraschendes. Manchmal wirken pädagogische Rezepte, ohne dass man weiß, warum. Ein anderes Mal und beim selben Rezept kochen die Wogen hoch, obwohl alle Zutaten stimmten. Nochmals: Erziehung ist eine gestaltende Kraft, der eine Ordnung innewohnt. Aber nicht immer weiß man, wie diese Ordnung funktioniert, warum pädagogisches Handeln bei dem einen Kind Früchte trägt, beim anderen nicht! Diese Art Ordnung ist mithin nur das halbe Leben, die andere Hälfte ist das Chaos. Und so wie man lernt, Ordnung zu akzeptieren, so kann man lernen, sich mit dem Chaos zu arrangieren. Das macht möglicherweise Angst, aber wer solche Unsicherheiten aushält, wer akzeptiert, dass Unvollkommenheit zum Leben und zur Erziehung gehört, der hat den Kopf frei, sich auf Neues einzulassen, und zugleich ist man mit einem grundsätzlichen Dilemma konfrontiert: Einerseits soll der Erwachsene Vorbild sein, Werte und Normen vermitteln, das Kind ins Leben begleiten, andererseits fehlt aber der Kompass, der den rechten Weg immer und alle Zeit weist. Aber diesen Weg gibt es nicht.

Es ist eine fixe Idee, dass eine perfekte Erziehung das perfekte Kind produziert oder aus einer verfehlten Erziehung automatisch das problematische, auffällige und gestörte Kind resultiert. Es ist nie zu spät, eine glückliche Erziehung zu haben, so hat es Ben Furman provokativ formuliert. Erzieherisch verantwortliches Handeln stellt sich nicht als bis ins Detail planbare Aktivität dar. Aus ihm kann anderes hervorgehen, als man wollte oder sich in seinen kühnsten oder schlimmsten Träumen vorstellte. Erzieherisch verantwortliches Handeln hat mit Aushalten dieser Unsicherheit zu tun. Wer sich Hoffnung über die Wirksamkeit seiner erzieherischen Absichten macht, der wird häufig enttäuscht.

Kinder kommen nicht als unbeschriebene Blätter auf diese Welt, und die Aufgabe von Erziehung besteht nicht darin, die unbeschriebenen Blätter nach den Vorstellungen von Erwachsenen zu beschreiben und immer dann, wenn ein Skript nicht passt, es durch ein neues zu ersetzen – das Buch des Lebens eines Kindes so lange zu verändern, bis es den Vätern, den Müttern oder den Lehrern passt. Kinder kommen als einzigartige, unvergleichliche Persönlichkeiten auf die Welt, die nicht ununterbrochen an anderen Kindern gemessen werden wollen.

Dies ist ein Ansatz für spirituelles Handeln: Man kann nur erziehen, wenn man in Beziehung tritt – und die stellt sich in jeder Entwicklungsphase des Heranwachsenden unterschiedlich dar. Erziehung ist somit auch Begleitung. Begleitung heißt nicht, einem Kind das Tempo vorzuschreiben.

Begleitung meint, sich nach jenem Tempo zu richten, das ein Kind in die Welt bringt.

Es gibt deshalb keine absolut «richtigen» pädagogischen Maßnahmen, es gibt nur solche, die für das einzelne Kind, für seine Persönlichkeit passen. Es sind drei zentrale Aspekte, die eine Beziehung zum Kind ausmachen und deren Einhaltung sicher manchmal schwierig ist:

– Sich in das Kind hineinfühlen, vom Kind aus denken lernen, seine Wertvorstellungen und Interessen verstehen lernen. Doch dort, wo elterliche Erziehungsverantwortung erforderlich ist, muss sie wahrgenommen und müssen den Kinder Erziehungsziele und -vorstellungen erläutert werden.

– An Ressourcen des Kindes anknüpfen, also an jene Fähigkeiten, die ein Kind hat, den Fokus seiner Aufmerksamkeit auf das zu legen, was es kann, und nicht auf seine Schwächen, nicht auf das, was es (noch) nicht weiß.

– Sich auf das Kind einlassen. Authentisch und zuverlässig zu sein meint, für das Kind da zu sein. Jedes Kind braucht einen Erwachsenen, egal ob Eltern, Großeltern, Tante oder Onkel, dem es bedingungslos vertraut.

Mühselig sei eine «gute Erziehung» des Kindes, das gebe er zu, schrieb einst der niederländische Philosoph Erasmus von Rotterdam. Kinder brauchen in Abhängigkeit vom Lebensalter Aufmerksamkeit, Interesse, Fürsorge, Unterstützung und Achtung. So gibt Geborgenheit dem Säugling das Gefühl von Sicherheit, während es vom Kleinkindalter an darum geht, Autonomie und Eigenständigkeit zu gewähren. Später lösen sich die Kinder allmählich aus den Armen der Eltern, und die Freunde werden wichtiger, ohne dass damit die Bedeutung der Eltern in Frage gestellt wird.

Wenn man über erzieherische Maßnahmen nachdenkt und deren Begrenztheit sieht, dürfen zwei wichtige Aspekte nicht außer Acht gelassen werden:

– Kinder erziehen sich auch selbst. Sie schauen, ahmen nach, setzen um – und das immer und immer aufs Neue. Deshalb ist eine anregende Umwelt für das Kind so wichtig, die es dem Kind ermöglicht, Abläufe zu wiederholen, um so Fähigkeiten und Fertigkeiten durch Wiederholungen zu verfestigen. Erzieherische Handlungen geben Anstöße, die das Kind umsetzt. Nicht der Erziehende kann das Kind verändern. Dies kann nur das Kind selbst. Bildung ist deshalb zugleich Selbstbildung. Es geht mithin nicht um Belehrung, sondern darum, dem Kind Anregungen zu geben. «Jedes Kind nimmt die Wirklichkeit nur über die eigenen Sinne wahr», so der Pädagoge Otto Speck, «und baut sie in sich über seine eigene Dynamik und Struktur Stück für Stück auf.» Von der Begleitung der Kinder ins Leben profitieren beide, Erwachsene wie Kinder, nicht im Sinne einer Perfektionierung oder Planbarkeit der Erziehung, vielmehr dahin gehend: Kinder lernen von den Erwachsenen, Erwachsene von den Kindern. Wer sich allerdings ständig überlegen und klüger fühlt, der setzt Autorität mit körperlicher, geistiger, moralischer und intellektueller Höherwertigkeit gleich, der erhebt sich über das Kind. Und dann bekommt die erzieherische Beziehung eine negative Dimension von Macht, dann wird aus dem Einfordern und Vorleben von Disziplin eine Disziplinierung, die auf Gefolgschaften setzt, die Gehorsam als Selbstzweck missversteht. Solch eine Disziplinierung will Konformität, sie setzt Normen und Werte mit Zuckerbrot und Peitsche durch, an deren Ende nicht autonome, selbstbewusste Heranwachsende stehen, sondern graue Mäuse, die durch das Befolgen von Regeln Strafen vermeiden wollen.

– Kinder müssen lernen, Konflikte auszuhalten, sie alters- und entwicklungsangemessen zu lösen, aus Eigeninitiative selbstverantwortlich zu handeln, den Willen zu haben, aus eigener Kraft «gut» zu werden, die allgemeinverbindlichen Normen und Werte zu verinnerlichen – und nicht etwa, weil sie durch Gehorsam und Disziplin darauf eingeschworen sind. Freiheit und damit die Freiheit zur Verantwortung erwirbt man – so der Pädagoge Rolf Arnold – nicht durch Disziplin, sondern «Selbstdisziplin erwirbt man durch Freiheit». Und Selbstdisziplin heißt: Kinder nicht «gut» zu machen, sondern dass sie sich wünschen, «gut» zu sein. Dazu bedarf es festgelegter und vereinbarter Regeln, Rituale und Grenzen, die sich im Alter und an den Entwicklungsbesonderheiten des Kindes orientieren, die Erziehung als Begleitung ins Leben verstehen, die Heranwachsende von einer egozentrischen Sichtweise, wie sie für das Säuglings- und Kleinkindalter so kennzeichnend ist, an ein altruistisches Handeln heranführen, das sich durch Helfen, Mitgefühl, Trösten und Teilen auszeichnet.

Die Verinnerlichung von Normen und Werten gründet auf deren Akzeptanz, setzt Teilhabe am pädagogischen Prozess voraus. Zur Disziplin, genauer: Selbstdisziplin gehört, die Anforderungen des sozialen Miteinanders zu erfüllen, den anderen in seinem Recht auf Unversehrtheit zu achten und zu respektieren, moralische Standards umzusetzen, eigene

Bedürfnisse zu befriedigen und «gut» für sich zu sorgen, aber auch Versagen, Niederlagen und Schuld bei Verfehlungen einzugestehen, Versuchungen zu widerstehen, aber sich klarzuwerden, dass sie zum Leben gehören.

Grenzen und Grenzüberschreitungen

Achtsamkeit ist ein zentrales Kennzeichen von Spiritualität – das Kind ernst zu nehmen, aber auch – als Mutter oder Vater, als Erzieher oder Lehrer – dafür Sorge zu tragen, ernst genommen zu werden. «Jeder hat das Recht, in seiner Rolle geachtet zu werden.» So hat es der amerikanische Psychologe Rudolf Dreikurs ausgedrückt. Grenzen zu setzen und konsequent zu sein gründet auf gegenseitige Achtung, Kinder zu achten zieht nach sich, auch von Kindern die Achtung zu erwarten, die man ihnen entgegenbringt. Und weiter: Die Würde des Kindes zu respektieren heißt, Kindern zu vermitteln, dass sie die Würde des Erziehenden anerkennen. Kindern Grenzen zu setzen schließt ein, den kindlichen Körper, die kindliche Psyche und die Seele zu respektieren.

Manche Schwierigkeiten in der Kindererziehung, wie man sie allenthalben beobachtet, gründen sich auf mangelnde Grenzziehung. In Gesprächen wird deutlich, wie sich Heranwachsende von Erwachsenen im umfassenden Sinn alleingelassen fühlen. So sind viele störende und zerstörerische, auffällige und auffallende Aktionen und Aktivitäten im Alltag – ob nun in Kindergarten, Schule oder Familie – Versuche, sich in einer diffuser werdenden Welt, die kaum Orientierung bietet, zurechtzufinden.

Manchmal beobachte oder höre ich von ganz verzweifelten

Versuchen, sich zu spüren, hilflos nach Hilfe zu schreien. Die sechsjährige Pia spielt ständig mit der Schere. Obgleich sie fähig ist, diese situationsangemessen zu verwenden, schneidet sie sich mit großer Regelmäßigkeit in Hand und Arm – so heftig und so lange, bis sie blutet. In Familiengesprächen stellt sich heraus: Nur bei Schmerz, Verletzung und Trauer bekommt Pia Aufmerksamkeit von ihren Eltern, die sich ansonsten nur mit sich und ihren Berufen beschäftigen, ohne von ihrer Tochter Notiz zu nehmen.

Klaus, neun Jahre, ist ein «Pechvogel». So tituliert ihn seine Umgebung: Mal wird er von einem Auto angefahren, mal stürzt er schwer mit dem Fahrrad, mal bricht er sich beim Fußball das Nasenbein, mal renkt er sich beim Turnen einen Finger aus ... Verletzungen, Schmerzen bestimmen seinen Alltag, sind aber auch Basis seiner Beziehungen. «Nur wenn ich im Bett liege und krank bin, kümmern die sich um mich.» Mit «die» sind seine Eltern, die Geschwister, Freunde und Verwandte gemeint.

Kinder suchen manchmal Extremsituationen auf, um sich und ihre Grenzen zu spüren, um Beziehungen herzustellen. Die Gleichgültigkeit, die mangelnde Annahme, die Kinder in manchen Beziehungen spüren und die das Gefühl hervorruft, allein zu sein, bringt Kinder – bewusst oder unbewusst – dazu, mit Grenzerfahrungen zu spielen, sich in unüberschaubare Situationen zu begeben und möglicherweise zu verlieren. Hinter maßlosen Grenzüberschreitungen verbirgt sich auch der Wunsch nach Festigkeit und Klarheit.

Robert, 15 Jahre alt, nimmt manchmal das Motorrad seines älteren Bruders, rast damit nachts über die Straßen. «Die Eltern sollen mich erwischen», sagt er, «und mir eins vors Schienbein geben, so doll, dass ich schreie.»

Es scheint paradox: Auf der einen Seite sind Heranwachsende materiell versorgt bis überversorgt, ihnen mangelt es an nichts, auf der anderen Seite herrscht in manchen Eltern-Kind-Beziehungen eine unvorstellbare gefühlsmäßige Leere und Kälte. Persönliche Zuwendung erzwingen diese Kinder nur über negativ-schmerzhafte Erlebnisse, sei es, dass Schmerz gesucht wird, um Mitgefühl zu spüren, sei es in Form von körperlicher Erniedrigung und Misshandlung. «An schöne Berührungen kann ich mich nicht erinnern», meint die 13-jährige Jessica, «aber an diese fürchterlichen Schläge. Also bin ich ihr doch noch nicht gleichgültig, hab ich gedacht, als ich am Boden lag und Mama auf mich eingeschlagen hat.»

Kinder wollen Grenzen und Regeln. Sie wünschen Klarheit. Sie wollen wissen, woran sie sind. Grenzen bieten dabei Hilfe, geben Schutz, bauen ein verlässliches Koordinatensystem auf, in dem man sich – zumindest eine Zeit lang – zurechtfinden kann. Und zugleich reizen Grenzen, Räume jenseits bekannter Grenzen kennenzulernen und diese zu erobern. An Grenzen zu stoßen, sich an ihnen zu reiben bedeutet für das Kind, Grenzen seiner momentanen Fähigkeiten und Möglichkeiten zu erkennen, sodass aus dem «Ich kann es noch nicht» irgendwann – mit Unterstützung der Eltern und unter Mithilfe des Kindes – ein «Ich kann es» wird. An Grenzen zu stoßen, sich an Grenzen zu reiben kann Kinder motivieren, Neues zu wagen und auszuprobieren.

Kinder spielen mit Grenzen, um sich zu prüfen, zu entwickeln, sich lustvoll Gefahren auszusetzen, Ängste auszuhalten und durchzustehen. Die Faszination von Grenzüberschreitungen zeigt sich in der hohen subjektiven Bedeutung, die Kinder jenen Helden und Heldinnen in den Medien – ob nun in Märchen, Buch oder Film – zuweisen. Helden und Heldinnen, die gewohntes Terrain verlassen, ausziehen, sich zu bewähren, die Abenteuer wagen, sich mit bösen und geheimnisvollen Mächten auseinandersetzen, die an Verboten und Tabus rütteln, um dann gereift und gestärkt zurückzukommen. Solches Hinausgehen, Sichmessen und Sichentwickeln vollzieht sich aber nur auf der Basis des Vertrauens und des Wissens um eigene Stärken und Kompetenzen und des Gespürs, dass es Zufluchtsstätten und Zauberformeln gibt, die Sicherheiten bieten.

Medienhelden nehmen manchmal groteske Formen an: Überzogene Hässlichkeit herrscht vor. Abenteuer und Kämpfe sind nicht selten reduziert auf die Aneinanderreihung von Actionszenarien und einfachster archetypischer Symbolik. Nichtsdestotrotz fliegen Kinder darauf. Je greller und schriller, desto besser; je intensiver das Miterleben und das In-den-Bann-geschlagen-Werden, um so größere Bedeutung erhalten solcherart «Schmachtfetzen».

Diese Faszination hängt auch zusammen mit der erlebnisärmeren Um- und Nahwelt der Kinder. Medienhelden leben Kindern das vor, was diese möglicherweise entbehren. Audiovisuelle Medien gestatten auf Knopfdruck das, was die Realität nicht anbietet oder nicht – mehr – zulässt. Wenn Kinder also jene Helden und Heldinnen verehren, die sich in der Grenzüberschreitung bewähren – man denke nur einmal an die Märchenhelden – , dann gibt das zugleich Hinweise auf die seelische und gefühlsmäßige Befindlichkeit der Heranwachsenden bzw. darauf, was Kindern heute abgeht. So wie Grenzen Sicherheiten geben und herausfordern, so verunsichern fehlende Grenzen. Kinder sind haltlos. Und Kinder spüren, wie sich viele Eltern der wichtigen Aufgabe des Grenzensetzens immer mehr entziehen. Und zugleich fühlen

Kinder, wie sich elterliche Grenzenlosigkeit nicht durchhalten lässt. Kinder sind verunsichert ob des letztlich inkonsequenten Erziehungsverhaltens: Das Nach- und Nebeneinander aus Zuckerbrot und Peitsche, aus Unterdrückung und Nachgiebigkeit, aus «langer Leine» und unkontrolliert-impulsiver erzieherischer Aggression können Kinder nicht oder nur schwer nachvollziehen. Grenzen und Regeln bedeuten beim grenzenlos-gleichgültigen Erziehungsstil häufig Verbote und Strafen. Letztere sind für Kinder deshalb negativ besetzt, weil sie darauf abzielen, den kindlichen Willen zu brechen. Strafen und Verbote sind kein geeignetes Mittel, Grenzen zu setzen: Verbote führen zu Heimlichkeit und Lügen, belegen neue Erfahrungen mit unangenehmen Gefühlen und schlechtem Gewissen. Strafen blockieren, machen und halten Kinder klein, nehmen sie nicht als eigenständige und mitdenkende Partner ernst. Verbote und Strafen – das ahnen und fühlen Kinder – entspringen nicht selten unkontrollierter Spontaneität, sind Ausdruck von Hilflosigkeit und letztlich ausgerichtet an den Bedürfnissen des Erziehenden. Verbote und Strafen, Zuckerbrot und Peitsche – meist in einer Mischung aus Rache, Vergeltung und Nicht-mehr-weiter-Wissen eingesetzt – deuten darauf hin, dass Absprachen und Regeln fehlen, um – kritische – Alltagssituationen zu bewältigen.

Das entscheidende Problem grenzenloser Gleichgültigkeit liegt darin, dass sie kindliche Grenzüberschreitungen lange ignoriert, duldet und damit positiv verstärkt – so lange jedenfalls, bis es Eltern nicht mehr aushalten. Kinder hingegen spielen solcherart Machtkämpfe bis zum Exzess durch. Auf kindliche Grenzüberschreitungen ist einzugehen; sie sind Hinweise darauf, bestehende Grenzen möglicherweise zu variieren, zu erweitern, oder aber darauf, den Grenzüberschreitungen mittels abgesprochener Konsequenzen Einhalt zu gebieten. Konsequent zu sein hat nichts mit Demütigung von Kindern zu tun. Kindern Grenzen zu setzen bedeutet, sie zu achten, sie als Mitmenschen *an*-zu-sehen. Und dies ist ganz wörtlich gemeint: Wer *über* Kinder redet und das Beste für sie will – «Du sollst es einmal besser haben!» – , der sieht *über* sie hinweg, der *über*-redet sie.

Mitgefühl und Fürsorge

Spiritualität meint Verbundenheit und Beziehung. Kinder und Heranwachsende brauchen das Gefühl, in Beziehung miteinander zu sein, brauchen sichere Bindungen, um sich zu eigenständigen Persönlichkeiten zu entfalten, Selbstwert auszubilden. Psychologen halten die Beziehungslosigkeit für die Krankheit unserer Zeit. Viele Menschen sind weder in Beziehung zu sich selbst noch zu anderen Menschen, noch zu Dingen, noch zu Gott. Spiritualität heißt: in Beziehung zu sein, bezogen sein auf den Urgrund allen Seins, bezogen sein auf sich selbst, mit sich in Berührung zu sein, sich selber spüren. Und Spiritualität heißt genauso, in Beziehung sein zu den Menschen. Für die Erziehung heißt das: Man kann die Kinder nur begleiten, wenn man in Beziehung zu ihnen steht.

Die Wurzel von Beziehung und Erziehen ist das lateinische Wort «ducere = führen, ziehen». Der Erzieher ist der, der das Kind herausführt (e-ducare) aus dem Unbewussten zum Bewussten, aus der Formlosigkeit in die Form, aus dem Unklaren in die Klarheit, aus dem Allgemeinen zum Besonderen, zu seiner eigenen Einmaligkeit, die seinem Charakter entspricht. Dieses Herausführen gelingt aber nur, wenn ich ein Kind an die Hand nehme, aber nicht ziehe, wenn ich in Beziehung zum Kind bin. In Beziehung zu sein heißt aber mehr als nur die aktive Form des Herausführens. Es meint, dass es ein Band zwischen dem Kind und mir gibt, dass ich eine innere Verbindung spüre. Ich kann nur in Beziehung zum Kind kommen, wenn ich zugleich in Beziehung zu mir selber bin. Und umgekehrt wächst die Beziehung zu mir, wenn ich die Beziehung zum Kind aufnehme. Das ist immer ein wechselseitiges Verhältnis. Die Eltern sind nicht einfach die Aktiven und das Kind das Passive. Und wenn Eltern und Kinder in Beziehung sind, dann kann im Kind etwas wachsen, dann fließt etwas von den Eltern in das Kind hinein.

Die Eltern sind dann nicht einfach Lehrer von außen, sondern sie lassen das, was in ihnen ist, an Weisheit, an Liebe, an Kraft, auf das Kind übergehen. Das gilt auch für ihre Spiritualität. Sie müssen das Kind nicht aktiv Spiritualität lehren. Sie geben ihm einfach Anteil an der eigenen Spiritualität, weil sie in enger Beziehung zu ihm stehen.

Ähnlich verhält es sich mit dem Begriff des Begleitens. Erziehen heißt auch Begleiten. Darin steckt das Wort «leiten, führen». Der Begleiter führt den Begleiteten auf dem Weg zum Ziel. Hier ist mehr der aktive Aspekt des Begleitens gemeint. Ich begleite das Kind auf seinem Weg. Ich führe es behutsam, damit es ans Ziel kommt. Aber nicht ich habe das Ziel bestimmt. Vielmehr begleite ich das Kind zu dem Ziel, das in ihm selbst schon angelegt ist. Ich begleite es in die Gestalt hinein, die seinem Wesen entspricht, in das einmalige Bild. Ich habe also nicht meine eigenen vorgefassten Bilder vom Kind, die mich orientieren, ich versuche vielmehr, seine ganz eigene Individualität im Kind zu entdecken und ihm zu helfen, dass es immer mehr in dieses Bild hineinwächst.

Begleiten kommt aber auch von «geleiten». Dann bedeutet es: «mitgehen». Die Eltern gehen mit dem Kind den Weg, den es letztlich selber wählt, der seinem innersten Wesen entspricht. Sie lassen es nicht allein auf diesem Weg. Sie begleiten es, auch wenn es Wege geht, die die Eltern zunächst nicht verstehen. Begleiten heißt nicht einfach: nur zusehen, was das Kind macht. Ich kann nur begleiten, wenn ich in Beziehung zum Kind bin, wenn ich spüre, was es eigentlich braucht und was hinter seinen manchmal vordergründigen Wünschen an wahrer Sehnsucht steckt.

Zur Beziehung und zum Begleiten gehört auch das Mitfühlen. Das lateinische Wort dafür heißt «misericordia». Es bedeutet einmal: Barmherzigkeit. Ein Aspekt der Barmherzigkeit ist das Mitgefühl. Ich öffne mein Herz für den anderen und fühle seine Situation mit. Das deutsche Wort «Mitleid» meint ursprünglich etwas Ähnliches. Es kommt aus dem lateinischen «compassio» und dem griechischen Wort «sympatheia».

Sympathie ist im Deutschen ein positives Wort geworden. Wenn ich sage, ein Mensch sei mir sympathisch, dann meine ich, dass ich ihn gernhabe, dass er mir angenehm ist, dass positive Gefühle von ihm zu mir kommen. Das deutsche Wort «Mitleid», so wie wir es heute gebrauchen, hat noch einen anderen Ton. In früheren Zeiten bedeutete mitleiden auch: am gleichen Übel teilhaben, an den öffentlichen Lasten teilhaben. Man gebraucht dieses Wort, wenn man sagt, man würde in Mitleidenschaft gezogen. Wir werden in das Leid des anderen hineingezogen. Das ist jedoch etwas, was uns schwächt. Wir würden genauso leiden wie das Kind. Doch wenn ich im Leid des Kindes bin und darin aufgehe, kann ich ihm nicht helfen.

Wenn ich jedoch mitfühle statt mitleide, öffne ich mein Herz für die Not des Kindes. Und in dieser Offenheit kann ich es auf seinem Weg begleiten. Mitleid kann oft zu Selbstmitleid werden. Wir kreisen dann gemeinsam um den gleichen Schmerz. Aber wir finden den Weg nicht heraus.

Mitfühlen ist ein Begriff der Beziehung. Ich bin auf den anderen in seinem Leid bezogen. Ich nehme daran teil, ohne in das Leid hineingezogen zu werden. Ich bin in Beziehung mit dem leidenden Kind, aber ich bin auch in Beziehung mit mir selbst. In der Beziehung bringe ich etwas Neues in das Leid des Kindes: meine Kraft, meinen Glauben, meine Hoffnung und meine Liebe. So kann sich das Leid des Kindes verwandeln.

Mitgefühl, Barmherzigkeit, Beziehung und Begleitung sind letztlich spirituelle Begriffe. Jesus sagt im Lukas-Evangelium: «Seid barmherzig, wie es auch euer Vater ist.» Er meint damit: Wer barmherzig ist, der versteht das Wesen Gottes, ja, er hat teil an Gott selbst. Das Mitfühlen mit den Menschen entspricht also dem Wesen Gottes und ist eine starke Facette der Spiritualität. Eltern, die mit ihrem Kind mitfühlen, verwirklichen dadurch die Haltung, die Jesus vom Christen verlangt und durch die der Christ Gott am nächsten kommt. Im Wort «Barmherzigkeit» drücken wir aus, dass wir in Beziehung sind zum anderen, zu allem, was das Kind in sich hat.

Spiritualität und Religiosität

Spiritualität und Religiosität haben Gemeinsamkeiten, sind keine entgegengesetzten Pole, wobei, wie Anton Bucher bemerkt, die «Religiosität sozialisatorisch stärker beinflussbar ist als Spiritualität», kommt Spiritualität doch mehr von innen, während religiöse Praxis eher gelernt wird.

Bei beiden geht es jedoch um Beziehung, um Beziehung zur sozialen Umwelt, um Bezüge zu anderen Menschen, aber auch um Beziehung zu sich selber, um Achtsamkeit der eigenen Person gegenüber, denn nur wenn man sich selber respektiert, kann man auch andere annehmen. Doch geht es in der Spiritualität und Religiosität noch um eine besondere Beziehung, jene zu einem den Menschen übersteigenden, umgreifenden, letztgültigen Geistigen, Heiligen, das für viele nach wie vor das Göttliche darstellt (Anton Bucher). Das gilt nicht allein für Erwachsene, das gilt insbesondere für Kinder und Heranwachsende, die sich entwickeln, die ihr Leben zu meistern und zu bewältigen haben. Hier kann eine religiöse und spirituelle Erziehung – wie es der Tübinger Pädagoge Nipkow einmal ausgedrückt hat – eine «lebensbegleitende Identifikationshilfe» darstellen. Die Theologin Kohler-Spiegel benennt drei Aspekte, die für auf Spiritualität gründende Lebensbewältigung wichtig sind. Heranwachsende brauchen

– das Vertrauen in die eigenen Fähigkeiten, Wissenskonzepte und Erfahrungen,
– das Vertrauen in sichere Bindungen und das Gefühl, allzeit angenommen, willkommen und bedingungslos akzeptiert zu sein,
– das Vertrauen in innere Kräfte und ureigenste innere Bilder, die nur dem Heranwachsenden gehören.

Eine spirituelle und religiöse Erziehung kann hier wichtige Impulse liefern. Religiöse Familienerziehung bietet unendlich viele Chancen für die Persönlichkeitsentwicklung des Kindes – aber sie kann auch hinderlich sein, das vor allem dann, wenn sie autokratisch und dogmatisch daherkommt, wenn sie das suchende und fragende Kind nicht ernst nimmt, wenn sie Anpassung und Gehorsam erzwingen will, Ängste und Unsicherheiten schürt.

Eine konstruktive, sich an der Persönlichkeit des Heranwachsenden orientierende spirituelle und religiöse Familienerziehung achtet das Kind als eine aktive, handelnde Persönlichkeit und begleitet es auf seinem Weg. Spirituelle und religiöse Erziehung, von Ulrich Schwab auch «Familienreligiosität» genannt, ist ein gemeinsamer Prozess des Wachsens, mit den Eltern – um nochmals Tagore zu zitieren – als Wurzeln, die hinab in die Erde greifen, und den Kinder als Zweige, die sich in die Lüfte strecken. Diese Zweige symbolisieren das Zukünftige, das Sich-Entwickelnde, die Hoffnung. Die religiöse Erziehung wird für Heranwachsende dann bedeutsam, wenn sie gelebt, wenn sie konkret, wenn sie alltagspraktisch und damit für Kinder nachvollziehbar und erlebbar wird. Zieht man verschiedene Untersuchungen heran, so sind zwei Aspekte von herausragender Bedeutung:

– Gottesbilder von Kindern werden schon lebenszeitlich früh geprägt. Eltern und Großeltern, Kindergärten und Schulen spielen hier eine bedeutende Rolle. Simone de Roos, eine niederländische Psychologin, weist dabei auf einen gewichtigen Zusammenhang hin: Kinder, die in einer sicher gebundenen Beziehung zu ihren Eltern leben, die sich in all ihren Persönlichkeitsanteilen angenommen wissen und fühlen, betrachten Gott als ein liebendes, sorgendes Wesen, während unsicher gebundene Heranwachsende Gott eher als eine strafende, wenig behütende Instanz deuten.

Für das Verstehen des Göttlichen, das Sich-Einlassen auf den Glauben sind somit die primären Bezugspersonen wichtig. «Familienreligiosität» prägt somit die Beziehung des Kindes zu Gott. Je mehr sich das Kind wertgeschätzt fühlt, je mehr es sich angenommen weiß in all seinen Gefühlen, also auch jenen, die sozial nicht so anerkannt sind, umso geborgener fühlt es sich in seinem Glauben, umso mehr vertraut es seinen inneren Bildern, weiß um seine spirituellen Kräfte.

– Spirituelle und religiöse Erziehung konkretisiert sich – wie später noch ausführlicher dargestellt wird – in Ritualen, sei es das Abendritual, das gemeinsame Mahl, das Gebet, der sonntägliche Spaziergang. Der Verzicht auf Rituale – aus welchen Gründen auch immer – bedeutet auch Entspiritualisierung. Im Ritual, in seinen unendlichen Wiederholungen drückt sich Nähe und Geborgenheit aus. Es zeigt den Kindern: Meine Eltern sind bei mir. Ich kann mich fallen lassen, weil ich mich geborgen fühle. Und das Gebet verdeutlicht dem Kind: Da ist ein höheres Wesen, das mich hält, ohne dass dieser Halt an Bedingungen geknüpft ist.

DIE GUTE
ERZIEHUNGSPERSÖNLICHKEIT

Haben Tugenden, so werden manche vielleicht irritiert fragen, spirituelle Qualitäten? Kommen Tugenden doch nicht selten altmodisch, gar dogmatisch daher! Und wird in der Erziehung nicht gar versucht, dass tugendhafte, das angepasste, soll heißen das «brave» Kind als Vorbild, als Ziel der Erziehung zu formulieren? Und gilt das nicht auch für jene, die Erziehung praktizieren – sei es als Eltern, Erzieher oder Lehrer? Wird nicht Aufopferung im Dienste der Kindererziehung gerne und häufig gefordert, Aufopferung, die sich in Sätzen niederschlägt wie: «Man will nur das Beste für das Kind ...», «Man will alles anders machen ...», «Man will es richtig machen ...», «Man will das Kind verstehen ...», «Man will das Kind annehmen ...»

Eltern, Erzieherinnen, Lehrer und Lehrerinnen ordnen sich unter. Für viele stehen das Kind, das Kindeswohl und die allumfassende Fürsorge an allererster Stelle. Die eigenen Bedürfnisse und Wünsche, das eigene Wohl, das eigene Sich-angenommen-Fühlen werden hintangestellt, eigene Grenzen nicht gespürt, gefühlt und gezogen. Der eigene Körper, die eigenen Gefühle scheinen stillgelegt.

Grenzenlose Liebe, grenzenlose Zuneigung, völliges Aufgehen im pädagogischen Beruf oder in der familialen Erziehung haben zu tun mit einer Aufgabe der eigenen Person, des eigenen Selbst. Konturen des Körpers und des eigenen Ich verschwimmen. Man mutet sich viel und zu viel zu, man ist ständig für andere und kaum für sich selbst da, stellt sich als jemand dar, mit dem man alles machen kann. Dahinter steckt das Gefühl, immer und ständig gebraucht zu werden, unentbehrlich zu sein; dahinter steckt manchmal Gefall- und Selbstsucht. Man gibt sich auf, vernachlässigt sich, man nimmt sich selbst nicht mehr wahr. Wer in der Kindererziehung aufgeht, wird – im wahrsten Sinne des Wortes – unscheinbar, unsichtbar – gleichwohl zum Spielball anderer Interessen. Man wird, macht sich zum Opfer und Sklaven, dem nicht Respekt und Achtung, allenfalls Mitleid entgegengebracht wird, dem man freilich, immer wieder und aufs Neue, Verletzungen und Niederlagen zumutet.

Wer Kinder achten und respektieren, sie für Achtung und Respekt sensibilisieren will, muss lernen, sich selber ernst zu nehmen, sich zu achten, sich zu respektieren. Dies stellt eine zentrale spirituelle Erziehungshaltung dar. Nur wer sich selber liebt, zu sich selber steht, sich in seiner ganzen Person akzeptieren kann, nimmt andere an, steht zu anderen, vermag sie zu lieben. Nur wer sich selber Grenzen setzt, sie vorlebt, vermag anderen Grenzen zu setzen, kann ihnen die Möglichkeiten und Risiken des Grenzensetzens anschaulich und überzeugend vermitteln.

Ja zu sich sagen schließt allerdings ein, das Ja des Kindes zu sich zu akzeptieren. Nicht immer und ständig gefällig zu sein zieht nach sich, dass Kinder Ähnliches vorleben. Auch Kinder haben ein Anrecht darauf, nicht immer und ständig zu gefallen. Wer für sich Grenzen setzt, der muss bereit sein, die Grenzen, die die Kinder ziehen, anzunehmen.

«Über die Tugenden des Erziehers zu sprechen», so hat es

einmal der Pädagoge Otto Friedrich Bollnow formuliert, «ist heute ein gewagtes Unterfangen. Man setzt sich dabei dem Verdacht aus, vor einer nüchtern wissenschaftlichen Betrachtung des Erziehungsvorgangs in eine billige moralisierende Betrachtungsweise zurückzuweichen, die wir durch die Ausbildung einer empirischen Erziehungswissenschaft endlich überwunden geglaubt hatten.» Und Bollnow fügte hinzu, «dass wir keinen Grund haben, dieses gute alte Wort zu vermeiden», käme im Wort Tugend doch «Taugen, Tauglichkeit und Tüchtigkeit» zum Ausdruck. Bollnow benennt dann Liebe, Geduld und Vertrauen als zentrale Tugenden, die eine Erziehungshaltung ausmachen. Anknüpfend an die Überlegungen Bollnows sind für uns fünf spirituelle Tugenden bedeutsam, die sowohl dem Kind als auch dem Erziehenden gerecht werden:

- dem Kind Vertrauen schenken, es nicht überbehüten und damit unselbständig machen,
- das Kind ermutigen, es nicht entmutigen und bevormunden,
- mit dem Kind Geduld haben, es nicht beschleunigen und verplanen,
- das Kind annehmen und ihm nicht Rollen zuschreiben und es damit einengen,
- gelassen zu sein und sich vom Perfektionismus zu verabschieden.

Vertrauen schenken

Die 18-jährige Karina erzählt, sie habe seit ein paar Wochen ein eigenes Auto. Damit fahre sie jeden Morgen zu ihrer Lehrstelle. Der Mutter sei der Autokauf überhaupt nicht recht gewesen. Seit feststand, dass sie ein Auto bekomme, habe sie ständig genervt: «‹Sei vorsichtig!›, ‹Pass auf, dass bloß nichts passiert!› Ich konnte das schon nicht mehr hören.» Karina überlegt, sieht ihren Daumen an, der in einem Gipsverband steckt. Hier sei nun das Ergebnis von diesem ewigen Gerede vom Aufpassen! Dann berichtet Karina davon, wie ihre Mutter sie allmorgendlich aus dem Haus verabschiedet habe. «Karina, pass auf, sei vorsichtig. Du weißt, wie schnell etwas passieren kann!» Sie habe mit einem Male völlig verspannt am Steuer gesessen, habe nur gedacht, hoffentlich baust du keinen Unfall! Und dann sei es doch geschehen. Sie sei, wohl unaufmerksam, mit dem Auto in den Graben gerutscht. Ihr erster Gedanke beim Unfall war, was ihre Mutter wohl sagen werde. Dreimal dürfe man fragen, was sie ausgerufen habe, als sie den Verband gesehen habe: «Siehst du, ich hab's dir ja gesagt!»

Gespräche mit Kindern, auch jüngeren, machen häufig deutlich, wie sehr diese sich von Eltern – insbesondere von den Müttern – durch ständige Ermahnungen verunsichern lassen. Das nicht enden wollende elterliche «Pass auf!» oder «Sei vorsichtig!» lässt Kinder und Jugendliche nicht selbstbewusster werden, stattet sie nicht mit mehr Selbstvertrauen oder gar Selbstsicherheit aus – im Gegenteil: Solche Sätze entmutigen nicht nur, sie verkrampfen, solche Sätze wirken wie eine sich selbst erfüllende Prophezeiung. Sicherlich: Jugendliche sind vielfältigen objektiven Gefährdungen ausgesetzt. Aber der ständige Hinweis auf mögliche Gefahren lässt diese nicht geringer werden, bietet keinen Schutz. Heranwachsende können lernen, sich selbst zu schützen, sich selbständig in komplizierten Situationen zu verhalten und sich zu behaupten. Hierzu müssen sie von den Eltern losgelassen werden. Nur jene handeln sicher und gekonnt, die ermutigende Wünsche der Eltern mit auf den Weg in die Eigenständigkeit bekommen. Sie brauchen das Vertrauen ihrer Eltern. Je fester das elterliche Vertrauen, die elterliche Ermutigung, umso größer ist das Ur- und Selbstvertrauen bei Kindern, umso mutiger und selbstbewusster meistern sie komplexe Situationen. Unselbständige, entmutigte und verunsicherte Jugendliche scheitern nicht nur häufiger; sie sind auch häufiger Opfer, mehr von Misserlebnissen bedroht und betroffen. Deshalb: Ermutigen Sie Ihre Kinder, schenken Sie Ihnen Ihr Vertrauen! Nicht Sie können Ihr Kind schützen, sie können lernen, sich selbst zu schützen!

«Aber», so fragt eine Mutter, «darf ich denn meine Befürchtungen gar nicht mehr äußern?» Artikulieren Sie Ihre Unsicherheiten deutlich, dann können Kinder und Jugendliche darauf eingehen, dann können sie die Eltern mitsamt ihrer Unsicherheit genauer einschätzen. «Aber wie soll ich das denn bloß machen?», fragt ein Vater, dem gerne ein «Sei vorsichtig!» herausrutscht. Formulierungen wie «Ich mache mir schon Sorgen um dich, wenn du unterwegs bist. Aber ich weiß, du passt auf dich auf!» oder «Mir ist nicht ganz wohl, wenn du da jetzt hingehst. Aber ich denke, du schaffst das!» beinhalten eine doppelte Perspektive: Sie drücken elterliche Ängste klar aus, sie lassen zugleich den Heranwachsenden los und machen ihm Mut, selbständig und ausgerüstet mit dem Vertrauen der Eltern den eigenen Weg zu finden und zu gehen. Töchter und Söhne reagieren auf geäußerte Bedenken der Eltern und auf deren Ermutigung meist sehr souverän. «Ist ja schon gut», sagen sie nicht selten generös, die Eltern lässig streichelnd, «ich mach das schon!»

Einem Heranwachsenden Vertrauen zu schenken setzt eine gefühlsmäßig stabile Eltern-Kind-Beziehung voraus. Ihr sei es schon schwergefallen, erzählt Vera Fischer, Mutter des 16-jährigen Sven. Ihr Sohn habe im letzten Jahr einen schweren Ski-Unfall gehabt. Er habe einige Monate sogar im Rollstuhl gesessen. In diesem Jahr wolle er wieder los, wieder mit der gleichen Freundesgruppe. «Ich brauche keine Angst zu haben!», habe er gemeint. Er passe schon auf sich auf! Sie habe ihn gelassen, ihm aber auch von ihren Ängsten erzählt. Und als er dann losgefahren sei in den Urlaub, habe sie ihm in Gedanken einen Schutzengel mitgegeben und zum Schluss gesagt: «Ich vertraue dir!» Ihm sei nichts passiert, aber «meine Freunde, Nachbarn und Verwandten haben mich unsicher gemacht, mich beschimpft, wie ich denn nach der schlimmen Erfahrung so leichtfertig handeln könne». Jetzt wisse sie, sie könne sich auf ihn absolut verlassen: «Sich auf jemanden zu verlassen heißt aber auch, ihn zu lassen!»

Ständig behütete Kinder lernen nicht, sich und ihre Fähigkeiten angemessen einzuschätzen. Dies führt zu Unsicherheit, macht Angst vor Grenzüberschreitung, davor, Neues anzupacken, Leistungsfähigkeit auszuprobieren. Ständig überbehütete Kinder resignieren schnell, können Frustration nicht aushalten, reagieren weinerlich-quengelig, sind schnell auf Bezugspersonen angewiesen, die, statt liebevollen Trost zu spenden, das Kind in sprachliche Windeln stecken oder Frustrationen wegreden: «Na, komm mal her. Es ist doch alles gar nicht so schlimm, mein Kleines!» – «Ach, was hat sie denn da wieder gemacht, meine Süße!» – «Na, komm her, ich zeig's meinem kleinen Schatz, wie es geht!»

Der überbehütende Erziehungsstil hält Kinder klein, macht sie gefühlsmäßig, aber auch intellektuell abhängig von erwachsenen Bezugspersonen. Die überbehütende Erziehung verwechselt die Wünsche der Kinder nach Beziehung, Bindung und Nähe mit Klammern, symbiotischer Einheit und Sich-gegenseitig-abhängig-Machen. Ständig umsorgte Kinder haben ständig besorgte Eltern. Die Sorge hält sie zusammen, Eltern machen sich Sorgen – «Von morgens bis abends denk ich nur: Hoffentlich geht's meinen Kindern gut! Nur wenn's meinen Kindern gutgeht, geht's auch mir gut!» –, und deshalb machen sich diese Kinder auch Sorgen: «Ich möchte, dass es meinen Eltern gutgeht. Sie sollten sich keine Gedanken machen müssen!» Die Folge ist ein überangepasstes Verhalten der Kinder.

So werden nicht Urvertrauen, stabile Bindungen oder eine positiv erlebte Auseinandersetzung mit Grenzen und Normen ausgebildet, sondern Zögerlichkeiten und Abhängigkeit. Die Suche nach neuen Herausforderungen wird als negativ erlebt, weil die Entdeckung von Unbekanntem für diese Kinder immer gefährlich zu sein scheint. Auffällig ist, dass ständig überbehütete Kinder sich häufiger in Gefahrensituationen verlieren, weil sie – dann vielleicht auf sich allein gestellt – keine Techniken haben, um sich selbst zu schützen.

Verwöhnung geht häufig mit einem überbehütenden Erziehungsstil einher, verbunden mit einem hohen Maß an Kontrolle. Eltern sehen und spüren alles, nehmen dem Kind jede Aufgabe und Herausforderung sofort ab. Frustrationen werden nicht zugelassen, jeder Wunsch wird augenblicklich erfüllt. Wir hatten es betont: Kinder brauchen Behütung, Kinder benötigen Unterstützung, aber eine, die sich an ihren Alters- und Entwicklungsbesonderheiten orientiert. Kinder wollen kein Schlaraffenland, sie wollen Eltern, die ihnen eigene Wege zumuten. Aber sie brauchen Eltern, von denen sie in den Arm genommen werden, die Trost spenden, wenn es nötig ist.

Wer jüngere oder ältere Kinder ununterbrochen verwöhnt, der verhindert eigene Erfahrungen (die durchaus auch schmerzhaft sein können), macht sie lebensuntüchtig.

Was Kinder brauchen, kann man nicht kaufen:
– das Gefühl, so angenommen zu sein, wie sie sind,
– verstehende, einfühlende Eltern, die aber Verständnis nicht mit Akzeptanz materieller Maßlosigkeiten verwechseln,
– eine anregende, herausfordernde Umwelt,
– Zuwendung und Wärme.

Von alldem benötigen sie viel. Und sie brauchen Frustrationen, Herausforderungen, weil sie nur darüber zu selbstbewussten und zufriedenen Persönlichkeiten werden. Verwöhnung verhindert die Fähigkeit zu konstruktiver Auseinandersetzung sowie zur Leistungsbereitschaft und -fähigkeit, weil den Kindern alles abgenommen wird. Verwöhnung fördert Omnipotenzphantasien ebenso auf wie die Tendenz, ununterbrochen im Mittelpunkt stehen zu müssen. Es kommt zu einem abrupten Wechsel von Minderwertigkeitsgefühlen und Größenwahn. Verwöhnung lässt kein Mitgefühl entstehen, aber zugleich das Gefühl: «Keiner versteht mich, keiner mag mich!» Das verwöhnte Kind resigniert schnell, hat Angst vor neuen Aufgaben, zieht sich zurück, wenn etwas nicht so klappt, wie es sich das gewünscht hat, und macht einen passiven Eindruck.

So lassen sich vier erzieherische Grundhaltungen aufzeigen, wie das Verwöhnen überwunden werden kann:

- die Selbständigkeit des Kindes fördern, indem man nicht Aufgaben für das Kind löst, sondern dem Kind Hilfe zur Selbsthilfe anbietet;
- dem Kind Verantwortung übertragen, ihm zeigen, dass man Zutrauen in seine Fähigkeiten hat;
- dem Kind auch Frustrationen zumuten und ihm in solchen Situationen Rückhalt anbieten;
- klare und verlässliche Grenzen formulieren, die Achtung und Respekt für alle Beteiligten garantieren.

Kinder wollen nicht verwöhnt werden, sie brauchen Vertrauen und Zutrauen.

Mut machen

Die Ermutigung von Kindern und ihre vermeintliche Hilflosigkeit gehören zusammen. Kinder machen häufig die Erfahrung, dass sich Hilflosigkeit positiv, z.B. im Sinne von Aufmerksamkeit, für sie auswirkt. Anders formuliert: Eltern können manchmal nur schwer mit den Verunsicherungen und Ängsten ihrer Kinder umgehen. Je verunsicherter und je ängstlicher sich ein Kind zeigt, umso mehr fühlen sich Erwachsene gedrängt, es zu unterstützen – selbst dann, wenn das Kind es gar nicht wünscht.

Peter, vier Jahre, kommt aus Kasachstan. In den ersten Wochen sitzt er im Kindergarten ruhig, manchmal apathisch da. Er wirkt auf die Erzieherinnen traurig. Peter weint manchmal, beteiligt sich nicht an den Spielen, er zieht sich zurück, verweigert sich. So beobachtet es seine Erzieherin, so deutet sie ihre Beobachtung. Mitleid kommt bei ihr auf. Nach etwa drei Wochen, als sie es kaum noch aushält, wie Peter allein herumsteht, nimmt sie ihn morgens für zehn Minuten auf den Schoß, «um ihm den Übergang von zu Hause zu erleichtern».

Peter scheint das zunächst zu genießen. Doch bald beginnt er zu weinen, sobald er auf den Schoß kommt. Das Weinen nimmt von Tag zu Tag zu, hört aber im Lauf der ersten Stunde im Kindergarten auf. Peters Gefühlsausbrüche eskalieren. Sie fangen schon an, sobald er den Kindergarten sieht. Er schluchzt weiter, während er auf dem Schoß der Erzieherin sitzt, beruhigt sich dann, wenn er seinen gewohnten Platz erreicht hat. Die Erzieherin hofft, dass vor den Ferien Peters Traurigkeit verschwindet. Am Ferienende kommt Peters Oma dann auf den Kindergarten zu sprechen.

Als Peter die Oma davon reden hört, morgen gehe es wieder in den Kindergarten, weint er augenblicklich und meint mit schluchzender Stimme, er wolle bitte nicht mehr in den Kindergarten. Ob es ihm denn da nicht gefalle, hakt die Oma behutsam nach. Peter schüttelt seinen Kopf heftig hin und her. Die Oma wirkt irritiert. Aber die seien doch alle sehr nett zu ihm, würden ihn sehr mögen. Peter stutzt, schaut seine Großmutter mit großen Augen an.

Peter nickt mit einem Mal. Ja, sagt er mit zittriger Stimme, die seien alle lieb zu ihm. Und als er dies sagt, laufen ihm sofort wieder dicke Tränen über seine geröteten Wangen. Nun bekommt die Oma einen ratlosen, verzweifelten Gesichtsausdruck und versteht gar nichts mehr. Die sind lieb und nett, und trotzdem will er nicht mehr in den Kindergarten. Das müsse er ihr erklären.

Da hört Peter ganz plötzlich mit dem Weinen auf, schaut seine Großmutter an, und dann entfährt es ihm mit fester

Stimme: Alles sei gut. Nur müsse er jeden Morgen bei Katharina auf dem Schoß sitzen, weil er so traurig dreinschauen würde. Und dann halte sie ihn ganz fest. Er schüttelt ganz vehement seinen Kopf, sodass seine blonden Haare wie wild hin und her fliegen. Er wäre doch schon «sooo groß», er wolle nicht mehr auf dem Schoß sitzen wie ein «kleines Baby».

Kindliche Ängste, Unsicherheiten, Zurückgezogenheit und Introvertiertheit rufen auf Seiten des Erziehenden meist spontane emotionale Reaktionen hervor. Je unselbständig-hilfloser sich das Kind zeigt oder darstellt, umso vehementer, bemühter und intensiver werden die Anstrengungen des Pädagogen – bis hin zum Bemitleiden, wenn alle Bemühungen nichts fruchten. Provokativ ausgedrückt: *Kinder brauchen kein Mitleid.* Wer Kinder ständig bemitleidet, achtet sie nicht, macht sie schwach und hilflos. Mitleid baut nicht auf, macht passiv, behindert, entmutigt und macht meist handlungsunfähig.

Wer Kindern nur positiv-beglückende Elemente des Lebens vermitteln und zulassen will, der begrenzt Erfahrungen, der engt die Vielfalt des Lebens ein. Kinder ermessen Glück nur, wenn sie unglückliche, beklemmende Situationen gefühlt *und* überstanden haben. Sie schätzen die produktive Kraft der Angst nur dann angemessen ein, wenn sie solche Situationen selbständig bewältigt haben. Sie gestatten sich Aggressionen, wenn sie um Möglichkeiten wissen, sie in konstruktive Bahnen zu lenken.

Wer Kinder bemitleidet – ihrer begrenzten Realitätserfahrungen, der ökologischen Risiken, ihrer fehlenden Zukunftsperspektiven wegen –, der nimmt sie nicht an. Mitleid nimmt Menschen nicht ernst, es macht das Leiden nur größer. In Krisensituationen braucht das Kind mit*fühlende* Hilfestellung und Unterstützung, es braucht das Vertrauen und die Sicherheit, sich mit all den Sorgen, Nöten, Trauer und Schmerzen angenommen zu *fühlen*.

Dann kann ein Kind Enttäuschungen und Frustrationen aushalten. Mit*leid* dagegen hilft nicht dabei, selbständig zu werden oder eigentätig an Problemlösungen heranzugehen. Mitleid setzt dem Kind meist enge Grenzen. Es wird als «arm» und «schwach» angesehen. Es wird in seinen Fähigkeiten unterschätzt, und es werden die schöpferischen Kompetenzen des Kindes, Krisen und Probleme selbstbewusst anzugehen, übersehen. Mitleid richtet die Energie, das Fühlen auf die Person, die unglücklich ist, auf jene Person, die die Frustration erlitten hat.

In Krisensituationen hilft nicht Mit*leid*, sondern Mit*gefühl*. *Mitgefühl stärkt.* Es fühlt sich in die Probleme ein, die zu lösen sind. Mitgefühl bietet Hilfe zur Selbsthilfe an, ist darauf angelegt, die schmerz- und krisenhafte Situation zu überwinden. Während das Mitleid kleinmacht, baut das Mitgefühl auf; während das Mitleid alleinlässt, bietet das Mitgefühl Unterstützung an, während Mitleid entmutigt, gibt das Mitgefühl Verantwortung zurück.

Kinder zu ermutigen, das ist keine Technik, das benötigt viel Fingerspitzengefühl und erfordert eine ständige Reflexion des eigenen erzieherischen Handelns. Der zentrale Grundsatz der Ermutigung lautet: Vertrauen Sie Ihrem Kind! Nur so wird sein Selbstvertrauen gestärkt! Und dazu zählt: Das Kind lernt, auch eigene Unvollkommenheiten anzunehmen, sich Fehler einzugestehen, Niederlagen zu akzeptieren. Das gelingt aber nur dann, wenn es Hoffnung auf Veränderung hat.

Thomas, elf Jahre, besucht die erste Klasse des Gymnasiums. Er steckt in der Vorpubertät und bringt seine Eltern, insbesondere seinen Vater, mit seinen schulischen Leistungen «auf die Palme». Thomas hatte während der Grundschulzeit viel Spaß an der Schule, «doch urplötzlich», so seine Eltern, «ließ sein schulisches Engagement nach!».

«Null Bock!», meinte sein Vater erzürnt. «Und ich weiß, wohin das führt, wenn man kein Abitur hat! Ich sehe das an mir: Man hat einfach keine Chance auf Aufstieg!» Er machte eine Pause: «Und deshalb gibt es bei mir nur eines: Lernen! Lernen! Lernen!»

Das sah dann so aus: Der Vater strich seinem Sohn sämtliche Freizeitaktivitäten – bis auf zwei Termine im Sportverein. «Ein bisschen Bewegung braucht er schon!» Stattdessen setzte er sich mit Thomas zwei Stunden am Abend hin und übte mit ihm «dort, wo er schwach ist: Mathe, Englisch, Bio, Physik...». Der Vater wundert sich: «Und Thomas macht mit, kann dann auch alles!» Er stockt: «Aber jede Arbeit verhaut er am Tag danach!» Deshalb lerne er noch mehr mit seinem Sohn. Neulich sei er so sauer gewesen, da habe er ihm vier Tage Hausarrest verpasst. «Meiner Frau kann ich das mit dem Lernen nicht überlassen. Die ist zu weich! Die gibt zu schnell nach!»

Thomas, mit der Aussage seines Vaters konfrontiert, antwortet lächelnd, er könne das Gelernte schon, aber er wolle nicht. «Wenn ich in der Schule vor dem Heft und den Aufgaben sitze, dann will mir nichts einfallen!» Er schmunzelt: «Mir fällt natürlich was ein. Ich denke daran, wie dem Alten die Kinnlade runterklappt, wenn der die schlechten Noten sieht!» Ein absolut geiles Gefühl sei das, den so fertig zu sehen.

«Und das stundenlange Lernen nervt mich nicht, denn damit bestraft er sich doch selber! Er würde lieber fernsehen!»

Und über die Sache mit dem Hausarrest? «Ein paar liebe Worte für meine Mutter! Ich streichle sie, kuschle mich an sie. Und dann sagt sie: ‹Aber Papa nichts sagen, hörst du?›»

Ob er denn von seinem Vater nie etwas Positives gehört habe? «Doch, das schon!», erklärt Thomas. «Aber da war dann schon wieder eine kleine Spitze drin.» Wenn er mal mit einer besseren Note nach Hause gekommen sei, habe sein Vater nur gestöhnt: «Wenn das doch immer so wäre!», oder: «Siehst du, es geht doch!»

Kinder sind hellhörig. Man sollte sie darin nicht unterschätzen, wenn man mit oder zu ihnen redet. Angemessener als «Wenn das doch immer so wäre!» hätte der Vater – im Sinne einer Ermutigung – formulieren sollen: «Finde ich prima, wie du das gemacht hast!»

Ermutigung ist – so der Pädagoge Jürgen Frick – eine ungeheure Kraft, die nicht allein die Selbstachtung des Kindes erhöht, sondern den Glauben an sich selbst stärkt und hilft, Enttäuschungen zu überwinden, Niederlagen anzunehmen, und so anspornt, einen neuen Versuch zu starten. Allerdings muss sich das Kind angenommen wissen, so wie es ist – und nicht, wie es Eltern oder andere gerne hätten. Die Ermutigung

- hebt auf die Kompetenz des Kindes ab (z. B.: «Prima, dass du das konntest!»);
- lenkt die Aufmerksamkeit auf die inneren Werte des Kindes (z. B.: «Finde ich toll, wie du dem beigestanden hast!»);
- überträgt Verantwortung, ohne das Kind zu überfordern (z. B.: «Schön, dass du mir geholfen hast!»);

- weiß, dass Unvollkommenheit zur Entwicklung gehört und Kinder anspornt, ein eigenes Leistungsbewusstsein und damit Selbstbewusstsein zu entwickeln.

Erfahrungen ermöglichen

Kinder fühlen sich verbunden mit der Natur, ihrer Umgebung, ihrer sozialen Mitwelt. Kinder möchten ihren Körper spüren, ihren Körper erfahren, möchten ihn ausprobieren. Sie lieben Außenräume, die sie erobern, die sie verändern, die sie im wahrsten Sinne begreifen und anfassen können. Hier sind ganz elementare spirituelle Erfahrungen möglich: der Gang über die Wiese, das Spüren des Grases unter den Fußsohlen, das Matschen in der Pfütze, den Ameisen beim Schleppen von Lasten zuzusehen, zu beobachten, wie Vogeleltern ihre Kinder füttern, Mitgefühl mit dem erkrankten Meerschweinchen zu entwickeln, auf Bäume zu klettern, außer Atem zu sein, wenn man zu schnell läuft, zu fühlen, wie man schwitzt, zu spüren, wie der schneidende Wind kalte Hände und Füße macht. Kinder brauchen diese spirituellen Erfahrungen, die für körperliche und seelische Entwicklungsprozesse unverzichtbar sind. Kinder brauchen Bewegung – und im Wort Beweg-ung ist der Weg enthalten.

Wenn Wege nicht mehr gegangen, direkt erlebt, sondern vor allem ge-fahren werden, so wirkt sich dies auf das Zeit- und Raumgefühl von Kindern aus. Solche Einflüsse zeigen sich nicht immer spektakulär, sie fallen nicht sofort ins Auge – gleichwohl prägen sie den Alltag von Kindern.

Durch das Fahren mit Auto und Schulbus läuft der Weg in die bzw. von der Schule in immer gleichen Zeiträumen ab. Vor allem die – aus kindlicher Sicht – manchmal durchaus überflüssigen Autofahrten bedeuten einen Eingriff in die Wirklichkeitsaneignung und Raumerfahrung von Kindern.

Der selbstgestaltete Weg in die Schule wird in der Regel konzentriert und schnell bewältigt, um den Beginn nicht zu verpassen. Man geht rascher, durchschreitet Räume zielstrebiger. Die Wahrnehmung ist meist flüchtiger, man lässt sich weniger ablenken. Pünktlichkeit zieht nach sich, Zeit zu organisieren, Zeitabläufe zu erleben, die sich an objektiven Gegebenheiten und Sachzwängen orientieren. Man spricht von einer funktionalen Zeitorganisation. Sie ist manchmal unverzichtbar. Und Pünktlichkeit kann eine Regel sein, die nützlich und hilfreich ist. Die Fahrt mit dem Auto ist – in der Regel – erlebnisarm, reglementiert, bequem. Hinzu kommt: Die häusliche Erziehung verlängert sich in den Schulweg hinein.

Auf dem Weg von der Schule nach Hause kann gebummelt oder getrödelt werden. Man bleibt stehen, schaut, sieht vieles, was man am Morgen übersehen hat. Man macht Umwege, entdeckt Neues oder Vertrautes, verarbeitet schulische Erfahrungen, schimpft auf Lehrer und Mitschüler, heckt Streiche aus, geht Freundschaften ein oder erlebt Feindschaften. Rangeleien oder körperliche Auseinandersetzungen gehören ebenso zum Schulweg wie – vor allem heute – Gewalttakte, die manchmal bedrohliche Ausmaße annehmen. Ist vom Kind auf dem Hinweg Zeitdisziplin gefordert, so kann die Zeit auf dem Rückweg subjektiv, d. h. orientiert an eigenen Zeitbedürfnissen, gestaltet werden. Dominierte auf dem Hinweg ein funktionaler Zeitbegriff, so kann nun eine ganz persönliche Zeiterfahrung gelebt werden. Schulwege – ob nun zu Fuß oder mit dem Fahrrad – haben zu tun mit selbstbestimmter und -gestalteter Eroberung der Nah- und Umwelt.

Wer Wege einschränkt, begrenzt das Gehen und Stehen, das Toben und Springen, das Klettern und Balancieren. Sich zu bewegen und wahrzunehmen, zu fühlen und zu denken gehören eng zusammen. Wer geht, läuft oder rennt, nimmt Sinneseindrücke mit dem ganzen Körper wahr. Durch vielfältige Bewegung lernen Kinder sich, ihren Körper und ihre Umwelt kennen. Der Schulweg bei Regen ist ein anderer als bei praller Sonne, der Weg allein lässt andere Erfahrungen zu als der mit Freunden.

Wege zu beschreiten heißt, Grenzen zu erleben. Widerstand zu spüren, sich abzusetzen, zu distanzieren. Sich bewegen und die Entwicklung des Ichs hängen zusammen. Wo Entfernungen gefahren und nicht mehr er-laufen, er-fahren werden können, prägt das die psychisch-motorische Befindlichkeit von Kindern. Natürlich: Die großräumige Organisation des Schulbetriebs erfordert auch Terminabstimmung oder die mobile Überwindung vom Räumen. Und weiter: Es gibt Schulwege, die gefährlich sind, deren Bewältigung der elterlichen Unterstützung und ermutigenden Anleitung durchaus bedürfen.

Veränderungen in der Mikrowelt des Schulweges, die anschaulich und exemplarisch direkte bzw. indirekte Eingriffe in kindliches Raum- und Zeiterleben aufzeigen sollen, haben ihre ganz spezifischen Konsequenzen. Wo man kindliche Raumaneignung einengt, wird das Kratzen an Grenzen leicht als Zerstörung gedeutet und schnell zum Vandalismus; wo man den kindlichen Bewegungsdrang stilllegt, werden Toben und Laufen schnell zur impulsiv-unbeherrschten Aktion. Doch sind solche Eingriffe nicht nur ein Problem, das sich aus der Technologisierung und Mediatisierung der Kindheit ergibt.

Wenn Kinder von Termin zu Termin, von Ort zu Ort, von Bildungsprogramm zu Bildungsprogramm gefahren werden, dann *kann* dies auch mit pädagogischer Bevormundung und Beeinflussung zu tun haben. In dem Maße, wie man Kindern nicht traut und noch weniger zutraut, man sie nicht lässt, wird das Bild eines hilfsbedürftigen, unmündigen Kindes gezeichnet: eines Kindes, das man einspannt in ein Erziehungsprogramm, welches zwar anspruchsvoll, aber nicht am Kind und seinen Entwicklungsbesonderheiten, vielmehr an den elterlichen Ansprüchen und Vorstellungen orientiert ist.

Das Kind annehmen

Wer eine spirituelle Haltung in seiner Erziehung leben will, sollte sich bemühen, seinem Kind keine – irgendwie geartete – Rolle zuzuweisen. Und doch gerät man als Vater oder Mutter schnell in eine Position, dies zu tun.

Ihr Sohn Paul, so erzählt eine Mutter, sei ein Einzelkind. Paul, so kann man sich denken, ist nicht mehr der einzigartige Paul, denn alles, was Paul nun anstellt oder auch nicht macht, das tut er, weil er ein Einzelkind ist. Und sofort durchfluten Klischeebilder von Einzelkindern den Kopf seiner Mutter: egozentrisch, auf sich fixiert, wenig sozial eingestellt, nicht bereit zu teilen, immer und ständig im Mittelpunkt stehend. Alles, was Paul nun macht, wird unter dieser Perspektive gesehen. Dabei durchlebt Paul vielleicht seine Trotzphase, in der die eben beschriebenen Eigenschaften so normal sind. Sehen die Eltern Pauls Eigenarten jedoch als Ausdruck seines Daseins als Einzelkind, dann ist man schnell bemüht, dies zu verändern: Man verschafft Paul soziale Kontakte, schleppt ihn in Vereine, Kurse, lädt Gleichaltrige ein. Und Paul steht staunend vor den elterlichen Bemühungen und will nur eines – alleingelassen und akzeptiert werden. Es fällt auf: Es sind häufig nicht die Verhaltensweisen der Kinder, die Väter und Mütter verunsichern, es sind die Meinungen über die kindlichen Handlungsmuster, die verunsichern. Statt sich in die Horrorgemälde über *die* Einzelkinder zu vertiefen, ist es produktiver, sein Kind, eben seinen Paul, zu nehmen, einen Paul, der kein Einzel-, sondern ein geschwisterloses Kind ist. Und vielleicht fällt es dann einfacher, ihn so zu sehen, wie er ist – mit seinen Stärken, die ihn unverwechselbar, und seinen Schwächen, die ihn liebenswürdig machen.

Ein anderes Beispiel: Da werden Kinder schnell zu Sorgen- und Problemkindern gemacht: «Unsere Sara ist unser Sorgenkind!» – «Der Yannick ist ein wirkliches Problemkind!» Sieht man sich dann die Erwachsenen an, die so über diese Kinder reden, dann muss man sich manchmal fragen, wer diese Sorgen und Probleme hat. Manche Eltern gehen so sehr darin auf, dass diese Sorgen und Probleme körperlich, sinnlich wahrnehmbar sind: eingefallene Schultern, ein nachdenklicher Gesichtsausdruck, eine brüchige Stimme. Solche Sichtweise bemerkt beim Heranwachsenden nur jene Handlungsmuster, die man nicht mag, ja man ist geradezu auf sie fixiert – und verliert dabei seine Stärken aus dem Blick. Und der erkennt: Nur wenn ich Probleme und Sorgen habe, dann werde ich bemerkt. Und dies steht konträr zur spirituellen Haltung, ein Kind so anzunehmen, wie es ist – eben mit all seinen Stärken, seinen Fähigkeiten und Möglichkeiten und auch seinen Schwächen. Es gilt Kinder zu ermutigen, und dies gelingt, wenn man an ihren Kompetenzen ansetzt und sich nicht verzweifelt bemüht, die Schwächen auszumerzen oder zu bagatellisieren. Kinder brauchen eine ermutigende, eben spirituelle Erziehungsbeziehung, weil diese aufbaut, ungeahnte Kräfte freisetzt und ungewohnte Perspektiven bereitstellt. Um nicht falsch verstanden zu werden: Kinder dürfen Sorgen haben, sie zeigen – aber dann sind sie noch längst keine Sorgenkinder, sondern Kinder, die auch Sorgen haben.

Und noch eine andere Zuschreibung verdeutlicht, wie man Kinder in Rollen presst. Da hört und liest man immer von den «Mittelkindern», die besondere Probleme bereiten, leicht vom Weg abkommen würden. «Der Max», so erzählte eine Mutter, «der ist ein Sandwich-Kind» – Sandwich-Kind, ein moderner, sehr anschaulicher Ausdruck für das altertümliche Wort vom Mittelkind.

Um im Bild zu bleiben: Das Beste am Sandwich ist doch meist in der Mitte: oben ist ein vertrocknetes Teil, unten ein durchnässtes – und in der Mitte Salat, Schinken, Mayonnaise und würziger Ketchup.

Spirituelle Arbeit mit Kindern und Eltern kann helfen, mit Bildern zu arbeiten, kann einengende, zuschreibende Bilder umdeuten, neu zeichnen, den Eltern und Kindern eine veränderte Perspektive geben. Und dies ist wichtig und notwendig. Denn hat sich ein Kind erst einmal in seiner Rolle eingerichtet, sich ein Bild von sich gemacht und dieses eingerahmt, dann bleibt es in dieser Rolle. Dies kann man immer wieder an Erwachsenen beobachten: Manche bleiben ein Leben lang der «kleine Tollpatsch mit den linken Händen» oder die «Vernünftige, die so gerne hilft».

Wenn man es mit Kindern zu tun hat, dann hat man es immer mit zwei Kindern zu tun: dem Kind in mir und dem Kind von mir. Und je mehr man sich mit dem Kind, das in einem wohnt, ausgesöhnt hat, je mehr man verstanden hat, was man als Kind gehabt hat, aber auch was einem versagt geblieben ist, je mehr man seine ganz persönliche Lebensbilanz gezogen und bemerkt hat, wie viele positive Momente man auf seiner Habenseite hat, umso weniger braucht man vermeintliche Defizite am eigenen Kind auszugleichen, gar wiedergutzumachen. Es gibt einen elterlichen Satz, der freilich zeigt, dass das Kind in einem noch keine Ruhe gibt – das ist der Satz: «Ich will doch nur dein Bestes!» Die zehnjährige Barbara hat diesen Satz ihrer Mutter vor einiger Zeit so kommentiert: «Meine Mama will mein Bestes. Was bleibt dann für mich!»

Kinder sind eigenständige Wesen. Sie sind keine Objekte, an denen Eltern Frustrationen und Niederlagen wiedergutmachen sollten. Kinder müssen – wir haben es schon mehrmals betont – ganz eigene Erfahrungen machen, auch mal auf die Nase fallen, Sand schmecken, um dann nicht von den Eltern zu hören: «Siehst du, ich habe es dir gesagt!» Was Kinder brauchen, das ist elterliche Offenheit und Zuversicht, so wie es der Dichter Paul Claudel formuliert hat: «Nichts kann den Menschen mehr stärken als das Vertrauen, das man ihm entgegenbringt!»

Kinder möchten nicht unter einem negativen, eingeschränkten Blickwinkel gesehen werden: «Du raubst mir die Nerven ...» – «Du bringst mich ständig auf die Palme ...» Die Ursachen für die Probleme werden in andere Personen hineinverlagert, von denen man gerade dadurch abhängig wird. Erst macht man sich ein Bild von Kindern und deren Handlungen und presst dann die Wirklichkeit in diesen vorgefertigten Rahmen. Aus diesem Raster – z.B. «der Störer», «der Auffällige», «der Aggressive» – können die Kinder nur noch schwer ausbrechen. Und zugleich wird alles, was außerhalb des eigenen Rasters und des alltäglich Gewohnten ist, nicht mehr wahrgenommen. Eltern beklagen sich über ihre Kinder, Pädagogen über ihre Schüler in detaillierten Beschreibungen, die freilich eher Abstempelungen und Stigmatisierungen sind, z.B. hyperaktiv, phantasielos, konzentrationsgestört, spielunfähig.

Bei solchen Beschreibungen könnte man fragen: «Was mögen Sie gerade an Ihrem Kind?» Oder: «Wo hat denn der Schüler seine Stärken?» Dann folgt seitens des Anklägers nicht selten ein erstaunter Blick, ein längeres Schweigen, die Bitte um eine Denkpause – «Kann ich so schnell nicht sagen!» Manche Erwachsene fühlen sich ertappt, sogar erleichtert darüber, aus gewohnten Beobachtungsrastern gerissen zu werden.

Durch die Erweiterung des Blickfeldes tritt das Kind in seiner ganzen Persönlichkeit vor Augen, möglicherweise mit jenen Anteilen, für die man bisher blind war. Probieren Sie das mal.

Viele Erwachsene und Eltern bewerten nicht die Handlungen, die sie sehen, sie bewerten die Handlungen auf der Grundlage der Meinungen, die sie von diesen Handlungen haben, z.B.: Man schlägt sich nicht, man sagt keine Schimpfworte, man putzt sich die Zähne etc. Die Erzieherinnen lehnen in der oben beschriebenen Situation kindliche Störungen und damit einhergehende zerstörerische Aggressionen ab. Für sie sind diese Handlungen das Gegenteil von dem, was sie sich für ihre Arbeit wünschen. Sie wollen – zu Recht – ein ausgeglichenes und auf gegenseitigem Respekt aufbauendes Miteinander. Jede Handlung, die die Harmonie stört, wird deshalb negativ gedeutet, abgelehnt, abgeblockt, gemaßregelt. Und: Jedes Kind, das stört, wird auf der Basis eines bestimmten Beobachtungsrasters eingeordnet. Das Kind hat kaum Chancen, dieser Zuordnung zu entfliehen. Positive, konstruktive und soziale Persönlichkeiten werden kaum wahrgenommen.

Es geht bei der Veränderung der Wirklichkeitssicht nicht darum, Schuld anders zu verteilen – nach dem Motto: Nicht das Kind hat die Probleme, sondern die Erwachsenen, die mit dem Kind zu tun haben. Es kommt darauf an, dem pädagogisch Handelnden veränderte Perspektiven für sein Handeln zu geben. Solch eine Veränderung führt *möglicherweise* dazu, die Realität anders, angemessener zu betrachten, um so zu neuen Lösungen für schwierige Situationen zu kommen und ein anderes Bild vom Kind zu erhalten.

Als Ausgangspunkt für lösungsorientiertes Handeln ist die Annahme wichtig, dass die Kinder so handeln, wie sie handeln. Es ist bedeutsam, jene Spielregeln zu erkennen, nach denen Kinder ihre Handlungen vollziehen. Und daraus folgt weiter: Wenn die Ursachen für Auffälligkeiten außerhalb meiner Eingriffsmöglichkeiten liegen, dann kann ich störendes Verhalten von Kindern nur schwer ändern.

Wenn man sich jedoch als Teil des Gesamtsystems, z. B. der Eltern-Kind-Beziehung, mithin als Teil des Spiels betrachtet, dann hat man die Lösungsmöglichkeiten und die Veränderungen selbst in der Hand. Man ist nicht mehr hilflos seinen Launen oder denen des Kindes ausgeliefert. Schon durch die gewandelte Sichtweise sind Veränderungen möglich, ohne dass die Ursache für das auffällige Verhalten in seiner Gänze erkannt ist. Diese Vorgehensweise ist kein Patentrezept, aber sie ist *eine* Möglichkeit, um auf ungewöhnliche Weise einen anderen Zugang zum Kind zu finden.

Und dies ist einfacher, als man glaubt. Nur ist es nicht

immer leicht, setzt es doch den Glauben an die eigene Intuition, an Kreativität und an innere Kräfte voraus. «Wenn ihr nicht werdet wie Kinder ...», das ist keine Aufforderung, kindisch zu werden, vielmehr ein Hinweis, jener Phantasie nachzuspüren, jenem kreativen Feuer nachzuspüren, die im Inneren eines Menschen lodern. Und so verstanden, kann die Spiritualität eines Kindes den Erwachsenen helfen, veränderte Sichtweisen einzunehmen. Man muss sich nur trauen, Zutrauen haben, Vertrauen in sich und die Gewissheit, Halt auch dann zu finden, wenn der Weg eine Sackgasse war.

Und man muss zaubern lernen, Zaubertage erfinden, «Zaubertage», an denen vieles klappt, wie «man» es sich wünscht. Dies ist kein Patentrezept, aber es bietet einen Ausweg, besser: einen ersten Schritt an; denn zaubern kann – fast – jeder.

Denn schon das Märchen zeigt, Zauber und zaubern setzen ungeahnte Kräfte frei. Frau Albert hatte sich auf einem Elternseminar über ihren Alltag beklagt, über den beruflichen Stress, die gefühlsmäßige Leere, vor allem über materielle Sorgen. Ihr Mann war wie sie von Arbeitslosigkeit bedroht, was zu Reibereien und ständigen lautstarken Auseinandersetzungen führte. Auf die Frage, was wäre, wenn dies alles nicht wäre, meinte sie: «Das wäre zauberhaft.» «Dann zaubern Sie. Machen Sie sich Ihren Zaubertag.» Und einige Zeit später erzählte sie mir: «Ich fand das einen ziemlichen Quatsch, wie Sie das damals auf dem Elternabend gesagt haben. Das mit dem Zaubertag. Ehrlich, ziemlichen Quatsch. Das war schon echt albern. Ich bin dann nach Hause gegangen und hab's meinem Mann erzählt. Der hat nur den Kopf geschüttelt. Tags drauf war wieder fix Stimmung bei uns, der absolute Stress.»

Ihre Augen richteten sich hilfesuchend nach oben.

«Mir sind schon fast wieder die Nerven durch, wie immer. Ich war drauf und dran zu schreien, da sagt mein Mann ganz plötzlich: ‹Jetzt wird das Schreien weggezaubert.› Ich war verblüfft, Marion und Barbara waren's auch. Die meinten: ‹Au ja.› Und dann war's still. Wir haben überlegt, wie man das Schreien wegzaubern kann. Die Kinder hatten tolle Ideen. Am Ende haben wir ein Krokodil gebastelt, das die Schreie frisst. Und immer, wenn einer nun laut war und zickig, war einer der Krokodilwärter. Das hieß dann: Nun reicht's. Das ging natürlich nicht jeden Tag. Aber so ein- oder zweimal in der Woche war Zaubertag. Oder wenn die Kinder mal spürten, jetzt ist dicke Luft, dann wollten sie zaubern. Gut, der Stress ist immer noch stark. Aber ich hab gemerkt, ich bin nicht mehr ganz meinen Launen ausgeliefert. Irgendwie kann ich etwas erreichen, wenn ich will. Das tut gut.»

Es geht mir nicht darum, die soziale Armut und die gefühlsmäßigen Problemkonstellationen, denen Familien ausgesetzt sind, zu verkennen oder gar zu verharmlosen. Es soll auch nicht der Eindruck erweckt werden, als sei jede krisenhafte Situation schnell und mit wenigen Anstrengungen zu klären oder genauer: wegzuzaubern. Wichtig ist mir, dass komplexe Problemkonstellationen, die auf grundsätzliche psychosoziale, individuell meist nicht veränderbare Rahmenbedingungen zurückzuführen sind, durch die Konzentration auf ein Problem bzw. eine Zielperspektive viel von ihrer Ausweglosigkeit verlieren. Die Suche nach und das Durchspielen von Lösungen stärkt das Selbstwertgefühl, indem es Verantwortung für Handeln zurückgibt und gleichzeitig das Gefühl von Machtlosigkeit und Minderwertigkeit relativiert.

Die Einführung und das Durchleben eines «Zaubertages» bei der Familie Albert macht die Vorteile eines lösungsorientierten Vorgehens, wie es vom amerikanischen Therapeuten Steve DeShazer entwickelt wurde, deutlich:

- Der «Zaubertag» steht am Beginn, nicht am Ende des gemeinsamen Weges. Er wurde durch das Tun der Familienmitglieder konstruiert.
- Der «Zaubertag» geht nicht an die Ursache des Stresses, er setzt an die Stelle von erlebten und beklagten Unzulänglichkeiten eine veränderte Handlungsperspektive, etwas Neues, Nichtgewohntes.
- Der «Zaubertag» erweist sich angesichts der komplexen materiellen Krise der Familie als kleine, wenn auch – und das ist entscheidend – lebbare und praktizierbare Perspektive.
- Schließlich: Was für die Familie Albert beim «Zaubertag» gilt, ist für andere Familien möglicherweise nicht praktikabel. Das Finden von Lösungen gelingt nur individuell auf dem Hintergrund der ganz spezifischen und besonderen Perspektive einer Familie und wenn man sich und sein Kind so annehmen kann, wie es ist. Denn es ist so, wie es ist, und wie es ist, so ist es.

Gelassenheit finden

Pädagogisches Handeln strengt an – und spirituelle Überlegungen bleiben da häufig auf der Strecke. Gerade weil Erziehung häufig eine kräftezehrende Herausforderung darstellt, kann mit einer Gelassenheit eine spirituelle Einstellung in den Erziehungsalltag einziehen. Solch Haltung hält Konflikte nicht fern, löst sie gar auf eine zauberhafte Weise, aber mit dieser Überzeugung kann eine Leichtigkeit aufkommen, die Buddha so ausgedrückt hat: «Wenn du ein Problem hast, versuche es zu lösen. Kannst du es nicht lösen, dann mache kein Problem daraus.»

Die mit diesem Satz einhergehende Haltung könnte jenen Stress abbauen, der sich für alle pädagogisch Handelnden häufig auftut, stoßen Eltern doch häufig an Grenzen und erleben Gefühle der Ohnmacht und Beschränkungen – «Manchmal kann man doch nichts machen!» – oder überfordern sich: «Ich will alles richtig machen!» Kinder erleben die pädagogisch Handelnden als gereizt, unausgeglichen, inkonsequent, ständig «unter Strom stehend», sind Versuchsobjekte in der Disziplin «Erziehung als Hochleistung».

Mehr denn je kommt es darauf an, mit Stresssituationen so umgehen zu lernen, dass sie Achtung *für das Kind und den Erziehenden* gewährleisten. Die Zauberformel heißt «Mut zur Unvollkommenheit». Sich und anderen Fehler zuzugestehen entkrampft das erzieherische Handeln, gestaltet die Erziehungsbeziehungen konstruktiver, menschlicher. «Mut zur Unvollkommenheit» bedeutet kein Plädoyer für gedankenlose Fahr- und Nachlässigkeit. Es gibt Grenzen, die eingehalten werden müssen, oder anders formuliert: Es gibt Erziehungspraktiken, die die Kinder in ihrer kognitiven und emotionalen Entwicklung behindern, die die Ausbildung von Selbstwert und Ich-Identität nicht zulassen, die mit sozialer Angst und Verunsicherung verbunden sind. Dazu zählt die Missachtung physischer Grenzen; dazu gehört körperliche Gewaltanwendung, darunter fällt die andauernde psychische und seelische Erniedrigung des Kindes durch emotionale Leere, Liebesentzug, Abweisung, Über- und Unterforderung.

«Mut zur Unvollkommenheit» meint, seine persönlichen Energien darauf zu verwenden, Unvollkommenheit zu akzeptieren, den Umgang mit Fehlern als Chance zu begreifen. «Wenn ich mal ausgeflippt bin», sagt Frau Schröder, «und ich mich beruhigt habe, gehe ich zu meinen Söhnen und entschuldige mich. Früher hab ich's ihnen auch erklärt, warum ich geschrien habe, aber dann haben sie nur gemeint, ist schon o. k.»

«Ich hab's ähnlich gemacht», meint Frau Frost. «Ich bin häufig auch geplatzt, manchmal hat's was gesetzt. Und dann habe ich zu den Kindern gesagt: «Ihr müsst mithelfen, damit ich nicht so platze. Mein Jüngster, der war sechs, hatte was von einem Erdbeben gehört und was von einer Richter-Skala. Und er meinte, meine Ausbrüche seien wie ein mittleres Erdbeben. Und dann hat er für mich eine «‹Mama-Skala› eingerichtet: von eins, das war gutgelaunt, bis sechs, Vorsicht: absolute Gefahr! Ich hab darauf an den problematischen Tagen meine Stimmung angezeigt, und die wussten, woran sie waren. Manchmal konnten wir richtig darüber lachen.»

Diese Geschichte verdeutlicht den Mut zur Unvollkommenheit auf ganz anschauliche und ungewöhnliche Weise: Da ist zunächst das Eingeständnis «Ich hab Mist gemacht», verbunden mit dem Wunsch, die Situation zukünftig anders zu gestalten. Das Problem nimmt man zum Anlass, über Veränderungen nachzudenken. Es wird aber nicht bei den Ursachen des Problems angesetzt, eine solche Betrachtungsweise konzentriert sich allein auf die Lösung. Die Lösung geht von *positiven Ausnahmen* aus, davon, was funktioniert, und verstärkt diese – «Tue mehr davon, was funktioniert!» Dadurch werden die Fähigkeiten aller Beteiligten zur Problemlösung in den Vordergrund gestellt. Das Problem und seine Lösung werden – z. B. in Form der vorgeschlagenen «Mama-Skala» –

auf den Begriff gebracht. Man weicht den Problemen nicht aus.
Der Umgang mit Problemen wird für die Familienmitglieder
deshalb zum Geschenk, weil Unvollkommenheit ermutigt,
nach neuen Wegen zu suchen, sich Herausforderungen zu
stellen.

Gelassenheit in der Erziehung als spirituelle Haltung meint
aber mehr, als auf eine kreativere Weise mit Problemen, Stress,
Herausforderungen und Konflikten umzugehen. Der mit der
Gelassenheit einhergehende Mut zur Unvollkommenheit bedeutet auch, sich selber so anzunehmen, wie man ist. Wenn
man von Eltern erwartet, dass sie ihre Kinder so annehmen,
wie sie sind, eben einzigartig und unvergleichlich, dann gilt
das gleichermaßen für Vater und Mutter. Wenn Pestalozzi
einst gefordert hat, Kinder nicht untereinander zu vergleichen, so trifft dies auch auf Eltern zu. Wer seinen Blick ständig auf andere gerichtet hat und schaut, warum das dort so gut
funktioniert, der erzeugt Stress – bei sich und dem Kind.

Fragt man Eltern danach, was sie alles können, wo ihre
Kompetenzen und Stärken liegen, dann erntet man nicht
selten verlegenes Schweigen. Will man aber etwas über ihre
Schwächen wissen, über das, was nicht klappt, dann öffnet
sich eine Schleuse, die sich in einem Wortschwall über den
Fragenden ergießt.

Gelassenheit hat aber noch eine weitere spirituelle Dimension. Wir hatten es betont: Die spirituelle Haltung will
im Hier und Jetzt bleiben. Und genau dies meint Tagore sinngemäß, wenn er davon spricht, Erziehung sei nicht Vorbereitung auf das Leben, vielmehr das Leben selbst. Unterhält man
sich mit Eltern und Erziehenden, dann steht Erziehung ständig unter einer Zukunftsperspektive, die sich in Formulie-

rungen wie «Du sollst es einmal besser haben!» oder «Wenn ich mir das vorstelle! Wo soll das nur enden?» wiederfindet. Kinder unter einer zukünftigen, imaginären Brille zu sehen heißt, sie im Hier und Jetzt aus den Augen zu verlieren, ja manchmal hat man den Eindruck, als wären Eltern geborene erzieherische Schwarzseher, die ihre Kinder in einem pädagogischen Nirgendwo enden sehen. So wichtig es ist, Kindern eine lebenswerte und liebenswürdige Perspektive zu geben, die erzieherische Kraft sollte sich auf das Hier und Jetzt konzentrieren. Und wenn man schon nicht davon ablassen kann, sich in Zukunftsphantasien hineinzusteigern, kann man dann doch Schwarzmalerei und -seherei vermeiden, indem man die Zukunft in ein helles, transparentes Licht hüllt, dass die Kinder erfasst und anstrahlt. Hier können Filme von Charlie Chaplin den Eltern ein spiritueller Begleiter sein. Chaplins Helden sind auf der Suche, sind manchmal verzweifelt, aber sie sind mutig, vertrauen auf sich und ihre Stärken. Chaplins Helden haben diese kindliche Unverwüstlichkeit, den Glauben an sich, den Willen, Berge zu versetzen, auch wenn die Umstände dem entgegenstehen. Chaplins Helden sind Stehaufmännchen. Und viele seiner Filme haben ein ganz eigenes Happy End – seine Helden gehen aus dem Vordergrund in den Hintergrund, und dieser ist eingehüllt in ein göttliches Licht. Solche Sichtweise kann Eltern vielleicht helfen, die Kinder auf ihrem Weg spirituell zu begleiten und zu unterstützen.

Es gibt für Vater und Mutter ein Leben jenseits der Elternschaft, eben ein Leben als Mann und Frau, die sich lieben, mögen, akzeptieren, die für sich da sind, die ein Leben ohne Kinder stunden- und tageweise genießen, die sich mal ausklinken aus dem Erziehungsalltag, nur für sich sein wollen, weil sie spüren, dass das Nörgeln und Quengeln der Kinder am Abend, die Nervereien über die Hausaufgaben keine Lust aufkommen lässt, keine Bereitschaft, sich aufeinander einzulassen. Eine aufrichtige Partnerschaft kann eine Quelle für Spiritualität sein, die Lust aufeinander macht. Genießt man eine kinderfreie Zeit, dann freut man sich wieder auf die «kleinen Monster», hat jene Gelassenheit, die notwendig ist, den Erziehungsalltag zu gestalten. Kinder mögen Eltern, die für sich sorgen, weil sie spüren, dass sich das in eine Fürsorge für sie wandelt. Gelassenheit kann jene Haltung sein, die eine Leichtigkeit des pädagogischen Seins mit sich bringt, die für alle so fruchtbar sein kann.

VOM WERT DER RITUALE

Entritualisierung ist – wir hatten es betont – Entspiritualisierung. Kinder brauchen Rituale, denn Rituale geben Orientierung und vertreiben Ängste. Es gibt eine Phase im Leben von Kindern, wo sie selber Rituale schaffen, sie betreten z.B. nur jeden dritten Stein. Solche Rituale – so glauben sie – geben ihnen die Gewissheit, dass ihnen z.B. im Straßenverkehr nichts passiert. Wir lächeln über dieses magische Denken der Kinder, aber für die Kinder ist das ganz wichtig. Es ist ihr Weg, mitten in der unübersichtlichen und gefährlichen Welt Halt, Sicherheit und Schutz zu erfahren. Ein anderer Ort, an dem Kinder oft Angst haben, ist die Nacht. Daher brauchen Kinder Gute-Nacht-Rituale, um ihre Angst vor der Nacht, vor Träumen mit wilden Tieren und feindlichen Menschen zu überwinden. Rituale vermitteln ihnen dann Sicherheit und Geborgenheit.

Rituale haben etwas Magisches, und Magie ist der Versuch, das Wirken Gottes handfest zu erfahren. Früher haben die Menschen einander gern eine gesegnete Medaille mitgegeben. Für viele war z.B. das Benediktskreuz ein solches Medaillon. Man trug es am Hals und vertraute darauf, dass man so vor Gefahren geschützt ist. Wir aufgeklärten Menschen denken, das sei Magie. Aber in Wirklichkeit ist das Bedürfnis dieser Menschen, dass sie Gottes Hilfe handfest erfahren. Theologisch richtig kann man dieses Bedürfnis so deuten: Nicht das Benediktskreuz wirkt auf magische Weise, vielmehr erinnert uns das Kreuz daran, dass Gott selbst als der Schützende und Behütende bei mir ist, dass er mich kraft des Kreuzes Jesu Christi begleitet, schützt und von allem befreit, was mich bedroht. Wenn z. B. ein Kind Angst hat, in den Kindergarten zu gehen, so kann ihm die Mutter etwas mitgeben, das es entweder an die Mutter oder an Gott erinnert. Für die einen könnte das ein Kreuz, ein Marienbild oder sonst ein Heiligenbild sein, für andere kann es auch ein Stein sein, der die Liebe der Mutter symbolisiert. Sie gibt dem Kind den Stein mit der Zusicherung: «Im Stein bin ich bei dir. Ich gebe dir Halt. Ich bin mit meiner Liebe bei dir. Die ist stärker als die Ablehnung, die dir vielleicht entgegenkommt.» Wieder für andere ist der magische Gegenstand der Teddybär, den das Kind überall mitnimmt, oder die Puppe, der es alles erzählen kann. Kinder brauchen etwas Handfestes, an dem sie sich festhalten können. Oder wenn sie sich allein fühlen, gibt ihnen der Stein, das Bild, das Kreuz, die Puppe die Gewissheit, dass sie nicht allein sind, dass die Mutter bei ihnen ist, dass der Vater ihnen den Rücken stärkt, dass der Schutzengel sie schützt, dass Gott bei ihnen ist.

In der Psychologie spricht man von Übergangsritualen. Übergänge machen den meisten Menschen Angst, so dass Rituale bei Übergängen hilfreich sein können. Die wichtigsten Übergänge sind Geburt und Tod, Erwachsenwerden, die Erfahrung der Lebensmitte und auch der Pensionierung. Für das Kind sind es die täglichen Übergänge wie Morgen und Abend, wie das Verlassen des Hauses und das Zurückkommen ins Haus. Deshalb sind die Morgen- und Abendrituale wichtig. Kinder sehnen sich nach einem guten Abendritual, manche können nicht einschlafen, wenn der Vater oder die Mutter nicht zu ihnen kommen, eine Geschichte erzählen, mit ihnen beten oder die Hand auflegen. Eine erwachsene Frau erzählte mir, dass sie heute noch die warme, schwere Hand ihres Vaters auf dem Kopf spürt, er hatte abends mit ihr gebetet und ihr zum Abschluss immer seine Hand auf den Kopf gelegt, um sie zu segnen und sie dem Schutz Gottes zu empfehlen. Diese Gebärde war für die Frau noch lange Zeit Ausdruck von Liebe und Geborgenheit, von Schutz und Behütetsein. Kinder haben gerade abends Angst vor den Träumen. Das Abendritual nimmt ihnen die Angst. Es gibt ihnen Sicherheit, nicht nur in Bezug auf die Unsicherheit der Nacht. Es gibt ihnen auch die Sicherheit, dass die Eltern bei ihnen sind und bei ihnen bleiben. Kinder wollen oft immer wieder die gleichen Märchen hören, die gleichen Gebete sprechen. Das gibt ihnen Sicherheit und Heimat. Sie wohnen gleichsam in den Ritualen. Sie fühlen sich darin zu Haus.

Genauso wichtig wie das Abendritual ist das Morgenritual. Es beginnt damit, dass ein Elternteil das Kind weckt und es liebevoll anlächelt. Heute wird leider in immer weniger Familien ein gutes Morgenritual gefeiert. Manche Eltern beten mit den Kindern vor dem Frühstück gemeinsam ein Morgengebet, das vor allem die Sehnsucht nach Schutz zum Ausdruck bringt. Und sie segnen oder verabschieden ihre Kinder freundlich, wenn sie in den Kindergarten oder in die Schule gehen. Das Wort «segnen» kommt ja von «benedicere = Gutes sagen». Der Segen kann aber auch durch die Handauflegung geschehen und dadurch, dass z.B. die Eltern ihr Kind in den Arm nehmen oder Mutter oder Vater dem Kind ein Kreuz auf die Stirn zeichnen. Das Kreuz ist Zeichen von Nähe. Es drückt aus: Alles an dir ist gut. Alles an dir ist von Gott geliebt. Und: Du bist geschützt. Das Kreuz bewahrt

dich vor allen Gefahren, vor allem, was dich gefährdet oder
bedroht.

Eine Kindergärtnerin erzählte mir, sie sei oft sehr betroffen, weil so viele Kinder ungesegnet in den Kindergarten
kommen. Sie würden oft nur Sätze hören wie: «Mach endlich
schneller. Du bringst jeden Morgen die ganze Familie durcheinander. Alle müssen sich nach dir richten. Ich komme nicht
mehr rechtzeitig zur Arbeit, nur weil du so langsam machst.
Du bist eine Last für uns alle.» Solche negativen Worte sind
wie Fluchworte. Fluchen verbinden wir heute mit religiösen
Kraftausdrücken oder mit Verwünschungen. Doch das Wort
«fluchen» kommt ursprünglich von «schlagen». Solche Worte sind wie Schläge für die Seele, sie verletzen die Seele von
Kindern und lassen sich nicht so leicht abschütteln. Kinder
brauchen gute Worte, um an das Gute in sich zu glauben. Und
sie brauchen sichere Rituale, damit sie sich im Alltag als gesegnet und behütet erfahren.

Schwellenrituale

Schwellenrituale betrafen früher tatsächlich das konkrete Gehen über eine Schwelle, etwa über die Türschwelle eines Hauses und besonders von Kirchen. Der Schwellenheilige war der
heilige Christophorus. Man malte sein Bild überlebensgroß an
die Eingangswand der großen Kathedralen, damit jeder, der
aus der Kirche über die Schwelle nach draußen ging, geschützt
sei, dass ihm keine Gefahr an diesem Tag drohe. Schon in der
Antike gab es die Heiligkeit der Schwelle. Wenn man über die
Schwelle des Tempels treten wollte, musste man sich zuerst
reinigen. Über die Schwelle ins Heilige zu treten und über die

Schwelle aus dem Heiligen in das Profane war ein spiritueller Akt, der von Ritualen begleitet war. Im katholischen Bereich ist dieses Schwellenritual heute noch in vielen Gegenden lebendig. Wenn man in die Kirche tritt und wenn man aus ihr herausgeht, nimmt man Weihwasser und bekreuzigt sich. Man wischt beim Eintreten gleichsam alle Trübungen weg, die sich im Umgang mit anderen Menschen in uns festgesetzt haben. Und beim Hinausgehen schützt man sich, indem man sich mit dem Kreuz bezeichnet. Das Kreuz Christi möge uns schützen vor allem, was in der Welt unser Denken und Handeln trüben könnte. Das gleiche Ritual machten früher auch viele fromme Christen, wenn sie ihr eigenes Haus betraten oder es verließen. Daher hatten viele Katholiken am Eingang ihres Hauses ein Weihwasserbecken. Sie nahmen beim Eintreten und Hinausgehen Weihwasser und bekreuzigten sich – ähnlich wie beim Betreten oder Verlassen einer Kirche. In diesen Schwellenritualen war noch ein Wissen um das, was sich in der Seele abspielt, wenn ich über eine Schwelle schreite, wenn ich in die Welt hinausgehe oder aus der Welt wieder nach Hause komme. Das, was mich draußen beschäftigt hat, soll mich nicht auch noch zu Hause begleiten.

Kinder haben ein Gespür für solche Schwellenrituale. Sie möchten begrüßt und in den Arm genommen werden, wenn sie nach Hause kommen. Und sie möchten gesegnet werden, wenn sie das Haus verlassen. Und sie möchten, dass ihre Eltern, wenn sie von der Arbeit nach Hause kommen, auch ganz daheim sind und nicht mit ihren Gedanken noch bei der Arbeit. Rituale schließen eine Tür und öffnen eine Tür. Viele Eltern kommen nach Hause, ohne die Tür der Arbeit geschlossen zu haben. Sie stehen gleichsam immer im Durchzug. Doch das tut der Seele nicht gut. Und wenn sie die Tür der

Arbeit nicht geschlossen haben, kann sich die Tür der Familie nicht öffnen. Sie sind dann nicht dort, wo sie eigentlich sind. Sie sind zwar körperlich anwesend, aber geistig abwesend.

Die Kinder spüren das sofort und werden dann leicht unruhig und weinerlich. Weil sie die Eltern als abwesend erfahren, müssen sie sich spürbar bemerkbar machen. Sie hängen sich dann an die Eltern und haben tausend Wünsche. Eltern reagieren dann oft genervt, und so beginnt ein Teufelskreis. Die Eltern erleben das Zuhause als anstrengend, sie haben den Eindruck: «Ich habe so viel gearbeitet. Jetzt muss ich mich auch noch mit den Kindern abgeben.» Wenn die Eltern jedoch die Tür der Arbeit geschlossen haben und ganz bei den Kindern sind, werden die Kinder anders darauf reagieren. Sie sind viel schneller zufrieden mit der Zuwendung der Eltern. Und die Eltern erleben den Umgang mit den Kindern nicht als Fortsetzung ihrer Arbeit, sondern als einen Raum, in dem sie sich selbst erholen können.

Rituale geben Kindern Heimat und Geborgenheit. Das wird vor allem deutlich an den Ritualen des Kirchenjahres, so etwa an den Ritualen in der Adventszeit und in der Weihnachtszeit. Das deutsche Wort «Heimat» hängt mit dem Wort «Geheimnis» zusammen. Daheim sein kann man nur, wo das Geheimnis wohnt. Die Rituale der Adventszeit und Weihnachtszeit vermitteln Kindern, dass da im Haus der Familie etwas ist, das größer ist als die Familie, auf das die ganze Familie blickt. Letztlich ist es das Geheimnis, dass Gott unter uns wohnt, dass er dort ist, wo wir sind, mitten in unserem Haus. Heimat entsteht einmal durch das Gespür für das Geheimnis, das uns umgibt. Und Heimat heißt zugleich: Anteil haben an den Wurzeln meiner Vorfahren. Gerade in den Ritualen der Adventszeit und Weihnachtszeit praktizieren die meisten

Familien die gleichen Formen, die ihre Eltern und Großeltern geübt haben. Indem die Familie bestimmte Rituale – Adventskranz, Christbaum, Bescherung und Liedersingen – übt, hat sie Anteil an der Lebenskraft und Glaubenskraft ihrer Vorfahren. Die Kinder sind dann eingebettet in die Familientradition. Heute leiden viele Menschen an der Wurzellosigkeit ihres Daseins. Depressionen weisen dann oft auf diese Wurzellosigkeit hin. Wenn Eltern ihren Kindern Anteil geben an den Wurzeln ihrer Vorfahren, geben sie ihnen Stärke. Sie haben so Anteil an einem Strom des Lebens und des Glaubens und fühlen sich getragen und gestärkt.

Rituale rhythmisieren das Leben, und besonders Kinder brauchen einen guten Rhythmus, um heranwachsen zu können. Auch die Natur lebt im Rhythmus. Wer die Natur mit ihrem Rhythmus nachahmt – und in der Nachahmung der Natur besteht nach Platon die Kunst – , dessen Leben gelingt. Und C. G. Jung meint, wer im Rhythmus arbeitet, kann mehr und effektiver arbeiten. Wer im Rhythmus lebt, geht nachhaltig mit seinen Kräften um. Jeder Mensch hat einen Biorhythmus, es ist gut, diesem inneren Rhythmus zu folgen. Kinder sollten lernen, sich in den Rhythmus der Natur einzuschwingen. Dann leben sie gesund und kommen in Berührung mit den Kräften und Fähigkeiten, die in ihnen stecken. Die Ordnung des Tages schafft Klarheit und hilft der Seele, die in weiten Teilen noch ungeformt ist.

Familienidentität

Noch eine andere Wirkung haben Rituale: In ihnen werden Gefühle ausgedrückt, die sonst nie ausgedrückt werden. Und

Beziehungen werden vertieft, es entsteht eine Familienidentität. Wenn Familien noch Rituale haben, dann spüren die Kinder: Wir leben nicht einfach dahin, wir haben eine Kultur. Wer bei uns eingeladen wird, der hat Anteil an unserer Kultur. Die Rituale, in denen die Gefühle vor allem ausgedrückt werden, sind die Rituale am Geburtstag und Namenstag. Man kann den Geburtstag einfach nur dadurch feiern, dass man den Lieblingskuchen des Kindes backt und gemeinsam isst. Aber das ist zu wenig. Der Geburtstag wäre Anlass, dass die Eltern und Geschwister dem Kind sagen, was sie an ihm schätzen und was sie ihm wünschen. Dabei hat jede Jahreszahl ihre eigene Bedeutung. Was wünsche ich einem Kind an seinem 5. oder 6. oder 10. Geburtstag? Es wäre gut, wenn die Eltern den Geburtstag des Kindes mit viel Liebe und Phantasie feiern. Das gibt Kindern Selbstvertrauen und das Gefühl, angenommem zu sein und dazuzugehören. Rituale prägen sich tief in die Seele des Kindes ein. Sie reichen bis in die Tiefe des Unbewussten hinein und wirken sich dort als heilende Bilder in der Seele des Kindes aus. Wir sollten daher die Chance nutzen, den Ritualen besondere Aufmerksamkeit zu widmen, und wirklich das sagen, was wir das ganze Jahr über sonst kaum einmal dem Kind gegenüber ausdrücken.

In katholischen Gegenden ist es üblich, auch den Namenstag zu feiern. Das Kind trägt seinen Namen ja nicht zufällig. Die Eltern haben sich Gedanken gemacht, welchen Namen sie diesem Kind geben. So sollten sie sich auch am Namenstag überlegen, was sie dem Kind sagen können. Namen haben oft eine besondere Bedeutung: Bernhard heißt z.B. der Bärenstarke, der tapfere Mann. Barbara ist die Ausländerin, die aus einer anderen, göttlichen Welt kommt. Hilde ist die Kämpferin, Hildegard die im Kampf Schützende. Ich wünsche dem

Kind, dass es immer mehr in die Gestalt des Namens hineinwächst. Was in ihm steckt, das kann es in seinem Namen entdecken. Und wir können ihm helfen, das in seinem Namen
zu finden.

Rituale sind für Kinder vor allem dort wichtig, wo sie sich
emotional überfordert fühlen. Das ist immer beim Abschied
der Fall. Wenn eine Familie in eine andere Stadt zieht, weil die
Eltern dort Arbeit gefunden haben, dann ist das immer mit
Schmerz verbunden. Und es braucht ein gutes Abschiedsritual, damit die Kinder diesen Abschied gut bewältigen. Es gilt
aber auch bei den späteren Abschieden, wenn der Sohn oder
die Tochter ausziehen. Auch dann wäre ein Abschiedsritual
wichtig, nicht nur für die Kinder, sondern auch für die Eltern,
um die Kinder gut loslassen zu können.

Vor allem die Trauer um einen lieben Menschen braucht
Rituale. Kinder wären ohne Rituale überfordert, mit der
Trauer, die sie in sich spüren, umzugehen. Rituale geben
die Möglichkeit, Gefühle auszudrücken, die sonst nie ausgedrückt würden. Rituale geben Halt und Sicherheit in einer
chaotischen Situation. Sie strukturieren die Zeit und auch die
Gefühlswelt des Kindes. Rituale unterstützen die Identität
des Kindes. Im Ritual spürt das Kind, dass es selber etwas
tun kann. Es ist sein eigenes Ritual. Darin spürt es sich selbst,
seine eigene Identität. Rituale stiften Sinn. Sie geben gerade
in der Trauerzeit, in der das Kind alles als sinnlos erlebt, einen
Raum, in dem ein Sinn zumindest erahnt werden kann. Ohne
dass die Eltern sie dazu anstiften, feiern Kinder ihre Trauerrituale, wenn sie einen toten Vogel sehen. Sie beerdigen ihn.
Ich kann mich erinnern, dass wir als Kinder Kreuze gezim-
mert haben, eine Prozession veranstaltet haben. Wir haben
dazu nicht immer passende Lieder gesungen wie «Ein Jäger

aus Kurpfalz». Aber das war unsere Weise, mit der Trauer über den toten Vogel oder die gestorbene Katze umzugehen. Danach fühlten wir uns besser. Ich kann nicht sagen, dass wir bei der Prozession große Trauer verspürten. Wir hatten Phantasie und feierten etwas. Das tat uns gut. Das zeigte uns etwas vom Geheimnis des Lebens und Sterbens. Rituale haben etwas Spielerisches an sich. Sie geben dem Kind die Möglichkeit, auf spielerische Weise mit schwierigen Themen und Gefühlen umzugehen und auf diese Weise die Gefühle zu verwandeln.

Die Trauerrituale von Kindern zeigen verschiedene Aspekte: Da gibt es Abschiedsrituale, die es dem Kind ermöglichen, Abschied von verstorbenen Menschen zu nehmen. Dann gibt es Entlastungsrituale, die dem Kind helfen, mit seinen Schuldgefühlen umzugehen. Es gibt Erinnerungsrituale, die es Kindern ermöglichen, den Kontakt mit dem Verstorbenen aufrechtzuerhalten. Indem sie z. B. mit einem Gegenstand des Verstorbenen spielen, versetzen sie sich in ihn, nehmen ihn wahr, erfahren ihn als inneren Begleiter. Und es gibt die Rituale, die dem Kind helfen, die Trauer und den Schmerz zu verarbeiten. Alle diese Aspekte sind oft zugleich präsent, wenn ein Kind ein Trauerritual feiert. So möchte ich der Reihe nach einige Rituale aufzählen, die für Kinder hilfreich sind.

Kinder werden oft von einer Beerdigung ferngehalten. Doch damit nimmt man dem Kind die Möglichkeit, Abschied vom Verstorbenen zu nehmen. Das Kind sollte jedoch freiwillig, von sich aus an der Beerdigung teilnehmen. Man sollte mit ihm über den Ablauf der Feier sprechen, auf die Rituale vorbereiten und sie erklären. Das Kind braucht eine Bezugsperson bei der Beerdigung und oft auch körperliche Nähe. Wenn es Fragen hat, sollte man direkt antworten und nicht meinen, das würde die Feier stören. Wichtig wäre auch, das Kind einzuladen, bei der Beerdigung auf seine Weise Abschied zu nehmen. Ein Kind, das mit seinem Vater gerne Drachen steigen ließ, nahm den Drachen mit zur Beerdigung und warf ihn in das Grab. Das war sein Ritual, vom Vater Abschied zu nehmen. So ein Abschiedsritual entlastet das Kind. Es gibt ihm das Gefühl, seine Liebe ausdrücken zu können. Eine andere Möglichkeit, den eigenen Abschied in die Beerdigungsfeier einzubringen, wäre, den Sarg des verstorbenen Vaters, der verstorbenen Mutter zu bemalen oder selbstgemalte Bilder mitzubringen und sie in das Grab zu werfen.

Für Kinder ist es wichtig, das Grab eines verstorbenen Menschen zu besuchen. Es ist ein wichtiger Ort der Erinnerung. Die Trauer braucht einen Ort, an dem sie sich ausdrücken kann. Wichtig ist dabei, dass das Kind das Grab auf seine persönliche Weise gestalten kann, dass es selber die Blumen pflanzt und pflegt, dass es Gegenstände mitbringt, die ihm wichtig sind, Gegenstände, die an den Verstorbenen erinnern oder mit denen das Kind seinen Glauben an die Auferstehung ausdrückt.

Später ist die Gestaltung der gemeinsamen Feiertage wichtig, etwa die Feier des ersten Weihnachtsfestes ohne den verstorbenen Bruder, die Feier von Ostern, die Feier des Geburtstages oder Namenstages des Verstorbenen. Das Kind könnte ein Weihnachtsgeschenk für den Verstorbenen aussuchen oder etwas malen oder eine Kerze für den Verstorbenen basteln und sie unter dem Christbaum anzünden, als Zeichen, dass er auch mitfeiert. Ein Austausch und Gespräch über den Verstorbenen wäre gut. Wie feiert er jetzt das Fest im Himmel? Was fehlt uns? Was hat er immer beigetragen zum Fest?

Wie hat er sich gefreut? Erinnerungen werden ausgetauscht. Das Kind kann auch ein Gedicht oder Gebet für den Verstorbenen schreiben und es vorlesen.

Ein sehr schönes Trauerritual wäre auch, einen Baum im Garten zu pflanzen. Der Baum wird die Erinnerung an den verstorbenen Menschen immer wachhalten. Kinder gehen gern zu so einem Baum, um ihre Wut, ihren Schmerz, ihre Einsamkeit auszudrücken. Sie haben so einen Ort für ihre Trauer und fühlen sich dort dem Verstorbenen nah. Jahrestage und Geburtstage des Verstorbenen können dann z. B. zu einem Baumfest werden.

Als Erinnerungsritual dient Kindern vor allem auch das Spielen. Sie spielen dann gern die Spiele, die sie mit dem Verstorbenen gespielt haben. Beim Spielen können sie die Erinnerung aufrechterhalten und zugleich Abschied nehmen. Oft spielen Kinder in diesen schwierigen Zeiten mit den Spielsachen des verstorbenen Bruders oder mit den Gegenständen der verstorbenen Großmutter. Sie agieren in ihren eigenen Spielen die Trauer aus, aber zugleich spielen sie die Beziehung zum anderen. Alles, was im erwachsenen Trauerprozess geschieht – Abschied, Schmerz, Trauer, Wut und dann schließlich eine neue Kontaktaufnahme, damit der Verstorbene zu einem inneren Begleiter wird –, agieren Kinder in ihrem Spiel aus.

PARADOXIE DES LEBENS –
LOSLASSEN UND HALT GEBEN

Halt geben und loslassen – in diesen Begriffen ist eine spirituelle Haltung enthalten, wie man Kinder durch das Trotzalter
und die Pubertät begleitet, zwei Entwicklungsphasen, die
sich durch Aufbruch und Umbruch auszeichnen. Halt geben
und loslassen entspricht einer «Choreographie», mit der das
Kind trotzt und der Heranwachsende pubertiert. Das Kind,
so hat es die Psychologin Louise I. Kaplan einmal formuliert,
lebt in diesen beiden Entwicklungsetappen das Drama vom
Eins- und Getrenntsein. Es hält sich an den Eltern fest und
stößt die beiden gleichzeitig unvermittelt fort. Es will Nähe
und geht plötzlich auf Distanz, es beschattet die Mutter auf
Schritt und Tritt und hat von einem Moment auf den anderen
genug von ihr.

Eine Mutter erzählte eine Geschichte über ihren Sohn
Daniel. Der sei jetzt fünfzehn, «ein langer Lulatsch, in den
letzten beiden Jahren richtig in die Höhe geschossen – und er
duscht nicht». Sie rieche ihn schon, bevor sie ihn sehe. «Und
dann kommt er fast jeden Tag zu mir. Lässt sich auf meinen
Schoß krachen, umarmt mich, gibt mir einen Kuss.» Manchmal frage sie sich, ob das normal sei, schließlich sei er doch
schon so alt. Aber anscheinend brauche er diese Nähe, obgleich eine Freundin mal gemeint hat, ob das wirklich normal
sei. Und wenn er dann da auf ihrem Schoß sitze und es an der

Haustür klingele, weil seine Freunde da seien, dann springe er auf «und lässt mich links liegen, ja es kann passieren, dass er mich aufs übelste beschimpft». Sie komme sich dann wie ein dreckiger Fußabtreter vor. «Also», sie schaut ganz ernst drein, «diese Stimmungsschwankungen, die sind eine Zumutung. Die zerreißen mich fast.»

Und genau diese Zerrissenheit zwischen «himmelhoch jauchzend und zu Tode betrübt» ist es, die die Unterstützung und Begleitung des trotzenden und pubertierenden Kindes manchmal so schwierig werden lässt, hat man dann doch keinen verlässlichen Kompass zur Hand, der einem Orientierung gibt. Man fühlt sich orientierungslos und alleingelassen. Und erst dann, wenn man das Land des Trotzes und die Untiefen der Pubertät hinter sich gelassen hat, wenn man zurückblickt und das Gefühl hat, es geschafft zu haben, dann kann man lächeln, dann kann man schmunzeln – über sich und mit dem Kind.

Es war wohl Charlotte Bühler, eine Kinderpsychologin, die zu Beginn des letzten Jahrhunderts in Wien gelebt und gearbeitet hat, die für Eltern eine Geschichte parat hatte. In ihrer Zeit kannte man noch nicht den Begriff der Pubertät, man unterschied seinerzeit zwischen dem kleinen und dem großen Trotzalter – eine Unterscheidung, die gefällt, weil sie die innere biographische Kontinuität eines Heranwachsenden beschreibt. Charlotte Bühler erzählte sinngemäß: Je heftiger sich das kleine Trotzalter zwischen zwei und fünf Jahren darstellt, je weniger sich eine Mutter mit ihrem Kind auf den Spielplatz traut, weil andere Mütter schon laut rufen und warnen: «Da kommt die Mutter von Paul, diesem Schläger!», umso ruhiger, sanfter würde das große Trotzalter zwischen zwölf und fünfzehn Jahren ausfallen.

Das verstand sie als Trost für jene Eltern, die an ihren Kindern verzweifelten. Aber sie schrieb auch: Je ruhiger das kleine Trotzalter zwischen zwei und fünf Jahren, je mehr man sich in seinem Kind spiegelt, weil man seine erzieherischen Bemühungen, seine pädagogischen Kompetenzen in ihm wiedererkennt, umso heftiger, turbulenter, aufregender kann sich das zweite Trotzalter darstellen.

Als ein Vater diese Geschichte hörte, sprang er entgeistert auf und rief: «Mein Max! Mein Max, der ist jetzt drei! Der ist ganz ruhig! Sagen Sie, wie mache ich ihn heftig!»

Kinder sind so, wie sie sind. Sie sind einzigartig und unverwechselbar. Und dabei gibt es Zeiten, in denen man denkt: «Ich halte das nicht aus!» Dies ist genau das Nervenaufreibende während der Begleitung der Kinder ins Leben – das Gefühl, es gäbe nie ein Ende, dieses Gefühl, das Sisyphus haben musste: Wenn du ein Problem gelöst hast, dann steht das nächste vor der Tür!

Trotz – Die Unabhängigkeitserklärung des Kindes

«Wenn ihr nicht werdet wie Kinder!» – Dies bedeutet keine Verklärung der Kinder. Spirituelle Erziehung weiß: Sie kann anstrengend sein. Und wer Erziehung mit Yoga-Übungen gleichsetzt oder gar verwechselt, wer hofft, Spiritualität führe dazu, dass Kinder mit weißen Fahnen der Kapitulation und einem «Om-Om»-Mantra über dem Boden schweben, der wird von innen unnachahmlich geerdet – meist dort, wo man es nicht erwartet und meist dann, wenn man sich relativ sicher fühlt.

Selma Fraiberg, die «große alte Dame» der Kinderpsychologie, hat den Trotz anschaulich als «Unabhängigkeitserklärung der Kinder» beschrieben, als wichtigen Akt der Selbstwerdung, der «keine Verschwörung gegen die Regierung» der Eltern darstellt. Vater und Mutter werden weiter als haltgebende Bezugspunkte gebraucht. Trotzende Kinder mögen lebendige Eltern, die zu ihren Möglichkeiten, aber auch Unmöglichkeiten, zu ihren Fähigkeiten, aber auch ihren Fehlern stehen.

Um die Kinder durch diese Zeit zu begleiten, sind fünf große «G» hilfreich: Geduld, Gelassenheit, Geschicklichkeit, Grenzen erfahren und große Gefühle erleben. Eltern, die in dieser Zeit an ihre Grenzen kommen, spüren, wie sie mit pädagogischen Techniken nicht weiterkommen. Das alltägliche Scheitern führt zu Ohnmachtsgefühlen, aber auch Wut und Zorn – auf sich und das Kind. Manche Eltern würden ihre Kinder in dieser Zeit «gern auf den Mond schießen» – oder noch drastischer: «an die Wand klatschen» oder «windelweich schlagen …» Dass dies nicht nur in der Phantasie geschieht, davon zeugen Zeitungsberichte über Eltern, die die Kontrolle über sich und die Achtung und den Respekt gegenüber dem Kind verlieren.

Sie sei erschrocken gewesen, welch niedere Instinkte «da hervorbrechen», erzählte mir einmal eine Mutter: «Das hätte ich mir nie träumen lassen, dass ich auf das ständige ‹Nein›, das ewige Genörgele meiner Tochter so aggressiv reagieren würde.» Es stimmt ja: Für die Eltern ist diese Zeit nicht einfach. Zwar wissen sie in der Regel, dass die Trotzphase kommt – aber sie verläuft eben von Kind zu Kind höchst unterschiedlich: mal einem Erdbeben gleich mit zahlreichen Nachbeben, mal wie ein kurzer, heftiger Frühlingssturm, weil nach außen gerichtet und überzogen inszeniert, mal eher introvertiert, gefährlich leise, von versteinerten, undurchdringlichen Mienen begleitet, mal als Mischung von allem.

Jedes Kind ist anders – und dementsprechend unterschiedlich stellt sich der Trotz dar. Auch wenn der Trotz scheinbar aus heiterem Himmel kommt, auch wenn er in bestimmten Situationen häufiger auftritt – beim Anziehen, beim Essen, im Supermarkt, im Restaurant oder wenn Besuch da ist –, so ist der Trotz deshalb nicht blind. Im Trotz drückt sich vielmehr Durchsetzungswillen und Antriebsstärke des Kindes aus, im Trotz zeigt sich zugleich eine Selbstüberschätzung des Kindes: Es will mehr, als es kann, und es kann noch nicht so, wie es will, weil es sich vielleicht herabgesetzt oder eingeschränkt fühlt.

Der Trotz, darin sind sich viele Entwicklungspsychologen einig, ist eine normale Phase in der kindlichen Entwicklung, ein letztlich konstruktiver Prozess, der zu Autonomie und Eigenständigkeit führt. Im «Nein» des Kindes – so der Kinderpsychologe René Spitz – drückt sich kindlicher Eigenwille aus. Franz Renggli, ein Entwicklungsbiologe, sieht im Trotz eine ontogenetische Zwangsläufigkeit, die alle Kinder durchleben; er definiert Trotzanfälle als ein «zweites Geburtsschreien». Bedeutet der Schrei nach der Geburt das physische Ankommen in der Welt, so signalisiert das Trotzschreien das psychische Ankommen: «Ich bin da!»

Doch ist der Weg zu Autonomie und Selbständigkeit, zu Eigenwille und Selbstbeherrschung, zu Neugierde und Wissenwollen von Ungeduld, inneren Spannungszuständen und Disharmonie begleitet, die zu psychischem Ungleichgewicht führt. Dieses drückt sich in den Trotzanfällen aus, die die Spannungszustände ausgleichen sollen. Aber das ist für

Eltern auf den ersten Blick nicht erkennbar. Sie finden keine wirklichen Ursachen für den Wutausbruch. Dies erschwert den Eltern Verständnis für und Einfühlung in das Kind.

Wenn das Kind nach Unabhängigkeit strebt, setzt es sich von den Eltern ab, grenzt sich von ihnen ab. Dies bringt das Kind in Entscheidungskonflikte, die sich in Ausbrüchen und Anfällen entladen. Trotz lässt sich somit nicht vermeiden, auch wenn er sich von Kind zu Kind verschieden darstellt. Zwischen dem ersten und zweiten Lebensjahr macht das Kind rasante motorische, sprachliche, intellektuelle und soziale Fortschritte. Seine Selbstwahrnehmung verändert sich: Es erkennt den eigenen Vornamen, erkennt sich im Spiegel und macht vielfältige Erfahrungen mit anderen.

In dieser Zeit fangen die ersten Trotzreaktionen an, die Hinweise darauf geben, wie das Kind sich selbst wahrnimmt. Es entwickelt eigene Vorstellungen und Wünsche, und es kommt zu Konfrontationen mit den Eltern. Das Kind will alleine, muss sich aber mit elterlichen Verboten, die es als Willkür erlebt, auseinandersetzen. Und während sich die Eltern wortgewaltig ausdrücken können, kann das Kind nicht wirklich mithalten. Es möchte so viel sagen, sprachlich etwas dagegensetzen – aber es fehlen die Mittel. Die Spannung von «Ich kann alles» und «Ich darf nichts!» entlädt sich in einem emotionalen Gewitter.

Ausbleibender Trotz kann viele Gründe haben. Hier sind nicht jene Kinder gemeint, die temperamentsmäßig eher verhalten und zurückgenommen sind. Bei Patricia ist der Drang nach Autonomie verschüttet. Ein Blick in die Familienbiographie weist auf mögliche Hintergründe hin.

Patricia hat noch zwei jüngere Geschwister, und trotzdem ist sie nicht das älteste Kind in der Familie Bauer: Ihr Bruder

Jeremias starb an einem Herzklappenfehler, als sie noch nicht auf der Welt war, ihre Schwester Theresia verunglückte bei einem Verkehrsunfall tödlich. Auch Theresia hatte Patricia nicht kennengelernt. Isabell Bauer, die Mutter, gab sich die Schuld am Tod ihrer beiden Kinder: weil sie nicht auf die Empfehlung der Ärzte zu einer Herzoperation gehört hatte; weil sie Theresia mit dem Fahrrad in die Schule fahren ließ. Da hätte sie konsequenter sein sollen. «Wenn», «hätte» und «sollte» waren Worte, die sich durch Isabells Schilderungen zogen. An Patricia wollte sie «alles gutmachen», sich nicht nachsagen lassen, Fehler zu machen. Sie kümmerte sich ununterbrochen um ihre Tochter, las ihr jeden Wunsch von den Lippen ab, war ihr symbiotisch verbunden. Patricia hatte keine Zeit für sich, beanspruchte keinen eigenen Raum. Sie war ständig im besorgten Blick der Mutter. Deren Ängstlichkeit, Melancholie und depressive Verstimmung spiegelte sich in Patricias Körperbild, ihrem gesamten Verhalten. Patricia, so schien es, fühlte sich für ihre Mutter verantwortlich: Sie traute sich nicht, Freude zu zeigen, sie traute sich nicht, eigene Wege zu gehen, sie traute sich nicht, zu eigenen Möglichkeiten zu stehen, sie traute sich nicht zu trotzen, sich abzugrenzen und aufzulehnen. Den Wunsch nach Eigenständigkeit verbot sie sich selbst, und er wurde auch von ihrer Mutter nicht zugelassen.

Sie wünsche sich «so sehr ein selbstbewusstes Kind», erzählte Frau Bauer in der Beratung, aber dabei klang ihre Stimme brüchig, und der Blick war sorgenvoll, als wollte sie damit ausdrücken: «Hoffentlich passiert das nicht!»

Patricia ist mittlerweile 16: ein selbstbewusstes Mädchen, das für ein Jahr nach Südamerika zum Schüleraustausch möchte. Ihre Mutter, die die Trauer um ihre verlorenen Kinder in einer Therapie aufgearbeitet hatte, ermuntert Patricia mittlerweile dazu. Isabell Bauer lacht: «Ihre Trotzphase hat sie nicht ausgelebt, sie konnte das auch nicht. Aber was sie uns in der Pubertät zwischen 12 und 14 geboten hat, das war die reinste Achterbahnfahrt!» Manchmal habe sie sich insgeheim gewünscht, ihre Tochter wäre mit vier oder fünf Jahren ein paarmal ausgerastet. «Tja, das hat sie dann später nachgeholt!»

Eine Beobachtung, die sehr zutreffend ist. Das erwachsen werdende Kind macht sich auf den Weg in die Welt, lässt die Eltern zurück. Die Pubertät stellt eine weitere, eine zweite Chance für das Kind dar, eigenständig zu werden.

Pubertät – Zeit des Aufbruchs und Chance für alle

«Spiritualität, hör mir auf mit diesem Mist», erzählt der 15-jährige Mike verächtlich. «Alles ist bei uns zu Hause spirituell: das Essen, der Saft, bei Vollmond gerührt.» Er schüttelt den Kopf heftig hin und her. Seine Mutter rede nicht mehr mit ihm, sie flöte nur in «Schalmeientönen oder wie man das nennt». Es mache ihm «einen Heidenspaß, so richtig prollig zu sein». Seine Mutter wirke dann vorwurfsvoll, schaue ratlos seinen Vater an. Aber der würde nur mit den Achseln zucken. Sein Alter sei ein «Schlaffi», der nichts peilen würde. Spiritualität sei für den «seine Flasche Weißwein, den er jeden Abend perlen würde». Ihm tue ja seine Mutter schon leid, die gebe sich alle Mühe. Aber er könne jetzt mit der Kirche, mit Gott nichts anfangen. Dann grinst er breit: Sie solle einfach für ihn im Gottesdienst mitbeten, er brauche am Sonntagmorgen seine Ruhe.

Ihr laufe alles aus dem Ruder, erklärt Mikes Mutter einigermaßen erschüttert. Sie leben ihrem Sohn doch ein «positives Modell von Religiosität vor». Sie zwinge ihn zu nichts, sei großzügig, hoffe auf seine Einsicht. «Das Ergebnis!» Heftiges Kopfschütteln ihrerseits: Er mache, was er wolle, lasse sie am gestreckten Arm verhungern und so ihre Ohnmacht spüren.

Ihr Kind ziehe sich völlig zurück, igele sich ein, erzählt eine Mutter. Das Familienklima sei dahin, es entwickle sich aus jeder «noch so klitzekleinen Angelegenheit eine Auseinandersetzung». Sie habe den Eindruck, ihre Tochter zelebriere ihre Pubertät. Fürchterlich! Einfach grauenhaft! Nur noch Disko, schrille Musik, Freunde und Vergnügen, häusliche Pflichten oder die Schule stünden hintan.

Manchmal hat man den Eindruck, als ob Eltern von der Pubertät ihrer heranwachsenden Kinder völlig überrascht sind. Dabei haben die Väter und Mütter von heute ihre Pubertät auch aus- und durchlebt – zum Ärger, Schrecken und Missvergnügen ihrer damaligen Umwelt. Die Pubertät der eigenen Kinder lässt – ob man es nun will oder nicht – die längst vergangene eigene Pubertät wieder hochkommen. Eine solche Begegnung mag Verständnis für die pubertierenden Heranwachsenden aufkommen lassen, wobei Verständnis nicht mit einem gleichgültigen Gewährenlassen verwechselt werden darf.

Viele Eltern scheuen Konflikte und Auseinandersetzungen mit ihren Heranwachsenden, sind gar der Meinung, die Erziehung sei nun am Ende. Erziehung hat aber mit Beziehung zu tun, mit beharrlicher, nicht immer harmonischer Beziehungsarbeit. Wer sich aus der Erziehung zurückzieht, zieht sich auch aus der Beziehung zurück, lässt Jugendliche allein, macht sie halt- und orientierungslos. Manche zerstörerische Aktivitäten von Pubertierenden geben Hinweise darauf, wie

Heranwachsende hilflos um Hilfe, nach Zuwendung, nach Annahme, nach Bindung schreien. Eltern und alle Erwachsenen, die mit Pubertierenden zu tun haben, brauchen eine Ermutigung zur Erziehung und Beziehung.

Auch wenn sich der Pubertierende zurückzieht, Kontaktaufnahme verweigert, auch wenn sich Kommunikation als schwierig erweist, so ist es doch wichtig, im Gespräch zu bleiben, eigene Normen und Werte zu vermitteln. Nur in der Reibung, nur im Abarbeiten an vorgelebten elterlichen Modellen kann der Pubertierende diese prüfen und übernehmen. Dies geschieht nicht sofort und einsichtig. Kritik und Streit, Absetzung und Ablehnung kennzeichnen vielmehr die Prüfung und Übernahme. Jugendliche wollen Respekt und Achtung, sie verlangen, ernst genommen zu werden. Und dies ist richtig! Aber partnerschaftliche Beziehung und Erziehung schließt auch mit ein, dass Jugendliche ihre Eltern achten und respektieren. Wenn Eltern eigene Bedürfnisse «um des lieben Friedens willen» hintanstellen, führt das schnell zu ungleichen Eltern-Kind-Beziehungen, dazu, dass Pubertierende elterliche Bedürfnisse mit Füßen treten.

Nicht allein der Heranwachsende durchlebt die Phase der Pubertät. Dies gilt ebenso für Väter und Mütter. Sie erleben gleichermaßen körperliche Veränderungen. Und auch das Familienleben «pubertiert». Nicht selten steht mit der Pubertät der eigenen Kinder auch deren baldiger Auszug bevor. Aus der elterlichen Konzentration auf die Kinder, aus der familiären Gemeinsamkeit entwickelt sich eine neue Partnerschaft, eine veränderte «Zweier-Beziehung» von Vater und Mutter. Während der Pubertät ist nicht allein der Heranwachsende in Bewegung, dies gilt auch für die Eltern. Mir fällt auf, wie wenig dieser Gesichtspunkt von Eltern gesehen und vor allem gelebt wird. Der Auszug der Kinder kann der Beginn einer neuen gemeinsamen Etappe sein. Wird dieser Aspekt unterschätzt, kommt es nicht selten zum Stillstand in den Paarbeziehungen oder dazu, dass ein Partner bzw. eine Partnerin ausbricht. So ist es wohl kein Zufall, wenn mit dem Auszug der Kinder ein Ehepartner auszieht und in eine andere Beziehung flieht. So stellt die Pubertät eine spannende Phase in den Eltern-Kind-Beziehungen dar – voller Dramatik, voller kleinerer und größerer Konflikte, voller intensiver Gefühle; eine Phase, deren Sinn und Tiefe manchmal erst im Nachhinein geschätzt wird. Die Pubertät ist eine Chance – für alle Beteiligten.

«Trotzdem ist das ein blödes Alter», erzählt die 16-jährige Caroline. «Ich hab nur Stress mit der Familie. Ich ecke überall an.» Gabriele, 15 Jahre, ergänzt: «Mal lache ich tagelang, mal heule ich nur, weil ich mich so absolut hässlich finde. Nichts passt mir, meine Familie nicht, meine Kleidung, alles passt mir nicht.» Patrick, 15 Jahre, findet «diese Zeit» dagegen stark. «Du kannst machen, was du willst. Du kriegst immer Aufmerksamkeit. Verstehn tut mich keiner, aber das ist mir auch egal.» Johannes, 14 Jahre, zieht sich zurück: «Meine Pickel finde ich ekelig. Ich kann mich überhaupt nicht mehr sehen.»

Die Pubertät ist eine Zeit der körperlichen und seelischen Veränderung, des Übergangs von der Kindheit hin zum Erwachsensein. Pubertät kommt vom lateinischen Wort «pubes», das bedeutet «Körperhaar» und verdeutlicht anschaulich die körperliche Entwicklung, die Pubertierende durchmachen: Anzeichen der Pubertät sind die Haare auf dem Schamhügel oder unter den Armen.

Spannungen, Irrungen, Wirrungen, widerstreitende Emotionen kennzeichnen die Pubertät. Mal todtraurig, mal euphorisch, mal himmelhoch jauchzend, mal mit Kräften, Bäume auszureißen, mal ein schutzbedürftiges, unselbständiges Kleinkind, mal ganz Macho, Prinzessin, voller Staralüren, mal Pechmarie und Aschenbrödel, mal unendlich verliebt, mal alleingelassen mit sich und von der Welt. Während der Pubertät nehmen Heranwachsende Abschied von gestern, sie verlassen allmählich ein gewohntes Zuhause, vertraute Strukturen – und zugleich haben sie noch keine neuen Sicherheiten, keine Regeln und Rituale, die ihnen Verlässlichkeit bieten. Pubertierende sind deshalb häufig orientierungslos – und bei der Suche nach Halt schlagen sie nicht selten – und dies im wahrsten Sinne des Wortes – um sich. Mittels zerstörerischer Grenzüberschreitungen suchen sie Strohhalme und Balken, die ihnen beim Überleben in unbekannten Gewässern helfen. Die Pubertät als körperlicher und seelischer Vorgang fällt in die Zeit der Adoleszenz, eine Zeit des Wandels von der Kindheit zum Erwachsenenalter.

Die Pubertät ist mit einem Weg vergleichbar, der erst im Gehen entsteht. Und nicht immer kann man die Pubertät mit einem gemäßigten Gang vergleichen, manchmal ist sie vom Stillstand, dann von einem kaum fassbaren Tempo gekennzeichnet. Eine Pubertät ohne Schmerz, ohne Trauer und Tränen kann man sich nicht vorstellen.

Zweifellos machen es die Heranwachsenden den Eltern oft auch schwer, signalisieren sie ihnen doch nicht unbedingt Gesprächsbereitschaft und Kontaktfreudigkeit. Schroffheit in Gestik und Mimik der Heranwachsenden sind nur vordergründig Abwehr, sie symbolisieren auch das Bedürfnis nach Schutz und Distanz. Schroffheit zeigt Verletzlichkeit an. Um zu wachsen, braucht der Pubertierende Bewegung. Hinausgehen, weggehen hat mit Abschied zu tun, mit Abschied von

der Kindheit. Und deshalb ist Pubertät ohne Aggression undenkbar, Aggression im ursprünglichen Sinne des Wortes: ag-
gredi – etwas in Angriff nehmen, auf etwas Neues zugehen.

Wenn der Hummer den Panzer wechselt, dann wirft er
zunächst seinen alten ab. Bis ihm ein neuer, stärkerer Panzer
gewachsen ist, bleibt er schutzlos den Gefahren des Meeres
ausgeliefert. Die französische Psychologin Dolto hat das Bild
fortgeführt: «Dem Jugendlichen ergeht es wie dem Hummer.
Um sich einen neuen Panzer zu fabrizieren, das kostet viele
Tränen und so viel Schweiß, dass es beinahe ist, als würde
man ihn ‹ausschwitzen›.»

Entwicklung in Übergängen

Im Trotzalter und in der Pubertät machen sich die Heranwachsenden auf den Weg. Diese Entwicklungabschnitte
haben mit Bewegung, mit der Suche nach neuen Zielen und
Ufern zu tun. Ohne Aufbruch ist Autonomie, sind Selbstvertrauen und Selbstwertgefühl nicht möglich. Heranwachsende müssen sich aus geordneten Lebenszusammenhängen
lösen, sie verlassen heimatliche Gefilde. Kraft und Energie
gleiten dann schon einmal in Zerstörung und Vandalismus
ab, wenn Eltern blindes Verständnis für jegliches Tun zeigen,
zerstörerischen Grenzüberschreitungen mit Gleichgültigkeit
begegnen und damit tolerieren.

In manchen Familien werden Heranwachsende – ob nun
im Trotzalter oder in der Pubertät – wie Statussymbole behandelt, die elterliches Anspruchsdenken einlösen sollen. Was in
diesen Eltern-Kind-Beziehungen fehlt, ist positive Aufmerksamkeit, gefühlsmäßige Zuwendung und gemeinsame Zeit

füreinander. Eltern wollen und tun das Beste – nicht für ihr Kind, sondern mehr für sich. Da kein Kind, kein Jugendlicher ohne gefühlsmäßige Bindung leben kann, erkämpfen sich die Heranwachsenden dann Zuwendung, indem sie Leistung verweigern, krank werden oder durch zerstörerisches Handeln auffällig werden. Heranwachsende bekommen dann schnell Zuwendung, auch wenn sie eine negative, strafende oder schmerzhafte ist. Dies kommentiert der 16-jährige Patrick so: «Ich konnte machen, was ich wollte. Ich konnte jeden Mist machen. Dann waren meine Eltern kurz sauer. Aber dann haben sie alles auf ihre Art wiedergutgemacht. Und dann war es auch schon mit dem Ärger vorbei.»

Oder der siebenjährige Michael: «Meine Mutter ist zwar böse mit mir, wenn ich was angestellt habe. Aber irgendwie nicht richtig. Und dann mache ich weiter Scheiß.»

Diese Aussagen machen Aspekte deutlich, die für die Erziehung von Pubertierenden, ihre Wünsche nach Autonomie, nach Loslösung und Selbständigwerden wichtig sind: Autonomie, verstanden als Erziehung zur Selbstverantwortung und Eigenständigkeit, ist nur auf der Grundlage gegenseitigen Respekts, gegenseitiger Achtung möglich. Kinder und Jugendliche nehmen nur den Erwachsenen ernst, der sich auch selbst respektiert. Wenn Eltern sich nicht als Persönlichkeit ernst nehmen, dann werden sie auch von ihren Kindern nicht ernst genommen. Nur ein Urvertrauen zu Eltern, anderen wichtigen Menschen in der unmittelbaren Umgebung gibt Heranwachsenden Verlässlichkeit und Halt, nur der Glaube an eine überzeugende Bezugsperson hilft Heranwachsenden, sich in einer unübersichtlichen Welt zurechtzufinden. Ein nicht ausgebildetes Urvertrauen, ja ein Misstrauen, macht Kinder ängstlich, unsicher, macht sie haltlos. Heranwachsende empfinden sich dann als nicht zugehörig, losgelöst von festen Bindungen. Dies lässt sie blind um sich schlagen, so lange, bis man ihnen Aufmerksamkeit schenkt. Manch zerstörerischer Akt von Heranwachsenden kann somit als Hilfeschrei gedeutet werden, als Hilfeschrei, sie endlich gefühlsmäßig anzunehmen, manch zerstörerisches Handeln von Pubertierenden ist Ausdruck einer Wohlstandsverwahrlosung.

Kinder – egal welchen Alters – wünschen durchaus Kontrolle. Eine zu starke äußere Lenkung des Kindes engt dessen Selbständigkeit, Phantasie und Bereitschaft, Verantwortung zu übernehmen, allerdings ein. Aber fehlende Lenkung, andauernde Nachgiebigkeit gefährdet die gefühlsmäßige Entwicklung des Heranwachsenden ebenso, sie fördert destruktives Handeln. Falsch verstandene Großzügigkeit, ein gleichgültiges Laisser-faire sowie autoritär-hierarchischer Druck in der Erziehung sind zwei Seiten einer Medaille, die zerstörerische Aggression begünstigen und selbstverantwortliche Aktivitäten verhindern.

Immer weniger Kinder erfahren den Wert von Ritualen wie zum Beispiel Streit- und Konflikt-Ritualen. Die zunehmende Entritualisierung des Alltags, ja des Lebens schlechthin, wir haben darauf schon mehrmals hingewiesen, hat eine Unübersichtlichkeit mit sich gebracht, die viele Heranwachsende verunsichert. Zweifellos können Rituale erstarren, an Bedeutung verlieren; aber klare und offene Rituale, die eingebunden sind in den Prozess des Lebens, geben Kraft und Energie und Auskunft darüber, wie man das Leben sinnvoll und inhaltsreich inszenieren kann. Heranwachsende in den Übergängen des Lebens spüren die hohe Bedeutungsdichte, die Rituale und die damit einhergehenden Symbole haben. Rituale, wie man streiten oder Ängste aushalten kann, geben

Vertrautheit und Halt, sie geben ein Mittel an die Hand, um Gefühle aufzufangen und Unsicherheiten zu reduzieren.

Einen eigenen Standpunkt, Autonomie und Selbständigkeit können Kinder nur über eine Auseinandersetzung mit Erwachsenen gewinnen, eine Auseinandersetzung, die manchmal lautstark, nervend, aber niemals langweilig sein kann. Auseinandersetzungen haben mit Grenzüberschreitungen zu tun, die den Heranwachsenden zeigen, wie weit sie gehen können und wann sie die Autonomie anderer verletzen.

Jesu Kindheit und Pubertät

Auch die Eltern Jesu haben es mit ihrem Kind nicht besonders einfach gehabt: Lukas erzählt in seinem Evangelium von er Kindheitsgeschichte Jesu. Er hat seine Eltern gefordert, herausgefordert, in manchen Situationen wohl auch überfordert. Und in den Schilderungen wird sichtbar, wie die Geburt Jesu auch bei seinen Eltern etwas in Bewegung gebracht, wie aus einer Partnerschaft eine Elternschaft wurde, wie sich die Eltern Problemen stellen mussten. Und wenn Lukas erzählt, dann erkennt man, wie aktuell seine Berichte sind.

Lukas beginnt sein Evangelium mit einem alten Ehepaar, das keine Kinder hat, das unfruchtbar ist. Der Engel Gabriel kommt zu Zacharias und verkündet ihm, dass seine Frau ein Kind bekommen wird. Doch der alte Mann Zacharias hört nicht auf den inneren Impuls, in dem der Engel zu ihm spricht. Er vertraut auf seinen Verstand. Und der sagt ihm, dass das Thema Kind vorbei ist. Zacharias verschließt sich der Botschaft des Engels und letztlich dem Neuen, das ein Kind in sein Leben tritt. Er verstummt. Er muss sich im Schweigen innerlich vorbereiten auf das Geschenk des Kindes. Als es dann geboren ist, ist er offen geworden, es von Gott anzunehmen.

Und er gibt ihm den Namen «Johannes, das bedeutet: Gott ist gnädig». Er hat erfahren, dass ein Kind eine Gnade ist. Es bringt neues Leben, Zärtlichkeit, Anmut, Lebendigkeit in das Leben der Eltern.

Maria reagiert auf die Botschaft des Engels anders. Sie lässt sich auf ein Gespräch mit ihm ein. Sie will verstehen, wie das geschieht, wenn ihr ein Kind geboren wird und was das wohl für eine Botschaft für sie haben wird. Sie verlässt das vertraute Haus. Sie hat den Mut, allein über das Gebirge zu gehen. Man könnte sagen, sie geht über die Berge von Ängsten und Hindernissen, die sich mit einer Geburt ankündigen. Sie geht, um ihre Verwandte Elisabeth zu besuchen. Die Begegnung der beiden schwangeren Frauen hat Lukas wunderbar beschrieben. Elisabeth wird ganz lebendig durch das Kind, das sie trägt. Sie kommt durch ihr Kind mit dem Kind in sich selbst in Berührung und findet zu ihrem ursprünglichen Bild, das Gott sich von ihr gemacht hat. Das Kind ist also heilsam für sie. Und sie erkennt das Geheimnis der jüngeren Maria. Sie segnet sie und sagt: «Gesegnet bist du mehr als alle anderen Frauen, und gesegnet ist die Frucht deines Leibes.» Solche Worte kann man natürlich verschieden auslegen. In Bezug auf die Geburt eines Kindes sagen sie: Jede Frau, die schwanger ist, ist ein Segen. Wir sagen ja von einer schwangeren Frau, dass sie gesegneten Leibes ist. Das Kind ist für die Mutter ein Segen. Und die Mutter wird selbst ein Segen für das Kind und für die Menschen. Maria preist Gott in dem berühmten Lobgesang des Magnifikat. Dieses junge Mädchen sagt die mutigen Worte: «Siehe, von nun an preisen mich selig alle Geschlechter. Denn der Mächtige hat Großes an mir getan.» Gott selbst handelt an der Mutter, wenn sie schwanger wird und ein Kind gebiert.

Lukas schildert dann das Verhalten der Mutter bei und nach

der Geburt ihres Kindes. Die erste Reaktion ist sehr nüchtern beschrieben. Denn die Geburt vollzieht sich in der Fremde, in einer Umgebung, die den Eltern und Kindern gar nicht freundlich ist: «Sie gebar ihren Sohn, den Erstgeborenen. Sie wickelte ihn in Windeln und legte ihn in eine Krippe, weil in der Herberge kein Platz für sie war.» Sie tut das, was einer Mutter entspricht. Sie wickelt das Kind in Windeln und bettet es weich, auch wenn die äußeren Umstände noch so einfach sind und Armut widerspiegeln. Als dann die Hirten von diesem Kind erzählen, was der Engel ihnen gesagt hatte, heißt es von Maria: «Maria aber bewahrte alle diese Worte in ihrem Herzen und dachte darüber nach.» Die beiden griechischen Wörter «synterein» und «symballein» lassen noch an etwas anderes denken. «Synterein» heißt «ein Auge werfen auf, bewachen, beobachten, bewahren». Maria nimmt die Worte auf, die die Hirten ihr erzählten, so wie sie das göttliche Wort in ihrem Schoß aufgenommen hat. Sie schaut mit ihrem Herzen genau auf diese Worte. Sie sieht ihnen auf den Grund. Sie bewacht das Wort, das Gott ihr sagt, damit es unter den vielen Wörter dieser geschwätzigen Welt nicht verloren geht. «Symballein» heißt eigentlich «zusammenwerfen, zusammentragen, verbinden, begegnen, vergleichen, bei sich bedenken». Maria vergleicht die verschiedenen Worte, die sie gehört hat, miteinander und mit der Wirklichkeit, die sie selbst erfahren hat. Dadurch versteht sie besser, was geschehen ist. Sie erwägt die Worte, sie wiegt sie, so wie sie das Kind wiegt, um mit ihrem Herzen zu erspüren, was diese Worte ihr sagen, wie diese Worte schmecken, was sie in ihrem Herzen bewirken. Die Worte, die sie im Herzen bewahrt, sagen ihr, wer ihr Kind ist. Sie legt das Kind nicht fest auf ihre eigenen Vorstellungen. Sie lässt sich von den Worten der Hirten und des Engels verweisen auf das Geheimnis ihres Kindes. Sie versucht, dieses Geheimnis zu verstehen und in dem Kind das einmalige Wort zu erkennen, das Gott in diesem Kind ausspricht.

Maria und Joseph tun alles, was das Gesetz vorschreibt. Acht Tage nach der Geburt beschneiden sie das Kind und geben ihm den Namen. 40 Tage nach der Geburt bringen sie es in den Tempel, um das Ritual der Reinigung zu vollziehen und das Kind dem Herrn zu weihen. Sie bringen zum Ausdruck, dass das Kind nicht ihnen allein gehört, sondern letztlich Gott. Sie haben es nur von Gott geschenkt bekommen, damit sie es hüten und pflegen, erziehen und begleiten. Lukas beschließt dann diese erste Zeit nach der Geburt: «Als seine Eltern alles getan hatten, was das Gesetz des Herrn vorschreibt, kehrten sie nach Galiläa in ihre Stadt Nazareth zurück. Das Kind wuchs heran und wurde kräftig; Gott erfüllte es mit Weisheit, und seine Gnade ruhte auf ihm.» Viele Eltern reagieren heute ängstlich auf die Geburt ihres Kindes. Sie wissen nicht, was sie alles tun sollen. Sie lesen Bücher, um alles richtig zu machen, um gute Eltern zu sein. Lukas sagt einfach: Tun, was üblich ist. Unzählige Eltern vor ihnen haben Kinder bekommen. Es gibt Erfahrungen und Gewohnheiten und Rituale seit Jahrtausenden, wie Eltern mit ihren Kindern umgehen. In diesen großen Strom sollten sich die Eltern begeben und nicht meinen, sie müssten alles ganz anders und viel besser machen als ihre eigenen Eltern und Großeltern und Urgroßeltern. Das Vertrauen in eine gesunde Tradition und eigene Fähigkeiten gibt den Eltern und den Kindern Sicherheit. Da kann das Kind heranwachsen und mit Kraft und Weisheit erfüllt werden.

Dann schildert Lukas einen Vorfall, der typisch ist für die

Pubertät. Der Schriftsteller Lukas sucht nach einer idealen Situation immer auch den Gegenpol, den Konflikt. Bei einer Wallfahrt zeigt sich Jesus nicht als das liebevolle und pflegeleichte Kind. In der Erzählung vom zwölfjährigen Jesus im Tempel schildert uns Lukas den ersten Familienkonflikt. Jesus macht sich selbständig. Er kehrt nicht mit seinen Eltern nach Jerusalem zurück. Als sie ihn nach drei Tagen vergeblicher Suche im Tempel finden, sitzt er mitten unter den Lehrern, hört ihnen zu und stellt ihnen Fragen. Im Wort Marias klingt der Vorwurf und der Schmerz mit, den ihr Sohn ihr bereitet hat: «Kind, wie konntest du uns das antun? Dein Vater und ich haben dich voll Angst (mit Schmerzen) gesucht.» Die Antwort Jesu bleibt den Eltern unverständlich. Jesus nennt Gott seinen Vater. Ihm gehört er, nicht seinen Eltern. Hier spricht Jesus zum ersten Mal im Lukas-Evangelium von Gott als seinem Vater. Die Eltern müssen das Fremdsein ihres Kindes akzeptieren. Es ist nicht die heile Familie, die Lukas hier schildert, sondern eine Familie mit den Konflikten, die wir alle kennen: das Leiden am Anderssein der Kinder, das schmerzliche Loslassen des Kindes, das Nichtverstehen seines Weges. Von Maria heißt es, als sie nach diesem Konflikt wieder gemeinsam in ihre Heimat zurückkehren: «Seine Mutter bewahrte alles, was geschehen war, in ihrem Herzen.» Hier heißt es im Griechischen nicht «synterein», sondern «diaterein»: durchschauen, auf den Grund schauen. Die Mutter versteht die Worte und das Verhalten ihres Sohnes nicht. Aber sie versucht, ihnen auf den Grund zu schauen. Und sie schaut in den Grund ihrer eigenen Seele, um dort offen zu sein für das Anderssein ihres Sohnes. Sie legt ihren Sohn nicht fest, sondern versucht, sein Geheimnis immer mehr zu durchdringen.

Lukas schildert uns noch eine andere Kindergeschichte, in

der Jesus als Prediger durch die Dörfer zieht. Mitten in seiner Predigt heißt es: «Man brachte auch kleine Kinder zu ihm, damit er ihnen die Hände auflegte. Als die Jünger das sahen, wiesen sie die Leute schroff ab. Jesus aber rief die Kinder zu sich und sagte: Lasst die Kinder zu mir kommen; hindert sie nicht daran! Denn Menschen wie ihnen gehört das Reich Gottes. Amen, das sage ich euch: Wer das Reich Gottes nicht so annimmt wie ein Kind, der wird nicht hineinkommen.» Die Leute im Umfeld jüdischer Rabbis meinten, die Beschäftigung mit kleinen Kindern sei Zeitverschwendung. Viel wichtiger sei es, sich mit den Weisungen Gottes zu beschäftigen. Die Jünger Jesu teilen offensichtlich diese Meinung. Die Predigt Jesu ist wichtiger als die Beschäftigung mit den Kindern. Aber bevor Jesus den Kindern den Segen gibt, hält er den Jüngern gerade in den Kindern eine Predigt. Die Kinder selbst werden zur Predigt für die Jünger. Von ihnen sollen wir lernen. Jesus meint, nur wenn wir wie ein Kind das Reich Gottes annehmen, werden wir hineinkommen. Was heißt das? Das Kind ist offen für das Neue. Es wendet sich dem zu, was es außen wahrnimmt. Der erwachsene Mensch ist in Gefahr, alles in sein Gedankengebäude einzubauen. Er kennt sich aus. Das Neue wird zum schon immer Bekannten nivelliert. Auch Gott wird eingefügt in das Lebensgebäude. Aber Jesus geht es um das Reich Gottes. Es geht ihm darum, dass Gott im Menschen herrscht und nicht das Ego. Wenn Gott im Menschen herrscht, dann wird er frei von den Erwartungen und Ansprüchen anderer Menschen, frei von der Meinung und den Beurteilungen anderer. Das Kind ist offen, Gott in sich herrschen zu lassen. Es ist bereit, sich dem zu öffnen, was größer ist als es selbst. Und das ist die Bedingung, dass Gott in mir herrschen kann und dass ich zu meinem wahren Selbst finde.

Wenn ich Gott vereinnahme, nivelliere auf das, was ich schon kenne, dann hat Gott keine Chance in mir. Dann werde ich aber auch nie zu dem einmaligen Menschen werden, zu dem Gott mich gemacht hat. Denn das Kind erinnert mich immer auch an das ursprüngliche und unverfälschte und einzigartige Bild, das Gott sich von mir gemacht hat.

Das Kind wird für Jesus zur Predigt, die die Jünger in das Geheimnis ihres Lebens einweist. Lukas schildert uns jedoch auch, dass Jesus nach der Predigt durch die Kinder die Kinder segnet: «Er nahm die Kinder in seine Arme; dann legte er ihnen die Hände auf und segnete sie.» Das sind drei wunderbare Weisen, wie Jesus mit den Kindern umgeht. Er nimmt sie in seine Arme. Er drückt ihnen Nähe aus, aber auch Schutz und Geborgenheit. Er drückt sie an sich, damit sie seine Liebe, seine Kraft, seine Klarheit spüren. Es gibt die berühmte Geschichte von einem jüdischen Rabbi, zu dem ein Mann seinen widerspenstigen Sohn bringt, bei dem bisher alle Erziehungsversuche gescheitert sind. Der Rabbi nimmt ihn einfach in den Arm und hält ihn fest. Das verwandelt den Jungen. Er spürt Nähe. Er spürt, dass der Rabbi ihn aushält und an ihm festhält. So vermag er, sich selbst auszuhalten und an sich festzuhalten, anstatt sich aufzugeben.

Auch Jesus legt Kindern die Hände auf. So strömt seine heilende und segnende Kraft ein. Die Handauflegung ist aber auch eine Gebärde des Schutzes, unter dem ein Kind sich behütet fühlt.

Nur in der Spannung von Nähe und Distanz, von Verstehen und Nichtverstehen, von Gemeinschaft und Entfremdung wachsen wir in die Gestalt, die Gott gefällt und die unserer inneren Schönheit (charis) entspricht.

Der Kreis schließt sich –
Der Übergang als Neubeginn

Spirituelle Erziehung meint im Hier und Jetzt zu leben: Dies gilt auch für die Eltern und ist manchmal mit vielen Herausforderungen und schmerzlichen Erfahrungen verbunden. Wenn Mann und Frau sich kennen- und lieben lernen, dann gehen sie eine Partnerschaft ein, aus der dann Kinder hervorgehen. Und dies stellt eine erste Phase des Übergangs dar, die mit Konflikten, mit Schwierigkeiten verbunden sein kann. Aus Mann und Frau werden nun auch Vater und Mutter. Je jünger die Kinder sind, umso bedeutsamer stellt sich die Elternschaft dar. Kinder brauchen Halt und Bindung – von der Mutter wie dem Vater. Eines fällt dabei auf: Sosehr sie sich vorgenommen haben, gleichrangig für den Nachwuchs zu sorgen, so sehr klaffen Theorie und Praxis in dem Moment auseinander, wenn die Kinder in die Welt kommen, Zeit und Zuwendung für sich in Anspruch nehmen. Natürlich hat dies nicht allein mit dem individuellen Unvermögen von Vater und Mutter zu tun – gesellschaftliche und ökonomische Zwänge spielen eine gewichtige Rolle. Aber dies allein darauf zu reduzieren wäre zu oberflächlich. Denn manche Eltern gehen ja so sehr in der Erziehung auf, dass sie ihre Vornamen vergessen haben, wenn die Kinder in der Pubertät sind, und sie sich nur noch mit Papa und Mama anreden. Und das führt dann dazu, dass Kinder in ihrem Autonomiestreben gebremst werden, weil sie sich dafür verantwortlich fühlen, dass Vater und Mutter sich in der gewohnten Rolle einrichten, drastischer formuliert: in dieser Rolle erstarren. Kinder fühlen sich dann umgekehrt für ihre Eltern verantwortlich. Manche ziehen dann nicht aus – Eltern bauen das Haus um, bauen an. Wieder andere gehen zwar weg – doch mit schlechtem Gewissen, rufen jeden Tag zu Hause an. Wenn Kinder erwachsen werden, dann ist es für Eltern wichtig, sich neu einzurichten. Und mancher Vater und manche Mutter nehmen das ganz wörtlich: Sie richten sich neu ein, die alten Möbel, aus Kindheitstagen zerschlissen, werden gegen neue eingetauscht, die dann bis ins hohe Alter halten sollen. Wenn Kinder sich auf den Weg machen, dann müssen sich Eltern auch auf den Weg machen, jenen manchmal mühseligen Weg, der darauf hinausläuft, dass aus Vater und Mutter wieder Mann und Frau werden, die sich gerne wieder ansehen, in den Arm nehmen, einander spüren und zusammen alt werden wollen.

Wenn Eltern merken, dass sie kaum mehr Zeit für sich und ihre Zweisamkeit finden, dann wäre das Anlass, die Partnerschaft zu stärken. Rituale können dabei helfen. So ein Ritual der Zweisamkeit könnte der tägliche Morgen- und Abendkuss oder der Kuss beim Abschied sein. Es könnte der freie Abend sein, den die Eltern sich nehmen. Wenn die Kinder noch jünger sind, dann könnte es die Zeit sein, nachdem die Kinder zu Bett gebracht worden sind.

Manche Eltern begnügen sich damit, ihre Spiritualität im Gebet mit den Kindern auszudrücken. Doch sie braucht auch noch andere Quellen. Auch hier sollen sich die Ehepartner überlegen, was für sie wichtig ist, wo sie mit ihren inneren Quellen in Berührung kommen. Manche meditieren gemeinsam. Andere brauchen in ihrer Spiritualität mehr Raum für sich. Aber es ist gut, wenn beide Partner sich überlegen, was sie für sich und ihre spirituellen Weg brauchen. Der Kirchgang am Sonntag kann so ein Weg sein, bewusst etwas für sich selbst zu tun und nicht immer nur für die Kinder da zu sein. Aber es gibt der Möglichkeiten mehr.

«Wenn ich mir vorstelle, unser Jüngster geht in zwei oder drei Jahren auch aus dem Haus», so der Vater dreier Kinder, von denen zwei schon ausgezogen sind, «dann sind das schon ganz merkwürdige Gefühle. Viele Jahre hat sich alles um die Kinder gedreht, ja fast alles. Sie waren unser Gesprächsthema. Meine Frau und ich haben uns vielleicht nichts mehr zu sagen.» Er schüttelt den Kopf: «Worüber sollten wir dann noch reden?»

«Ich habe nur an die Kinder gedacht. Habe vor vielen Jahren meinen Beruf aufgegeben», beschreibt die Mutter von zwei Kindern, die sich in der Pubertät befinden, ihre Situation. Sie wirkt bitter. «Die beiden waren mein Ein und Alles. Und nun? Sie machen mit mir, was sie wollen, tanzen mir auf der Nase rum. Kein Wort des Dankes. Nichts! Alles ist für die beiden selbstverständlich. Alles! Wo bin ich nur geblieben?»

Uns fällt in vielen Gesprächen mit Eltern pubertierender Kinder auf, wie sehr die Eltern über die eigenen Gefühle, Wünsche und Träume irritiert sind, ja, wie es sie verwundert, dass sie sich selbst noch in Bewegung erleben. Aber menschliche Entwicklung ist niemals abgeschlossen, sich zu entwickeln stellt eine lebenslange Aufgabe dar. Je mehr man diese Aufgabe annehmen kann, umso produktiver kann man die Pubertät der eigenen Kinder erleben, halten sie einem doch einen Spiegel vor. Je unsicherer Eltern die Herausforderung macht, ihr Leben mit dem Auszug der eigenen Kinder neu und anders zu bestimmen, desto ängstlich-verkrampfter erleben sie die Veränderung ihrer Kinder auf dem Weg zum jungen Erwachsenen, desto mehr klammern sie sich an diese Kinder, desto weniger lassen sie sie los.

Pubertät als Chance, sich anders zu bestimmen und zu sehen, stellt sich für Eltern und Kinder verschieden dar: Kinder ziehen in eine äußere Wirklichkeit aus, sie haben ein langes, ihnen unbekanntes Leben vor sich – mit vielen Erfolgen, schönen Erlebnissen, aber auch Einbrüchen und Niederlagen. Auch die Eltern haben noch einen großen Teil ihres Lebens vor sich, wenn die Kinder ihre Pubertät durchleben oder ihren eigenen Weg gehen. Eltern beginnen, sich wieder mit sich selbst zu beschäftigen. Die Pubertät als Chance bedeutet für Kinder und Eltern zugleich, völlig getrennte Wege zu gehen: Die einen – die Kinder – ziehen aus, die anderen bleiben zurück, ziehen sich in innere Welten zurück; die einen setzen sich mit äußerer Wirklichkeit auseinander, die anderen – die Eltern – beginnen, sich auf seelisch-geistige Prozesse einzulassen, sich im gemachten Nest einzurichten.

Trennung und Lösung ist deshalb eine der wichtigsten Aufgaben in der Pubertät. Dabei reichen räumliche Distanzen häufig nicht aus, damit Eltern Kinder wirklich loslassen. Kinder als Partner anzuerkennen heißt, sich nicht mehr für das Tun und Lassen der eigenen Kinder verantwortlich zu machen («Ich mach mir solche Sorgen um dich!»), meint aber auch, Kinder nicht andauernd zur Verantwortung für das eigene gefühlsmäßige Überleben heranzuziehen («Es geht mir so schlecht, weil du mich so wenig besuchst!»). So entstehen keine reifen Eltern-Kind-Beziehungen. Manche Eltern lassen ihre Kinder zwar oberflächlich gehen, binden sie aber durch geheime Botschaften weiter an sich: «Na klar, du musst schon gehen, um dein eigenes Leben zu planen. Aber vergiss mich nicht und lass mich nie allein.»

«Mir ist es schon schwergefallen», erklärt Hubert Schmidt, «als Tanja ausgezogen ist. Es war für mich wie ein Schlusspunkt. Und ich hab nachgedacht, was ich in ihrer Erziehung wohl alles falsch gemacht habe. Und da waren auch Vorwürfe, dass ich mich zu wenig um sie gekümmert habe. Aber ich war ja im Beruf engagiert. Und dann sind die Kinder mit einem Mal groß und nicht mehr im Haus!» Ihm sei es ähnlich ergangen, ergänzt Walter Ahrens, Vater zweier erwachsener Töchter: «Da will man im allerletzten Augenblick Versäumtes nachholen, und dann merkt man: Das geht ja gar nicht. Und das tut dann auch weh. Manchmal kann man es nur schwer aushalten.»

Väter haben häufig größere Probleme, sich von ihren erwachsen werdenden Kindern zu lösen, als die Mütter. Väter bewerten den Auszug negativer und reagieren beunruhigter. Sie empfinden die Abnabelung als einen Verlust, der sie sehr plötzlich zu treffen scheint. Die Probleme, die Väter mit dem Auszug der Kinder haben, weisen auf mehrere bedenkenswerte Gesichtspunkte hin:

- Viele Väter setzen sich mit einer bevorstehenden Trennung von den Heranwachsenden erst sehr spät und häufig nur oberflächlich auseinander. Die gefühlsmäßigen Folgen der Abnabelung werden nur selten in ihrer Tragweite betrachtet.

- Väter haben sich häufig lange Zeit aus der Erziehung herausgehalten. Sie haben sich auf eine imaginäre Zukunft hin vertröstet («Wenn die Kinder mal älter sind, dann kümmere ich mich mehr um sie!»). Und in dem Moment, wo sie Zeit hätten, da ziehen die Heranwachsenden aus.

- Väter schätzen die Elternschaft häufig positiver ein als die partnerschaftlichen Beziehungen. Deshalb halten sie manchmal stark an ihrer Elternrolle fest – und damit die Kinder im Haus. Mancher Vater bindet den Pubertierenden durch Streit oder Konflikt oder fesselt ihn durch materielle Zuwendung.

Heranwachsende haben Schwierigkeiten damit, wenn ihre Eltern in der Erziehung aufgehen. Sie spüren, dass Zuwendung und Liebe nicht bedingungslos, vielmehr häufig mit Verpflichtungen verbunden sind: «Wir haben so viel für dich getan, nun bist du zu Dankbarkeit verpflichtet!» Oder: «Wenn es uns schlechtgeht, dann bist du schuld. Du kümmerst dich ja nicht um uns!» So werden Heranwachsende ans Haus gefesselt – selbst dann, wenn sie ausgezogen sind. Eltern machen es den Kindern auf diese Weise unmöglich, eigene Fähigkeiten zu entwickeln. Daraus entstehen Unzufriedenheit, Aggression, Zorn und Wut, die nicht selten mit Schuldgefühlen verbunden sind. Dagegen haben Heranwachsende vor Eltern Respekt, die für sich sorgen und Verantwortung für sich übernehmen. Doch dies gelingt nicht von heute auf morgen, sondern ist ein manchmal mühseliger Entwicklungsprozess. Und für die Väter gilt: Je lebendiger sie die ehelichen Beziehungen erleben, umso gelassener können sie den Auszug der heranwachsenden Kinder auf sich zukommen lassen. Indem die Elternrolle zurücktritt, tun sich Freiräume auf, die sich gemeinsam mit der Partnerin ausfüllen lassen. Und wenn Heranwachsende spüren, wie sich Väter und Mütter auf die Partnerschaft besinnen, dann fällt ihnen der Ablösungsprozess leichter.

Während der Pubertät der Kinder, während ihres Auszugs wird vielen Paaren klar, wie sehr die Heranwachsenden zum seelischen Gleichgewicht der Eltern beigetragen haben, ja wie manche Partnerschaften durch die Kinder überhaupt zusammengehalten wurden. Eine wichtige Aufgabe für Eltern pubertierender Kinder ist es deshalb, die Elternschaft anders zu bestimmen und die Partnerschaft neu zu erleben:

Aus dem Zusammenleben von mehreren Familienmitgliedern wird wieder das Leben eines Paares. Es wird wichtig, dass sich die Eltern nun verstärkt in ihrer Rolle als Mann und Frau begreifen. Man ist älter geworden. Dies zeigt sich in körperlichen Veränderungen. Deshalb ist es wichtig, ein Körperbewusstsein zu entwickeln. Dazu gehört auch, dass sexuelle Bedürfnisse anerkannt und gelebt werden können.

Das gemeinsame Älterwerden stellt eine der großen Herausforderungen dar: Dazu zählt das Annehmen des Alterungsprozesses ebenso, wie sich über Gemeinsamkeiten und Unterschiede in der Partnerschaft klarzuwerden. Dazu gehört auch, über Perspektiven nachzudenken. Und so wie der Pubertierende Freiräume zur Entwicklung braucht, so benötigen die Partner – auf der Basis von Gemeinsamkeiten – eigene Räume und Zeiten zur Entwicklung.

NACHWORT – ORTE FÜR SPIRITUALITÄT
IM FAMILIENALLTAG

«Spirituelle Praxis», so Katharina Martin und Helmut Wetzel, hilft immer wieder, an einen Ort innerer Klarheit zu kommen inmitten vieler Gefühle, Stimmungen und Anforderungen, die an uns herangetragen werden. Wir haben im Verlaufe unseres Buches solche Praxis-Orte immer wieder benannt: das Ritual, das Gebet, das Spiel, das Erzählen von Märchen und Geschichten. Diese Praxis-Orte ermöglichen Beziehungen, bieten Halt und Geborgenheit, lassen Vorstellungen und Phantasien wirklich werden, wonach es etwas Höheres gibt, das mich beschützt. Über solche Praxis-Orte haben andere Autoren ausführlich geschrieben und mit vielen Beispielen ausgefüllt (z. B. Esser/Kothen, Klappstein. Muff/Engelhardt, Zimmer).

Wir hatten es anfänglich betont, wonach jeder Mensch, egal ob jung oder alt, eine Schnittstelle ist zwischen den Weiten des Kosmos und jener Mikrowelt, die man Erde nennt. Der Mensch als kleines Teilchen trägt mithin beides in sich, den Makro- und den Mikrokosmos.Und diese Schnittstelle muss in den Praxis-Orten aufgehoben sein: da ist das Beten, um sich mit Gott verbunden zu fühlen, da sind die Geschichten und Märchen, um sich in einer grenzenlos erscheinenden phantastischen Welt zu verlieren, da sind die Spiele, in die man selbstvergessen abtauchen kann, da sind die Rituale, die sich über den Tag, die Woche, den Monat oder das Jahr verteilen und auf deren Bestand man sich verlassen und einlassen kann.

Spiritualität ist aber zugleich gebunden an den Körper, an die Sinne. Deshalb sind alle Situationen, die Körpererleben und die eine Förderung der Sinne zulassen, so wichtig. Und Körpererleben hat nicht allein mit Sichbewegen, Greifen oder Fassen zu tun, Kinder erleben ihren Körper auch über das Musizieren oder das Zeichnen. Im Zeichnen bringt man seine Gefühle zum Ausdruck, die Musik berührt durch Töne und Klänge, sie erzeugt Gefühle.

Kinder sind Philosophen, so lautet ein Credo unserer Überlegungen. Ihnen das Philosophieren zu ermöglichen, dazu braucht es Raum und Zeit. Kinder fragen, sie fragen uns Löcher in den Bauch. Und Kinder wollen auf ihre Fragen nicht sofort perfekte Antworten, sie wollen Erwachsene, die zuhören, die Interesse am Kind haben und dessen Neugierde teilen.

Deshalb sollten die Orte der Spiritualität so gewählt sein, dass sie einen bewussten Umgang mit dem eigenen Bewusstsein gestatten. Und dabei gilt der Grundsatz von Mary Burmeister: *Sei einfach!*

LITERATUR

Bergmann, Wolfgang: Warum unsere Kinder ein Glück sind. Weinheim 2009

Biesinger, Albert (Hrsg.) u.a.: Brauchen Kinder Religion? Weinheim/Basel 2005

Broedel, Wolfgang: Kritische Bildung – spirituell konzipiert. Zürich 2010

Brooks, Robert und Goldstein, Sam: Das Resilienz-Buch. Stuttgart 2007

Brügelmann, Hans (Hrsg.): Kinder lernen anders. Lengwil 1998

Bucher, Anton (Hrsg.) u.a.: «Man kann Gott alles erzählen, auch kleine Geheimnisse». Jahrbuch für Kindertheologie, Bd. 6. Stuttgart 2007

Bucher, Anton (Hrsg.) u.a.: «Mittendrin ist Gott». Kinder denken nach über Gott, Leben und Tod. Jahrbuch für Kindertheologie, Bd. 1. Stuttgart 2002

Bucher, Anton: Psychologie der Spiritualität. Weinheim/Basel 2007

Bucher, Anton: Wurzeln und Flügel. Wie spirituelle Erziehung für das Leben stärkt. Düsseldorf 2007

DeShazer, Steve: Worte waren ursprünglich Zauber. Von der Problemsprache zur Lösungssprache. Heidelberg 2010

Dosick, Wayne: Kinder brauchen Werte. Bern/München/Wien 1997

Erni, Margrit: Zwischen Angst und Sicherheit. Psychologie des inneren Gleichgewichts. Düsseldorf 1989

Esser, Wolfgang G. und Kothen, Susanne: Die Seele befreien. Kinder spirituell erziehen. München 2005

Feigenwinter, Max: Erziehen: wachsen und wachsen lassen. Wattwil 1988

Furman, Ben: Es ist nie zu spät, eine glückliche Kindheit zu haben. Dortmund 2008

Hanisch, Helmut und Bucher, Anton: Da waren die Netze randvoll. Was Kinder von der Liebe wissen. Göttingen 2002

Hüther, Gerald, Roth, Wolfgang und Brück, Michael von (Hrsg.): Damit das Denken Sinn bekommt. Freiburg 2008

Käßmann, Margot: Wie ist es so im Himmel? Freiburg 2010

Kast, Verena und Riedel, Ingrid (Hrsg.): C. G. Jung – Ausgewählte Schriften. Düsseldorf 2011

Keyserlingk, Linde von: Wer träumt, hat mehr vom Leben. Düsseldorf 1992

Klappstein, Kerstin: Du bist klasse! Kinder stark machen. Neukirchen 2007

Klemenz, Bodo: Ressourcenorientierte Erziehung. Tübingen 2007

Lankton, Carol H. und Lankton, Stephen R.: Geschichten mit Zauberkraft. Stuttgart 2008

Lozowick, Lee: Spirituelle Erziehung. Petersberg 1999

Lütz, Manfred: Das Leben kann so leicht sein. Heidelberg 2011

Miskiewicz, Cornelia: Mit Kindern Spiritualität leben. Petersberg 2004

Muff, Albin und Engelhardt, Horst: Erlebnispädagogik und Spiritualität. Basel 2007

Neysters, Peter und Schmitt, Karl Heinz: Denn sie werden getröstet werden. München 1993

O'Hanlon, Bill: Probiers mal anders! Zehn Strategien, die Ihr Leben verändern. Heidelberg 2007

Pfister, Michael: Das Kind in der Philosophie. Oberhofen am Thunersee 2011

Schopp, Johannes: Eltern stärken. Opladen 2010

Simon, Eva: Wenn die Kinder aus dem Haus gehen. Freiburg 1999

Thun, Gaby von: Der liebe Gott sieht aus wie ein Elefant oder? Reinbek 2008

Titze, Michael: Die heilende Kraft des Lachens. München 2007

Ulsamer, Gabriele und Bertold: Spielregeln des Familienlebens. Freiburg 2009

Valentin, Lienhard und Kunze, Petra: Die Kunst, gelassen zu erziehen. München 2010

Vansteenwegen, Alfons: Bevor die Liebe Alltag wird. Anregungen für eine gelungene Partnerschaft. Heidelberg 2007

Walch, Sylvester: Vom Ego zum Selbst. Grundlinien eines spirituellen Menschenbildes. München 2011

Zimmer, Renate: Handbuch der Sinneswahrnehmung. Freiburg 2010

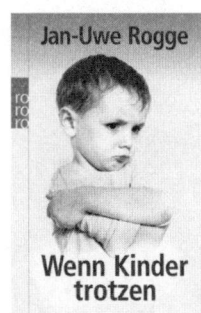